lonely planet

Espagnol

Guide de conversation

Guide de conversation *Espagnol 15*
Traduit et adapté de l'ouvrage *Spanish Phrasebook*

92 avenue de France - 75013 Paris - www.lonelyplanet.fr

Photo de couverture
Bar traditionnel de San Sebastian, Espagne © Marco Bottigelli / AWL Images

Dépôt légal
Mai 2024
ISBN 978-2-38492-449-3

Écrit par Marta López,
Cristina Hernández Montero

Traduction
Muriel Chalandre, Yann Champion,
Eduardo Yanes Blanch,
Jeanne Robert

Direction éditoriale
Dominique Bovet

Responsable prépresse
Jean-Noël Doan

Coordination éditoriale
Hugo Gadroy

Maquette
Sébastienne Ocampo

Couverture
Adaptée en français par Laure Wilmot
et Laurent Briard

Infographies
Adaptées en français
par Nicolas Chauveau

Remerciements
Un grand merci à l'équipe
Lonely Planet du bureau parisien,
à Luan Angel, Kim Else et
Nigel Longuet à Londres et à
Jean-Pierre Masclef à Melbourne

Imprimé par Chirat,
Saint-Just-la-Pendue, France

En Voyage Éditions | un département édi8

#lisez! engagé ! www.lisez.com
Pour plus d'information :
Imprimé sur du papier issu de forêts gérées durablement.

COMMENT UTILISER CE GUIDE

Les symboles que vous rencontrerez :

Tournures brèves
Alternative à la phrase complète plus facile à retenir

Question/Réponse
Exemple de question et de réponse(s) possible(s)

Indications écrites
Mots et expressions que vous pourriez voir sur les panneaux, menus...

Expressions orales
Mots et expressions que vous pourriez entendre

BON À SAVOIR

Bon à savoir
Pour mieux comprendre la langue

CULTURE LOCALE

Culture locale
Pour mieux comprendre la culture

Prendre la parole grâce à ce guide :

- Les transcriptions phonétiques en couleur vous aident à prononcer les mots et expressions.
- Les mots et expressions listés sur fond coloré sont des options pour compléter la phrase qui les précède.

Les abréviations utilisées :

fam	style familier	**a**	adjectif	**pol**	politesse
litt	traduction littérale	**n**	nom	**sg**	singulier
		pl	pluriel	**v**	verbe

MODE D'EMPLOI

Sommaire

PAGE 6

Intro

Découvrir l'espagnol, les règles de base de la syntaxe et de la prononciation.

Zoom sur l'espagnol 6
L'essentiel 8
Prononciation 10
Grammaire 14

PAGE 31

Sur place

Des phrases types pour toutes les situations : acheter un billet, réserver un hôtel et bien plus.

Basiques 31
Se faire comprendre 32
Nombres et quantités 34
Heure et date 36
Pratique 41
Transports 42
Passer la frontière 54
Orientation 56
Se loger 59
Achats 72
Poste et communications 82
Argent 89
Voyage d'affaires 92

Sites touristiques 94
Voyageurs seniors/handicapés 99
Voyager avec des enfants 101

En société 103

Rencontres 104
Centres d'intérêt 118
Sentiments et opinions 123
Sortir 128
Vie amoureuse 134
Religion et culture 138
Sports 140
Activités de plein air 145

Sécurité 151

Urgences 152
Police 154
Santé 156

À table 165

Se restaurer 166
Cuisiner 180
Végétariens et régimes spéciaux 185

PAGE 188

Lexique culinaire

Plats et ingrédients – pour comprendre ce que vous commandez et découvrir de nouvelles saveurs.

PAGE 203

Dictionnaire bilingue

3 500 mots pour vous en sortir dans toutes les situations.

Dictionnaire français-espagnol 203
Dictionnaire espagnol-français 235

Index 265

ZOOM SUR l'espagnol

español *es·pa·nyol*

Qui parle espagnol ?

Pourquoi l'apprendre

Vous serez séduit par cette langue mélodieuse et vous vous amuserez à rouler les *rr* comme les habitants – sans compter que cela vous permettra de commander de succulentes tapas ou de hurler à bon escient devant un match de football.

Sons caractéristiques

Le r sonore et roulé, le Rh dur et guttural et, en espagnol européen, le S zézayant.

L'espagnol dans le monde

Au cours des 500 dernières années, l'espagnol d'Amérique latine a évolué différemment

300 MILLIONS de locuteurs ont l'espagnol pour langue maternelle

100 MILLIONS de locuteurs ont l'espagnol pour deuxième langue

de l'espagnol d'Europe. Entre autres détails, vous remarquerez que les locuteurs latino-américains ne zézayent pas. Ainsi, *cerveza* (bière) se prononce Ser·*bé*·Sa en Europe mais ser·*bé*·sa de l'autre côté de l'Atlantique.

L'espagnol en Espagne

L'espagnol, ou castillan (*castellano* ka·sté·*lya*·no), est avant tout la langue de la Castille (la plus grande région d'Espagne). Cependant, le catalan, le galicien et le basque sont aussi des langues officielles et les habitants de ces régions y sont très attachés.

Faux amis

Attention : beaucoup de mots espagnols ressemblant à des mots français ont un sens complètement différent. Par exemple *gato* ga·to signifie "chat", et non "gâteau" (qui se dit *pastel* *pa*·stél en espagnol).

Famille linguistique

L'espagnol fait partie des langues romanes (issues du latin vulgaire parlé par les soldats et marchands romains durant la conquête du IIIe au Ier siècles av. J.-C.). Les langues les plus proches sont le portugais, l'italien, le français et le roumain.

Grammaire clé

L'espagnol fait la distinction entre le "tu" informel (*tú* tou) et le "vous" formel (*Usted* ou·*sté*). Les verbes ont une terminaison différente pour chaque personne, comme en français ("je/tu fais" mais "il fait").

Quelques emprunts à l'espagnol

Bourrique, casque, cédille, moustique, résille et nombre d'autres mots familiers...

5 phrases à retenir absolument

1 À quelle heure ça ouvre/ferme ?

¿A qué hora abren/cierran? a ké o·ra *ab*·rénn/*Syé*·rann

En Espagne, la *siesta* (pause méridienne) est souvent respectée, d'où des horaires d'ouverture qui peuvent être surprenants.

2 C'est gratuit ?

¿Son gratis? son *gra*·tis

Les tapas (en-cas) sont servies quasiment à toute heure en Espagne, gratuitement dans certains établissements.

3 Quand l'entrée est-elle gratuite ?

¿Cuándo es la entrada gratuita?
kwann·do és la én·*tra*·da gra·*twi*·ta

Beaucoup de musées espagnols sont gratuits durant certains créneaux. À vérifier avant d'acheter vos billets.

4 Où peut-on danser (la salsa) ?

¿Dónde podemos ir a bailar (salsa)?
donn·dé po·*dé*·mos ir a bay·*lar* (*sal*·sa)

Un spectacle de flamenco est une expérience authentique mais si vous aimez la musique, vous aurez sans doute envie de danser.

5 Comment dit-on cela en (catalan/galicien/basque) ?

¿Cómo se dice ésto en (catalán/gallego/euskera)?
ko·mo sé *di*·Sé *és*·to én (ka·ta·*lan*/ga·*lyé*·go/é·ous·*ké*·ra)

Il y a quatre langues officielles en Espagne et les habitants apprécieront que vous essayiez d'employer la langue régionale.

10 expressions familières

Que se passe-t-il ?	**¿Qué pasa?**	ké *pa*·sa
Génial !	**¡Genial!**	Rhé·*nyal*
C'est super !	**¡Qué guay!**	ké gway
Formidable !	**¡Estupendo!**	es·tou·*pén*·do
Vraiment ?	**¿En serio?**	én *sé*·ryo
Sans blague !	**¡No me digas!**	no mé *di*·gas
Bien sûr.	**Seguro.**	sé·*gou*·ro
C'est OK.	**Vale.**	*ba*·lé
Bien sûr !	**¡Por supuesto!**	por sou·*pwés*·to
Peu importe.	**Lo que sea.**	lo ké *sé*·a

INTRO

Prononciation

La prononciation espagnole n'est pas difficile, car la plupart des sons ressemblent à ceux employés en français. Il suffit de respecter quelques règles simples pour parvenir à se faire comprendre.
La relation qui existe entre les lettres et leur prononciation en espagnol est simple, constante et cohérente. Comme dans la plupart des langues, la prononciation peut varier d'une région à l'autre.
Le présent guide traite de l'espagnol castillan.

Voyelles

SYMBOLE	ÉQUIVALENT ESPAGNOL	EXEMPLE ESPAGNOL	TRANSCRIPTION
a	ami	agua	*a*·gwa
é	blé	número	*nou*·mé·ro
i	vigne	día	*di*·a
o	mot	ojo	*o*·Rho
ou	loupe	gusto	*gou*·sto
ay	chandail	bailar	bay·*lar*
aou	yaourt	autobús	aou·to·*bous*
oy	cow-boy	hoy	oy

Consonnes

SYMBOLE	ÉQUIVALENT ESPAGNOL	EXEMPLE ESPAGNOL	TRANSCRIPTION
b	bateau	barco/severo	*bar*·ko/sé·*bé*·ro
tch	atchoum	chica	*tchi*·ka
d	danse	dinero	di·*né*·ro
f	fourmi	fiesta	*fyés*·ta
g	gare	gato	*ga*·to
k	caramel/ loukoum	cabeza/ queso	ka·*bé*·Sa/ *ké*·so
Rh	sorte de r râclé au fond de la gorge	jardín/gente	Rhar·*dinn*/*Rhén*·té
l	lac	lago	*la*·go
ly	million	llamada	lya·*ma*·da
m	manteau	mañana	ma·*nya*·na
n	non	nuevo	*nwé*·bo
ny	canyon	señora	sé·*nyo*·ra
p	pigeon	padre	*pa*·dré
r	r "roulé" (le roulement est plus fort quand le r est double ou en début de mot)	ritmo/ burro	*rit*·mo/ *bou*·ro
s	savon	semana	sé·*ma*·na
t	table	tienda	*tyén*·da
S	s "zézayé" (la pointe de la langue entre les dents)	Barcelona/ manzana	bar·Sé·*lo*·na/ mann·*Sa*·na
w	whisky	guardia	*gwar*·dia
y	yaourt	viaje	*bya*·Rhé

Accent tonique

En espagnol, il existe un accent tonique, ce qui signifie que chaque mot comporte une syllabe prononcée plus intensément. Règle générale : quand un mot se termine par *n*, *s* ou une voyelle, l'accent tombe sur l'avant-dernière syllabe, par exemple *lejos* *lé*·Rhos (loin), *casa* *ka*·sa (maison). Sinon, c'est la dernière syllabe qui est accentuée, par exemple *hablar* a·*blar* (parler). Si une syllabe porte un accent écrit, les règles précédentes ne valent plus et il suffit d'accentuer cette syllabe-là, par exemple *número* *nou*·mé·ro (numéro).

Lire et écrire

En espagnol, il existe quelques règles importantes concernant les consonnes :

» La lettre *c* est prononcée en glissant la pointe de la langue entre les dents, comme dans *cerveza* Sér·*bé*·Sa, sauf quand elle se trouve devant *a*, *o*, *u* ou une consonne. Dans ce cas, elle se prononce comme le *c* de "cadeau".

» Quand elle se trouve à la fin d'un mot, la lettre *d* se prononce de façon plus douce, comme un S, voire pas du tout.

» La lettre *j* (jota) se prononce comme un r très dur et guttural (symbole Rh dans nos indications de prononciation).

» Le roulement est accentué sur les doubles *r* et en début de mot.

» La lettre *q* se prononce comme un k.

» La lettre *v* se prononce b, mais les puristes veilleront à ne pas presser les lèvres aussi fort que pour un *b*.

» Plusieurs lettres espagnoles n'existent pas en français : *ch*, *ll* et *ñ*. Le *ch* (tch) et le *ll* (é·lyé) ne sont plus considérés comme des lettres à part entière dans l'alphabet espagnol. Dans les dictionnaires ou index, vous trouverez donc les mots commençant par *ch* sous l'entrée *c* et ceux commençant par *ll* sous l'entrée *l*. La lettre *ñ* (é·nyé) est toujours une lettre à part entière dans l'alphabet espagnol.

~ ALPHABET ESPAGNOL~

A	**a**	a	**B**	**b**	bé	**C**	**c**	Sé
Ch	**ch**	tché	**D**	**d**	dé	**E**	**e**	é
F	**f**	*é*·fé	**G**	**g**	Rhé	**H**	**h**	*a*·tché
I	**i**	i	**J**	**j**	*Rho*·ta	**K**	**k**	ka
L	**l**	*é*·lé	**LL**	**ll**	*é*·lyé	**M**	**m**	*é*·mé
N	**n**	*é*·né	**Ñ**	**ñ**	*é*·nyé	**O**	**o**	o
P	**p**	pé	**Q**	**q**	kou	**R**	**r**	*é*·ré
S	**s**	*é*·sé	**T**	**t**	té	**U**	**u**	ou
V	**v**	*ou*·bé	**W**	**w**	*ou*·bé *do*·blé	**X**	**x**	*é*·kis
Y	**y**	i·*gryé*·ga	**Z**	**z**	*Sé*·ta			

BON À SAVOIR

Faux amis

Attention aux faux amis, ces mots qui ressemblent à des mots français, mais qui pourraient vous mettre dans l'embarras si vous les utilisez mal en espagnol. Voici quelques erreurs un peu trop faciles à faire :

Estoy constipado/a. m/f — és·*toy* konns·ti·*pa*·do/a
J'ai un rhume, et non "Je suis constipé(e)", qui se dit *Estoy estreñido/a* m/f, és·*toy* és·tré·*nyi*·do/a

Estoy embarazada. — és·*toy* ém·ba·ra·*Sa*·da
Je suis enceinte, et non "Je suis embarrassé(e)", qui se dit *Estoy avergonzado/a* m/f, és·*toy* a·bér·gonn·*Sa*·do/a

largo/a m/f — *lar*·go/a
long, et non "large", qui se dit *ancho/a* m/f, *ann*·tcho/a

contestar — konn·tés·*tar*
répondre, et non "contester", qui se dit *impugnar*, im·poug·*nar*

criar — kri·*yar*
élever, et non "crier", qui se dit *gritar*, gri·*tar*

INTRO

Grammaire

Ce chapitre a pour but de vous aider à construire vos phrases. Si vous ne trouvez pas la phrase que vous souhaitez dire dans ce guide, pas de panique : il suffit en général de quelques notions de grammaire, des bons mots et de quelques gestes pour se faire comprendre.

Adjectifs et adverbes

Décrire des personnes/choses • Réaliser des actions

Comme en français, les adjectifs s'accordent en genre et en nombre avec le nom :

~ ADJECTIFS ~

	singulier		pluriel	
m	fantástico	fan·*tas*·ti·ko	fantásticos	fan·*tas*·ti·kos
f	fantástica	fan·*tas*·ti·ka	fantásticas	fan·*tas*·ti·kas

un hôtel fantastique un hotel fantástico
oun o·*tel* fann·*tas*·ti·ko

un repas fantastique una comida fantástica
ou·na ko·*mi*·da fann·*tas*·ti·ka

des livres fantastiques unos libros fantásticos
ou·nos *li*·bros fann·*tas*·ti·kos

des tapas fantastiques unas tapas fantásticas
ou·nas *ta*·pas fann·*tas*·ti·kas

Les adjectifs qualificatifs se placent en général après le nom qu'ils qualifient. Les adjectifs de quantité (beaucoup, un peu, etc.) et les adjectifs possessifs (mon, ton, nos, etc.) se placent devant le nom. Voir aussi **démonstratifs** et **possessifs**.

beaucoup de touristes	muchos turistas *mou*·tchos tou·*ris*·tas
première classe	primera clase pri·*mé*·ra *kla*·sé
ma voiture	mi coche mi *ko*·tché

En espagnol, la plupart des adverbes sont dérivés des adjectifs en ajoutant la terminaison-*mente* ·*mén*·té au féminin singulier de l'adjectif (c'est-à-dire la forme se terminant par -*a*), tout comme on ajoute la terminaison "-ment" à l'adjectif en français. En espagnol, les adverbes sont généralement placés après le verbe auquel ils se réfèrent.

un train lent	un tren lento oun trén *lén*·to
parler lentement	hablar lentamente ab·*lar* lén·ta·*mén*·té

Articles

Nommer des personnes/choses

À la différence du français, les deux articles définis *el* et *la* (respectivement "le" et "la") s'accordent en genre au pluriel. On notera aussi qu'un masculin en français ne correspond pas forcément à un masculin espagnol et vice versa (voir exemples dans le tableau de la page suivante).

L'espagnol dispose en outre d'un article neutre, *lo*, que l'on utilise devant un adjectif ou un participe passé, qui prennent alors la valeur d'un nom pour exprimer une idée générale ou abstraite. Par exemple, *lo prohibido* (littéralement : l'interdit) signifie "ce qui est interdit". Voir aussi **prépositions**.

~ ARTICLES DÉFINIS ~

m sg	**la voiture**	el coche	el *ko*·tché
m pl	**les voitures**	los coches	los *ko*·tchés
f sg	**le magasin**	la tienda	la *tyén*·da
f pl	**les magasins**	las tiendas	las *tyén*·das

En espagnol, l'article indéfini ("un/une/des" en français) s'accorde selon le genre et le nombre du nom. *Un* et *una* (respectivement "un" et "une") deviennent *unos* et *unas* au pluriel. Toutefois, ces deux dernières formes se traduisent le plus souvent par "quelques".

~ ARTICLES INDÉFINIS ~

m sg	**un œuf**	un huevo	oun *wé*·bo
m pl	**des oeufs**	unos huevos	*ou*·nos *wé*·bos
f sg	**une maison**	una casa	*ou*·na *ka*·sa
f pl	**des maisons**	unas casas	*ou*·nas *ka*·sas

Pour exprimer "des" comme en français, l'article indéfini est très souvent tout simplement supprimé.

Avoir

Possession

J'ai deux frères. Tengo dos hermanos. (litt : Ai deux frères)
ténn·go dos *ér*·*ma*·nos

La possession peut s'exprimer de plusieurs manières (voir aussi **possessifs**). La plus simple est d'utiliser le verbe *tener* (avoir).

~ TENER (AVOIR) ~

j'	**ai**	yo	tengo	io	*ténn*·go
tu sg fam	**as**	tú	tienes	tou	*tié*·nés
vous sg pol	**avez**	Usted	tiene	ou·*sté*	*tié*·né
il **elle**	**a**	él m ella f	tiene	él é·lia	*tié*·né
nous	**avons**	nosotros m nosotras f	tenemos	no·*so*·tros no·*so*·tras	té·*né*·mos
vous pl fam	**avez**	vosotros m vosotras f	tenéis	bo·*so*·tros bo·*so*·tras	té·*néis*
vous pl pol	**avez**	Ustedes	tienen	ou·*sté*·dés	té·*néis*
ils **elles**	**ont**	ellos m ellas f	tienen	é·lyos é·lyas	*tié*·nén

Le mot *hay* ay – une forme impersonnelle du verbe *haber* a·*bér* (avoir) – est utilisé pour dire "il y a", à la forme affirmative ou interrogative :

Il y a de l'eau chaude ? ¿Hay agua caliente?
ay *a*·gwa ka·*lyén*·te

Complément du nom

Décrire des choses

Comme en français, l'appartenance est exprimée par la préposition *de* (dé).

C'est le sac à dos de mon ami. Esa es la mochila de mi amigo.
(litt : Celui-ci est le sac à dos de mon ami)
é·sa és la mo·*tchi*·la dé mi a·*mi*·go

Voir aussi **avoir** et **possessifs**.

Démonstratifs

Donner des instructions • Indiquer un lieu • Désigner des choses

La manière la plus simple de désigner quelque chose ou quelqu'un est *es* (c'est). Les hispanophones ont aussi l'habitude de préciser si ce dont ils parlent est plus ou moins proche, grâce aux expressions *esto es* (pour un objet proche) et *eso es* (plus éloigné).

C'est un guide de Séville. Es una guía de Sevilla.
és *ou*·na *gui*·ya dé sé·*bi*·lya

C'est mon passeport. Esto es mi pasaporte.
és·to és mi pa·sa·*por*·té

C'est du gaspacho. Eso es gazpacho.
é·so és gaS·*pa*·tcho

On trouve en espagnol trois démonstratifs, que l'on emploie différemment selon que le sujet dont on parle est plus ou moins proche, au propre comme au figuré.

~ DEMONSTRATIFS ~

	m sg		m pl	
proche du locuteur	éste	*é*·sté	éstos	*é*·stos
proche de l'interlocuteur	ése	*é*·sé	ésos	*é*·sos
loin	aquél	a·*kél*	aquéllos	a·*ké*·lyos
	f sg		**f pl**	
proche du locuteur	ésta	*é*·sta	éstas	*é*·stas
proche de l'interlocuteur	ésa	*é*·sa	ésas	*é*·sas
loin	aquélla	a·*ké*·lya	aquéllas	a·*ké*·lyas

Être

Décrire des personnes/choses • Faire un constat

L'espagnol utilise deux verbes pour dire être : *ser* et *estar*. Malheureusement pour les francophones, ces deux verbes ne sont pas interchangeables, loin s'en faut ! Vous trouverez dans le tableau ci-dessous les règles d'utilisation de chacun d'entre eux et dans les tableaux en page suivante leur conjugaison.

~ UTILISATION DE SER (ÊTRE) ~

état permanent d'une personne ou d'une chose	Liz es muy guapa. liz és moui *gwa*·pa	Liz est très belle.
métier, origine, matière	Ana es de España. *a*·na és dé é·*spa*·nya	Ana est espagnole.
localisation spatio-temporelle d'un événement (date, heure...)	Son las tres. son las tres Es aquí. és a·*ki*	Il est trois heures. C'est ici.
possession, appartenance	De quién es esta mochila? dé kyén és *és*·ta mo·*tchi*·la	À qui est ce sac à dos ?

~ UTILISATION DE ESTAR (ÊTRE) ~

état temporaire d'une personne ou d'une chose	La comida está fría. la ko·*mi*·da és·*ta* *fri*·ya	La nourriture est froide.
localisation spatio-temporelle des personnes et des choses	Estamos en Madrid. és·*ta*·mos én ma·*dri*	Nous sommes à Madrid.
humeur, état d'esprit	Estoy contento. és·*toy* konn·*ténn*·to	Je suis content.

~ SER (ÊTRE) – PRÉSENT DE L'INDICATIF ~

je	**suis**	yo	soy	io	soy
tu sg fam	**es**	tú	eres	tou	*é*·rés
vous sg pol	**êtes**	Usted	es	ou·*sté*	és
il **elle**	**est**	él **m** ella **f**	es	él *é*·lia	és
nous	**sommes**	nosotros **m** nosotras **f**	somos	no·*so*·tros no·*so*·tras	*so*·mos
vous pl fam	**êtes**	vosotros **m** vosotras **f**	sois	bo·*so*·tros bo·*so*·tras	soys
vous pl pol	**êtes**	Ustedes	son	ou·*sté*·dès	son
ils **elles**	**sont**	ellos **m** ellas **f**	son	*é*·lyos *é*·lyas	son

~ ESTAR (ÊTRE) – PRÉSENT DE L'INDICATIF ~

je	**suis**	yo	estoy	io	és·*toy*
tu sg fam	**es**	tú	estás	tou	és·*tas*
vous sg pol	**êtes**	Usted	está	ou·*sté*	és·*ta*
il **elle**	**est**	él **m** ella **f**	está	él *é*·lia	és·*ta*
nous	**sommes**	nosotros **m** nosotras **f**	estamos	no·*so*·tros no·*so*·tras	*és*·tamos
vous pl fam	**êtes**	vosotros **m** vosotras **f**	estáis	bo·*so*·tros bo·*so*·tras	és·*tais*
vous pl pol	**êtes**	Ustedes	están	ou·*sté*·dés	és·*tan*
ils **elles**	**sont**	ellos **m** ellas **f**	están	*é*·lyos *é*·lyas	és·*tan*

Genre

Nommer des personnes/choses

En espagnol, tous les noms (mots désignant une chose, une personne ou une idée) ont un genre féminin ou masculin, comme en français. On reconnaît le genre des mots grâce à l'article, le démonstratif, le possessif ou tout autre adjectif accompagnant le nom, dans la mesure où tous s'accordent avec le genre du nom (voir **adjectifs et adverbes**, **articles**, **démonstratifs**, **possessifs**).

Quelques règles très simples permettent de déterminer si un mot est masculin ou féminin :

» Une terminaison en *o* indique souvent le masculin.
» Une terminaison en *a* indique souvent le féminin.
» Une terminaison en *d*, *z* ou *ión* indique souvent le féminin.

Attention, il existe toutefois des exceptions, au final assez nombreuses, comme par exemple *turista* (touriste) ou *mapa* (carte), qui sont masculins.

Dans cet ouvrage, les formes masculine et féminine des mots sont indiquées par m et f si nécessaire. Voir également l'encadré p. 138.

Négation

Négation

Il suffit d'ajouter le mot *no* devant le verbe principal :

Je ne vais pas essayer la spécialité.	No voy a probar la especialidad. (litt : Non vais essayer la spécialité) no boy a pro·*bar* la és·pé·Sya·li·*da*

Ordre des mots

Faire un constat

Comme en français, l'ordre des mots dans une phrase suit le schéma basique : sujet-verbe-complément. Toutefois, le pronom sujet est souvent omis en espagnol car il est sous-entendu par la forme spécifique du verbe (voir **verbes**). Les deux exemples suivants sont corrects, mais la deuxième version est plus courante :

J'étudie l'espagnol. Yo estudio espagnol. (litt : Moi, j'étudie l'espagnol)
yo és·tou·dyo és·pa·nyol
Estudio espagnol. (litt : J'étudie l'espagnol)
és·tou·dyo és·pa·nyol

Voir aussi **négation** et **questions**.

Pluriel

Nommer des personnes/choses

En général, il suffit d'ajouter un *s* à la fin du mot s'il se termine par une voyelle et *es* s'il se termine par une consonne ou un *y*. Dans cet ouvrage, les formes singulier et pluriel sont indiquées par **sg** et **pl** si nécessaire.

~ SINGULIER ~			~ PLURIEL ~		
lit	cama	*ka*·ma	**lits**	camas	*ka*·mas
femme	mujer	mou·*Rhér*	**femmes**	mujeres	mou·*Rhé*·res

Possessifs

Possession

La manière la plus courante d'indiquer la possession est l'utilisation d'un adjectif possessif devant le nom concerné. Comme les autres adjectifs, ceux-ci s'accordent en nombre avec le nom, et dans le cas de “notre” et “votre”, ils s’accordent aussi en genre (voir aussi **genre** et **pluriels**).

notre fille	nuestra hija **f sg** *nwés*·tra *i*·Rha

~ ADJECTIFS POSSESSIFS ~

mon/ma/ mes	mi/ mis	mi/ mis	**notre/ nos**	nuestro/ nuestros **m** nuestra/ nuestras **f**	*nwés*·tro/*nwés*·tros *nwés*·tra/*nwés*·tras
ton/ta/ tes **sg fam**	tu/ tus	tou/ tous	**votre/ vos** **pl fam**	vuestro/ vuestros **m** vuestra/ vuestras **f**	*bwés*·tro/*bwés*·tros *bwés*·tra/*bwés*·tras
votre/vos **sg pol** **son/sa/ ses**	su/ sus	sou/ sous	**votre/ vos** **pl pol** **leur/ leurs**	su/sus	sou/sous

Dans le tableau ci-dessus, les formes des adjectifs possessifs espagnols séparées par / sont utilisées avec un nom singulier et pluriel, respectivement.

mon enfant	mi hijo **m sg** mi *i*·Rho
mes enfants	mis hijos **m pl** mis *i*·Rhos

Une autre manière d’indiquer la possession est l’emploi de pronoms possessifs (voir tableau de la page suivante), qui s’accordent ausi en genre et en nombre avec le nom.

Le livre est à moi.	El libro es mío. **m sg** él *li*·bro és *mi*·o

~ PRONOMS POSSESSIFS ~

mien/ miens mienne/ miennes	mío/ míos **m** mía/ mías **f**	*mi·o/ mi·os mi·a/ mi·as*	**nôtre/ nôtres**	nuestro/ nuestros **m** nuestra/ nuestras **f**	*nwés·tro/ nwés·tros nwés·tra/ nwés·tras*
tien/tiens tiennes/ tiennes sg fam	tuyo/ tuyos **m** tuya/ tuyas **f**	*tou·yo/ tou·yos tou·ya/ tou·yas*	**vôtre/ vôtres** pl fam	vuestro/ vuestros **m** vuestra/ vuestras **f**	*bwés·tro/ bwés·tros bwés·tra/ bwés·tras*
vôtre/ vôtres sg pol	suyo/ suyos **m** suya/ suyas **f**	*sou·yo/ sou·yos sou·ya/ sou·yas*	**vôtre/ vôtres** pl pol	suyo/ suyos **m** suya/ suyas **f**	*sou·yo/ sou·yos sou·ya/ sou·yas*
sien/siens sienne/ siennes			**leur/ leurs**		

Les quatre alternatives dans ce tableau sont utilisées avec des noms **m sg**, **m pl**, **f sg** et **f pl**.

La propriété peut aussi être exprimée avec la construction "*de* dé (de) + nom", comme en français. Voir aussi **avoir**.

le sac de mon ami — el bolso de mi amigo **m sg**
él *bol*·so dé mi a·*mi*·go

Prépositions

Donner des instructions • Indiquer un lieu • Désigner des choses

Comme le français, l'espagnol utilise des prépositions pour situer les choses dans le temps ou l'espace. Certaines prépositions courantes sont listées dans le tableau ci-dessous. Pour plus de prépositions, voir le **dictionnaire**.

Quand certaines prépositions sont suivies d'un article défini, elles sont contractées en un seul mot (voir **articles**).

~ PRÉPOSITIONS ~

après	después de	dés·*pwés* dé	**de**	de	dé
à (heure)	a	a	**dans (lieu)**	en	én
avant	antes de	*an*·tés dé	**à**	a	a

Pronoms personnels

Faire un constat • Nommer des personnes/choses

En espagnol, les pronoms personnels (je, tu, etc.) changent de forme selon qu'ils sont le sujet ou l'objet de la phrase. Il en va de même en français, avec "je" et "me" comme pronoms sujets et objets (exemple "je la vois" et "elle me voit"). Sachez toutefois que le pronom sujet est souvent omis en espagnol car il est induit par la forme spécifique du verbe (voir **verbes**).

Je suis étudiant(e). Soy estudiante. m et f sg
soy és·tou·*dyann*·té

~ PRONOMS SUJETS ~

je	yo	yo	**nous**	nosotros m nosotras f	no·*so*·tros no·*so*·tras
tu sg fam	tú	tou	**vous** pl fam	vosotros m vosotras f	bo·*so*·tros bo·*so*·tras
vous sg pol	Usted	ou·*sté*	**vous** pl pol	Ustedes	ou·*sté*·dés
il **elle**	Él Ella	él *é*·lya	**ils** **elles**	ellos m ellas f	*é*·lyos *é*·lyas

Comme le montrent les tableaux, l'espagnol possède deux formes pour les deuxièmes personnes du singulier et du pluriel. Pour s'adresser à une personne que l'on connaît ou plus jeune que soit, il convient d'utiliser le pronom informel *tú* tou, plutôt que la forme de politesse, *Usted* ou·*sté*. Dans cet ouvrage, nous utilisons la forme appropriée en fonction du contexte. Quand les deux formes sont utilisées, elles sont indiquées pol et fam. Voir aussi **s'adresser à quelqu'un** (p. 93).

~ PRONOMS OBJETS DIRECTS ET INDIRECTS ~

me	me	mé	**nous**	nos	nos
te sg fam	te	té	**vous** pl fam	vos	bos
vous sg pol	lo/le m la/le f	lo/lé la/lé	**vous** pl pol	los/les m las/les f	los/lés las/lés
le/lui	lo/le	lo/lé	**les/leur**	los/les m las/les f	los/lés las/lés
la/lui	la/le	la/lé			

Dans ce tableau, les formes séparées par / indiquent les pronoms directs/indirects.

En espagnol, les pronoms objets directs ou indirects diffèrent pour les troisièmes personnes du singulier et du pluriel ("il", "elle", "ils", "elles") et pour les formes de politesse.

Je ne la connais pas.	No la conozco. no la ko·*noS*·ko
Je lui parle. (lui : f ou m)	Le hablo. (le : f ou m) lé *a*·blo

Le pronom objet se place généralement avant le verbe. Le pronom objet indirect se place avant le pronom objet direct.

Je te le montrerai.	Te lo mostraré. (te : sg fam lo : m sg) té lo mos·tra·*ré*

Questions

Poser des questions • Négation

L'ordre des mots dans une question reste le même que dans une phrase simple. Seule l'intonation qui monte en fin de phrase marque l'interrogation. À l'écrit, remarquez le point d'interrogation retourné en début de phrase.

~ MOTS INTERROGATIFS ~

Qui ?	¿Quién? **sg** ¿Quiénes? **pl**	kyén *kyé*·nés
Quoi ?	¿Qué?	ké
Lequel ? **Lesquels ?**	¿Cuál? **sg** ¿Cuáles? **pl**	kwal *kwa*·lés
Quand ?	¿Cuándo?	*kwann*·do
Où ?	¿Dónde?	*donn*·dé
Comment ?	¿Cómo?	*ko*·mo
Combien ?	¿Cuánto? **m** ¿Cuánta? **f** ¿Cuantos? **m pl** ¿Cuantas? **f pl**	*kwann*·to *kwann*·ta *kwann*·tos *kwann*·tas
Pourquoi ?	¿Por qué?	por *ké*

Verbes

Réaliser des actions

Il y a trois catégories de verbes en espagnol, correspondant aux terminaisons en *-ar*, *-er* ou *-ir*, comme par exemple *hablar* ab·*lar* (parler), *comer* ko·*mér* (manger), *vivir* vi·*vir* (vivre). Les temps sont formés en ajoutant diverses terminaisons pour chaque personne au radical (après avoir supprimé *ar*, *-er* or *-ir* à l'infinitif) ou à l'infinitif directement. Les terminaisons pour le présent, le passé et le futur sont présentées dans les tableaux des pages suivantes. Pour la forme négative, voir **négation**.

~ PRÉSENT DE L'INDICATIF ~

		hablar	comer	vivir
je	yo	hablo	como	vivo
tu sg fam	tú	hablas	comes	vives
vous sg pol	Usted	habla	come	vive
il/elle	él/ella	habla	come	vive
nous	nosotros **m** nosotras **f**	hablamos	comemos	vivimos
vous pl fam	vosotros **m** vosotras **f**	habláis	coméis	vivís
vous pl pol	Ustedes	hablan	comen	viven
ils **elles**	ellos **m** ellas **f**	hablan	comen	viven

Voir aussi **être** et **avoir**.

~ PASSÉ SIMPLE ~

		hablar	comer	vivir
je	yo	hablé	comí	viví
tu sg fam	tú	hablaste	comiste	viviste
vous sg pol	Usted	habló	comió	vivió
il/elle	él/ella	habló	comió	vivió
nous	nosotros **m** nosotras **f**	hablamos	comimos	vivimos
vous pl fam	vosotros **m** vosotras **f**	hablasteis	comisteis	vivisteis
vous pl pol	Ustedes	hablaron	comieron	vivieron
ils **elles**	ellos **m** ellas **f**	hablaron	comieron	vivieron

Dans le cas du futur de l'indicatif, les terminaisons restent identiques pour les trois catégories de verbes et sont simplement ajoutées à la forme infinitive :

~ FUTUR DE L'INDICATIF ~

		hablar	comer	vivir
je	yo	hablaré	comeré	viviré
tu sg fam	tú	hablarás	comerás	vivirás
vous sg pol	Usted	hablará	comerá	vivirá
il/elle	él/ella	hablará	comerá	vivirá
nous	nosotros **m** nosotras **f**	hablaremos	comeremos	viviremos
vous pl fam	vosotros **m** vosotras **f**	hablaréis	comeréis	viviréis
vous pl pol	Ustedes	hablarán	comerán	vivirán
ils **elles**	ellos **m** ellas **f**	hablarán	comerán	vivirán

Comme en français, on peut en espagnol parler du futur en utilisant le verbe *ir* (aller) au présent. Il est suivi du mot *a* et du verbe à l'infinitif. Cela donne par exemple :

Demain, je vais aller à Madrid. Mañana, voy a viajar a Madrid. (litt : Demain, vais à voyager à Madrid)
ma·*nya*·na boy a bya·*Rhar* a ma·*dri*

CULTURE LOCALE

Proverbes en Espagne

Les proverbes jouent un rôle important en Espagne. Dans la seconde moitié du XVe siècle, le Marqués de Santillana constitua un recueil national et l'un des personnages de *Don Quichotte*, Sancho Panza, s'exprime presque systématiquement avec des proverbes. Cervantès, l'auteur de ce roman, décrit ces expressions populaires comme de "courtes phrases tirées de longues expériences".

Ser como el perro del hortelano, que ni come las berzas, ni las deja comer al amo.
sér *ko*·mo él *pé*·ro dél or·té·*la*·no ké ni *ko*·mé las *bér*·Sas ni las *dé*·Rha ko·*mér* al *a*·mo
(lit : être comme le chien du jardinier, qui ne mange pas les choux mais ne laisse pas son maître les manger)

~ FUTUR PROCHE ~

je	**vais**	yo	voy	a llamar
tu sg fam	**vas**	tú	vas	a dormir
vous sg pol	**allez**	Usted	va	a bailar
il/elle	**va**	él/ella m/f	va	a beber
nous	**allons**	nosotros m nosotras f	vamos	a cantar
vous pl fam	**allez**	vosotros m vosotras f	vais	a comer
vous pl pol	**allez**	Ustedes	van	a escribir
ils elles	**vont**	ellos m ellas f	van	a aprender

Vouvoiement et tutoiement

Il existe en espagnol quatre formes pour exprimer tutoiement et vouvoiement là où le français n'en possède que deux (tu et vous).

~ ESPAGNOL ~	~ FRANÇAIS ~	~ À QUI S'ADRESSE-T-ON ? ~
tú sg fam tou	**tu**	à une personne que l'on tutoie
vosotros/as m/f pl fam bo·so·*tros/as*	**vous**	à plusieurs personnes que l'on tutoie
Usted sg pol ou·*sté*	**vous**	à une personne que l'on vouvoie
Ustedes pl pol ou·*sté*·dés	**vous**	à plusieurs personnes que l'on vouvoie

Les Espagnols utilisent le tutoiement, singulier et pluriel, beaucoup plus facilement que les Français. La forme de politesse est réservé aux personnes plus âgées ou aux situations formelles.
Vous remarquerez que les phrases de ce guide emploient le tutoiement ou le vouvoiement selon la formule la plus appropriée à la situation.

Pour plus de détails sur l'emploi du vouvoiement, voir l'encadré dans la partie **voyage d'affaires** (p. 95).

Basiques

SE FAIRE COMPRENDRE 32

NOMBRES ET QUANTITÉS 34

HEURE ET DATE 36

Se faire comprendre

PHRASES-CLÉS

Parlez-vous français ?	¿Habla francés?	*ab*·la frann·*Sés*
Je (ne) comprends (pas).	(No) Entiendo.	(no) én·*tyén*·do
Que signifie... ?	¿Qué significa...?	ké sig·ni·*fi*·ka...

La langue espagnole possède la particularité de porter deux noms différents : *español* et *castellano*. *Español* est utilisé en Espagne, tandis que *castellano* est plutôt employé en Amérique latine, où le mot *español* est réservé à la nationalité.

Q **Parlez-vous français ?**	¿Habla francés? *ab*·la frann·*Sés*
Q **Est-ce que quelqu'un parle (français) ?**	¿Hay alguien que hable (francés)? ay al·*guyén* ké *ab*·lé frann·*Sés*
R **Je (ne) parle (pas) espagnol.**	(No) Hablo español. no *ab*·lo és·pa·*nyol*
R **Je parle un peu espagnol.**	Hablo un poco de español. *ab*·lo oun *po*·ko dé és·pa·*nyol*
Je voudrais pratiquer l'espagnol.	Me gustaría practicar español. mé gous·ta·*ri*·a prak·ti·*kar* és·pa·*nyol*
J'ai besoin d'un interprète qui parle (français).	Necesito un intérprete que hable (francés). né·Sé·*si*·to oun in·*tér*·pré·té ké *ab*·lé (frann·*Sés*)

EXPRESSIONS ORALES

¿Cómo?	ko·mo	Pardon ?
No.	no	Non.
Sí.	si	Oui.

Veux-tu que je t'apprenne un peu de français ?	¿Quieres que te enseñe algo de francés? *kyé*·rés ké té én·*sé*·nyé *al*·go dé frann·*Sés*
Q **Vous me comprenez ?/ Tu me comprends ?**	¿Me entiende/entiendes? **pol/fam** mé én·*tyén*·dé/mé én·*tyén*·dés
R **Je (ne) comprends (pas).**	(No) Entiendo. (no) én·*tyén*·do
Comment se prononce ce mot ?	¿Cómo se pronuncia esta palabra? *ko*·mo sé pro·*noun*·Sya *és*·ta pa·*lab*·ra
Comment écrivez-vous "ciudad" ?	¿Cómo se escribe "ciudad"? *ko*·mo sé és·*kri*·bé Si·ou·*da*
Que signifie... ?	¿Qué significa...? ké sig·ni·*fi*·ka...
Vous pouvez/ Tu peux répéter ?	¿Puede/Puedes repetir? **pol/fam** *pwé*·dé/*pwé*·dés ré·pé·*tir*
Peux-tu l'écrire, s'il te plaît ?	¿Puedes escribirlo por favor? *pwé*·dés és·kri·*bir*·lo por fa·*bor*
Peux-tu parler plus lentement, s'il te plaît ?	¿Puedes hablar más despacio por favor? *pwé*·dés ab·*lar* mas dés·*pa*·Syo por fa·*bor*

Plus lentement, s'il te plaît.	Más despacio, por favor.	mas dés·*pa*·Syo por fa·*bor*

Nombres et quantités

PHRASES-CLÉS

Combien ?	¿Cuánto?	*kwann*·to
un petit peu	un poquito	oun po·*ki*·to
quelques	algunos/as **m/f**	al·*gou*·nos/as

Nombres cardinaux

0	cero	*Sé*·ro
1	uno	*ou*·no
2	dos	dos
3	tres	trés
4	cuatro	*kwa*·tro
5	cinco	*Sinn*·ko
6	seis	séys
7	siete	*syé*·té
8	ocho	*o*·tcho
9	nueve	*nwé*·bé
10	diez	dyéS
11	once	*onn*·Sé
12	doce	*do*·Sé
13	trece	*tré*·Sé
14	catorce	ka·*tor*·Sé
15	quince	*kinn*·Sé
16	dieciséis	dyé·Si·*séys*
17	diecisiete	dyé·Si·*syé*·té
18	dieciocho	dyé·Si·*o*·tcho
19	diecinueve	dyé·Si·*nwé*·bé
20	veinte	*béyn*·té

21	veintiuno	béyn·ti·*ou*·no
22	veintidós	béyn·*ti*·dos
30	treinta	*tréyn*·ta
40	cuarenta	kwa·*rénn*·ta
50	cincuenta	Sinn·*kwénn*·ta
60	sesenta	sé·*sén*·ta
70	setenta	sé·*tén*·ta
80	ochenta	o·*tchén*·ta
90	noventa	no·*bén*·ta
100	cien	Syén
101	ciento uno	*Syén*·to *ou*·no
102	ciento dos	*Syén*·to dos
500	quinientos	*ki*·nyén tos
1 000	mil	mil
1 000 000	un millón	oun mi·*lyonn*

Nombres ordinaux

1er	primero/a **m/f**	pri·*mé*·ro/a
2e	segundo/a **m/f**	sé·*goun*·do/a
3e	tercero/a **m/f**	tér·*Sé*·ro/a
4e	cuarto/a **m/f**	*kwar*·to/a
5e	quinto/a **m/f**	*kinn*·to/a

Expression de la quantité

Combien ?	¿Cuánto?	*kwann*·to
un peu	un poco	oun *po*·ko
un petit peu	un poquito	oun po·*ki*·to
beaucoup	muchos/as **m/f**	*mou*·tchos/as
quelques	algunos/as **m/f**	al·*gou*·nos/as
plus/moins	más/menos	mas/*mé*·nos
un quart/demi	un cuarto/medio	oun *kwar*·to/*mé*·dyo
un tiers	un tercio	oun *tér*·Syo
tout/rien	todo/nada	*to*·do/*na*·da

Pour d'autres quantités, voir **cuisiner** (p .182).

Heure et date

PHRASES-CLÉS

Quelle heure est-il ?	¿Qué hora es?	ké *o*·ra és
À quelle heure ?	¿A qué hora?	a ké *o*·ra
Quel jour ?	¿Qué día?	ké *di*·a

Indiquer l'heure

Q **Quelle heure est-il ?**	¿Qué hora es? ké *o*·ra és
R **Il est 1h.**	Es la una. és la *ou*·na
R **Il est (10h).**	Son las (diez). sonn las (dyéS)
Il est 1h15.	Es la una y cuarto. és la *ou*·na i *kwar*·to
Il est 1h20.	Es la una y veinte. és la *ou*·na i *béyn*·té
Il est 1h30.	Es la una y media. és la *ou*·na i *mé*·dya
Il est 1 heure moins 20.	Es la una menos veinte. és la *ou*·na *mé*·nos *béyn*·té
Il est 1 heure moins le quart.	Es la una menos cuarto. és la *ou*·na *mé*·nos *kwar*·to
Il est tôt.	Es temprano. és tém·*pra*·no
Il est tard.	Es tarde. és *tar*·dé

Q À quelle heure ?	¿A qué hora? a ké *o*·ra
R À...	A las... a las...
du matin	de la mañana dé la ma·*nya*·na
de l'après-midi	de la tarde dé la *tar*·dé

Calendrier

lundi	lunes **m**	*lou*·nés
mardi	martes **m**	*mar*·tés
mercredi	miércoles **m**	*myér*·ko·lés
jeudi	jueves **m**	*Rhwé*·bés
vendredi	viernes **m**	*byér*·nés
samedi	sábado **m**	*sa*·ba·do
dimanche	domingo **m**	do·*minn*·go
janvier	enero **m**	é·*né*·ro
février	febrero **m**	fé·*bré*·ro
mars	marzo **m**	*mar*·So
avril	abril **m**	a·*bril*
mai	mayo **m**	*ma*·yo
juin	junio **m**	*Rhou*·nyo
juillet	julio **m**	*Rhou*·lyo
août	agosto **m**	a·*gos*·to
septembre	septiembre **m**	sép·*tyém*·bré
octobre	octubre **m**	ok·*tou*·bré
novembre	noviembre **m**	no·*byém*·bré
décembre	diciembre **m**	di·*Syém*·bré

été	verano m	bé·*ra*·no
automne	otoño m	o·*to*·nyo
hiver	invierno m	inn·*byér*·no
printemps	primavera f	pri·ma·*bé*·ra

Quel jour ?	¿Qué día? ké *di*·a
Q Quel jour sommes-nous ?	¿Qué día es hoy? ké *di*·a és oy
R Nous sommes (le 18 octobre).	Es (el dieciocho de octubre). és (él dyé·Si·*o*·tcho dé ok·*tou*·bré)

Présent

maintenant	ahora	a·*o*·ra
tout de suite	ahora mismo	a·*o*·ra *mis*·mo
cet après-midi	esta tarde	*és*·ta *tar*·dé
ce mois-ci	este mes	*és*·té més
ce matin	esta mañana	*és*·ta ma·*nya*·na
cette semaine	esta semana	*és*·ta sé·*ma*·na
cette année	este año	*és*·té *a*·nyo
aujourd'hui	hoy	oy
ce soir/cette nuit	esta noche	*és*·ta *no*·tché

Passé

il y a (3) jours	hace (tres) días	*a*·Sé (trés) *di*·as
il y a une demi-heure	hace media hora	*a*·Sé *mé*·dya *o*·ra
il y a un moment	hace un rato	*a*·Sé un *ra*·to
il y a (5) ans	hace (cinco) años	*a*·Sé (*Sinn*·ko) *a*·nyos

il y a longtemps	hace mucho tiempo	*a·Sé mou*·tcho *tiém*·po
avant-hier	anteayer	ann·té·a·*yér*
le mois dernier	el mes pasado	él més pa·*sa*·do
hier soir	anoche	a·*no*·tché
la semaine dernière	la semana pasada	la sé·*ma*·na pa·*sa*·da
l'année dernière	el año pasado	él *a*·nyo pa·*sa*·do
depuis (mai)	desde (mayo)	*dés*·dé (*ma*·yo)
hier	ayer	a·*yér*
hier matin	ayer por la mañana	a·*yér* por la ma·*nya*·na
hier après-midi	ayer por la tarde	a·*yér* por la *tar*·dé
hier soir	ayer por la noche	a·*yér* por la *no*·tché

Futur

dans (6) jours	dentro de (seis) días	*dén*·tro dé (séys) *di*·as
dans une heure	dentro de una hora	*dén*·tro dé *ou*·na *o*·ra
dans (5) minutes	dentro de (cinco) minutos	*dén*·tro dé (*Sinn*·ko) mi·*nou*·tos
dans un mois	dentro de un mes	*dén*·tro dé oun més
le mois prochain	el mes que viene	él més ké *byé*·né
la semaine prochaine	la semana que viene	la sé·*ma*·na ké *byé*·né
l'année prochaine	el año que viene	él *a*·nyo ké *byé*·né
demain	mañana	ma·*nya*·na
demain matin	mañana por la mañana	ma·*nya*·na por la ma·*nya*·na
demain après-midi	mañana por la tarde	ma·*nya*·na por la *tar*·dé

demain soir	mañana por la noche	ma·nya·na por la no·tché
après-demain	pasado mañana	pa·sa·do ma·nya·na
jusqu'à (juin)	hasta (junio)	as·ta (Rhou·nyo)

Dans la journée

aube	madrugada **f**	ma·drou·ga·da
matin	mañana **f**	ma·nya·na
journée	día **m**	di·a
après-midi	tarde **f**	tar·dé
soir/nuit	noche **f**	no·tché
midi	mediodía **m**	mé·dyo·di·a
minuit	medianoche **f**	mé·dya·no·tché
lever du jour	amanecer **m**	a·ma·né·Sér
coucher du soleil	puesta **f** del sol	pwés·ta dél sol

Pratique

TRANSPORTS	42
PASSER LA FRONTIÈRE	54
ORIENTATION	56
SE LOGER	59
ACHATS	72
POSTE ET COMMUNICATIONS	82
ARGENT	89
VOYAGE D'AFFAIRES	92
SITES TOURISTIQUES	94
VOYAGEURS SENIORS/HANDICAPÉS	99
VOYAGER AVEC DES ENFANTS	101

Transports

PHRASES-CLÉS

À quelle heure est le prochain bus ?	¿A qué hora es el próximo autobús?	a ké *o*·ra és él *prok*·si·mo aou·to·*bous*
Un billet…, s'il vous plaît.	Un billete…, por favor.	oun bi·*lyé*·té… por fa·*bor*
Pouvez-vous me prévenir quand nous arriverons à (Valladolid) ?	¿Puede avisarme cuando lleguemos a (Valladolid)?	*pwé*·dé a·bi·*sar*·mé *kwann*·do lyé·*gué*·mos a ba·lya·do·*li*
Emmenez-moi à cette adresse, s'il vous plaît.	Por favor, lléveme a esta dirección.	por fa·*bor lyé*·bé·mé a *és*·ta di·rék·*Syonn*
Je voudrais louer une voiture.	Quisiera alquilar un coche.	ki·*syé*·ra al·ki·*lar* oun *ko*·tché

Circuler

À quelle heure part… ? ¿A qué hora sale…?
a ké *o*·ra *sa*·lé…

l'avion	el avión	él a·*byonn*
le bateau	el barco	él *bar*·ko
le bus	el autobús	él aou·to·*bous*
le car	el autocar	él aou·to·*kar*
le train	el tren	él trén
le tramway	el tranvía	él trann·*bi*·a

À quelle heure est le premier (bus) ?	¿A qué hora es el primer (autobús)? a ké *o*·ra és él pri·*mér* (aou·to·*bous*)
À quelle heure est le dernier (train) ?	¿A qué hora es el último (tren)? a ké *o*·ra és él *oul*·ti·mo (trén)
À quelle heure est le prochain (bateau) ?	¿A qué hora es el próximo (barco)? a ké *o*·ra és él *prok*·si·mo (*bar*·ko)
De combien sera le retard ?	¿Cuánto tiempo se retrasará? *kwann*·to *tyém*·po sé ré·tra·sa·*ra*
Cette place est-elle libre ?	¿Está libre este asiento? és·*ta li*·bré *és*·té a·*syén*·to

Est-ce libre ?	¿Está libre?	és·*ta li*·bré

C'est mon siège.	Ése es mi asiento. *é*·sé és mi a·*syén*·to
Je voudrais descendre à (Aranjuez).	Me gustaría bajarme en (Aranjuez). mé gous·ta·*ri*·a ba·*Rhar*·mé én (a·rann·*RhwéS*)
Je veux descendre ici !	¡Quiero bajarme aquí! *kyé*·ro ba·*Rhar*·mé a·*ki*
Je préfère y aller à pied.	Prefiero ir a pie. pré·*fyé*·ro ir a pyé
Peut-on s'y rendre en transport public ?	¿Se puede ir en transporte público? sé *pwé*·dé ir én trans·*por*·té *pou*·bli·ko

Billets

Dois-je réserver ?	¿Tengo que reservar? *ténn*·go ké ré·sér·*bar*
Combien cela coûte-t-il ?	¿Cuánto cuesta? *kwann*·to *kwés*·ta
Où puis-je acheter un billet ?	¿Dónde puedo comprar un billete? *donn*·dé *pwé*·do komm·*prar* oun bi·*lyé*·té
Combien de temps dure le trajet ?	¿Cuánto se tarda? *kwann*·to sé *tar*·da
C'est un trajet direct ?	¿Es un viaje directo? és oun *bya*·Rhé di·*rék*·to
Pouvez-vous m'inscrire sur la liste d'attente ?	¿Puede ponerme en la lista de espera? *pwé*·dé po·*nér*·mé én la *lis*·ta dé és·*pé*·ra
Je voudrais une place côté couloir.	Quisiera un asiento de pasillo. ki·*syé*·ra oun a·*syén*·to dé pa·*si*·lyo
Je voudrais une place côté fenêtre.	Quisiera un asiento junto a la ventana. ki·*syé*·ra oun a·*syén*·to *Rhoun*·to a la bén·*ta*·na
Je voudrais une place (non) fumeur.	Quisiera un asiento de (no) fumadores. ki·*syé*·ra oun a·*syén*·to dé (no) fou·ma·*do*·rés

Acheter un billet

À quelle heure est le prochain... ?

¿A qué hora es el próximo...?
a ké o·ra és él *prok*·si·mo...

bateau
barco
bar·ko

bus
autobús
aou·to·*bous*

train
tren
trén

Un billet..., s'il vous plaît.

Un billete..., por favor.
oun bi·*lyé*·té... por fa·*bor*

simple
sencillo
sén·*Si*·lyo

aller-retour
de ida y vuelta
dé *i*·da i *bwél*·ta

J'aimerais un siège côté...

Quisiera un asiento...
ki·*syé*·ra oun a·*syén*·to...

couloir
de pasillo
de pa·*si*·lyo

fenêtre
junto a
la ventana
Rhoun·to a
la bén·*ta*·na

De quel quai part-il ?

¿De cuál andén sale?
dé kwal an·*dén* *sa*·lé

J'aimerais... mon billet. Me gustaría... mi billete.
mé gous·ta·*ri*·a... mi bi·*lyé*·té

annuler	cancelar	kann·Sé·*lar*
changer	cambiar	kamm·*byar*
confirmer	confirmar	konn·fir·*mar*
récupérer	recoger	ré·ko·*Rher*

(Un) billet..., s'il vous plaît. (Un) billete..., por favor.
(oun) bi·*lyé*·té... por fa·*bor*

enfant	infantil	inn·fann·*til*
aller-retour	de ida y vuelta	dé *i*·da i *bwél*·ta
étudiant	de estudiante	dé és·tou·*dyann*·té
première classe	de primera clase	dé pri·*mé*·ra *kla*·sé
seconde classe	de segunda clase	dé sé·*goun*·da *kla*·sé

Un aller simple pour (Barcelone). Un billete sencillo a (Barcelona).
oun bi·*lyé*·té sén·*Si*·lyo a (bar·Sé·*lo*·na)

Bagages

Mes bagages ont été endommagés/perdus. Mis maletas han sido dañadas/perdidas.
mis ma·*lé*·tas ann *si*·do da·*nya*·das/pér·*di*·das

Mes bagages ont été volés. Mis maletas han sido robadas.
mis ma·*lé*·tas ann *si*·do ro·*ba*·das

EXPRESSIONS ORALES

Esta parada es...	es·ta pa·*ra*·da es... Nous sommes à l'arrêt...
La próxima parada es...	la *prok*·si·ma pa·*ra*·da es... Le prochain arrêt est...
Está completo.	és·*ta* komm·*plé*·to C'est complet.
El... está retrasado/ cancelado.	él... és·*ta* ré·tra·*sa*·do/ kann·Sé·*la*·do Le... est retardé/annulé.

Je voudrais une consigne à bagages.	Quisiera un casillero de consigna. ki·*syé*·ra oun ka·si·*lyé*·ro dé konn·*sig*·na

Bus

Quel bus/car va à... ?	¿Qué autobús/autocar va a...? ké aou·to·*bous*/aou·to·*kar* ba a...
Où est l'arrêt de bus ?	¿Dónde está la parada del autobús? *donn*·dé és·*ta* la pa·*ra*·da dél aou·to·*bous*
Quel est le prochain arrêt ?	¿Cuál es la próxima parada? kwal és la *prok*·si·ma pa·*ra*·da
Le bus numéro...	El autobús número... él aou·to·*bous* *nou*·mé·ro...
Pouvez-vous me prévenir quand nous arriverons à (Valladolid) ?	¿Puede avisarme cuando lleguemos a (Valladolid)? *pwé*·dé a·bi·*sar*·mé *kwann*·do lyé·*gé*·mos a (ba·lya·do·*li*)

Pour les numéros de bus, voir **nombres et quantités** (p. 34).

Train

À quelle gare sommes-nous ?	¿Cuál es esta estación? kwal és *és*·ta és·ta·*Syonn*
Quelle est la prochaine gare ?	¿Cuál es la próxima estación? kwal és la *prok*·si·ma és·ta·*Syonn*
Ce train s'arrête-t-il à (Madrid) ?	¿Para el tren en (Madrid)? *pa*·ra él trén én (ma·*dri*)
Dois-je prendre une correspondance ?	¿Tengo que cambiar de tren? *ténn*·go ké kamm·*byar* dé trén
Où est le wagon pour (Madrid) ?	¿Cuál es el coche para (Madrid)? kwal és él *ko*·tché *pa*·ra (ma·*dri*)

Bateau

Y a-t-il des gilets de sauvetage ?	¿Hay chalecos salvavidas? ay tcha·*lé*·kos sal·ba·*bi*·das
Comment est la mer, aujourd'hui ?	¿Cómo está el mar hoy? *ko*·mo és·*ta* él mar oy
J'ai le mal de mer.	Estoy mareado. és·*toy* ma·ré·*a*·do

Taxi

Je voudrais un taxi à (9h du matin).	Quisiera un taxi a (las nueve de la mañana). ki·*syé*·ra oun *tak*·si a (las *nwé*·bé dé la ma·*nya*·na)
Je voudrais un taxi demain.	Quisiera un taxi mañana. ki·*syé*·ra oun *tak*·si ma·*nya*·na

Ce taxi est-il libre ?	¿Está libre este taxi? *és·ta li·bré és·té tak·si*
✂ **Est-ce libre ?**	¿Está libre? — *és·ta li·bré*
Mettez le compteur en marche, s'il vous plaît.	Por favor, ponga el taxímetro. *por fa·bor ponn·ga él tak·si·mé·tro*
Quel est le prix pour aller à... ?	¿Cuánto cuesta ir a...? *kwann·to kwés·ta ir a...*
Emmenez-moi à (cette adresse), s'il vous plaît.	Por favor, lléveme a (esta dirección). *por fa·bor lyé·bé·mé a (és·ta di·rék·Syonn)*
✂ **À...**	A... — *a...*
Quel est le prix en tout ?	¿Cuánto es en total? *kwann·to és én to·tal*
S'il vous plaît, ralentissez.	Por favor vaya más despacio. *por fa·bor ba·ya mas dés·pa·Syo*
S'il vous plaît, attendez ici.	Por favor espere aquí. *por fa·bor és·pé·ré a·ki*
Arrêtez-vous ici !	¡Pare aquí! *pa·ré a·ki*

Pour d'autres phrases utiles, voir **orientation** (p. 56).

Voiture et moto

Où est-il possible de louer... ?	¿Dónde se puede alquilar...? *donn*·dé sé *pwé*·dé al·ki·*lar*...
L'assurance/le kilométrage est-il inclus ?	¿Incluye el seguro/ el kilometraje? inn·*klou*·yé él sé·*gou*·ro/ él ki·lo·mé·*tra*·Rhé
Je voudrais louer un/une...	Quisiera alquilar... ki·*syé*·ra al·ki·*lar*...

4x4	un todoterreno	oun to·do·té·*ré*·no
voiture à boîte automatique	un coche automático	oun *ko*·tché aou·to·*ma*·ti·ko
voiture à boîte manuelle	un coche manual	oun *ko*·tché ma·*noual*
voiture électrique	un coche electrico	oun *ko*·tché é·*lék*·tri·ko
moto	una moto	ou·na *mo*·to

Combien coûte la location à l'heure/journée ?	¿Cuánto cuesta el alquiler por hora/día? *kwann*·to *kwés*·ta él al·ki·*lér* por *o*·ra/*di*·a
Combien coûte la location à la semaine ?	¿Cuánto cuesta el alquiler por semana? *kwann*·to *kwés*·ta él al·ki·*lér* por sé·*ma*·na
Cette route va-t-elle à... ?	¿Se va a... por esta carretera? sé ba a... por *és*·ta ka·ré·*té*·ra
Où puis-je trouver une station-service ?	¿Dónde hay una gasolinera? *donn*·dé ay *ou*·na ga·so·li·*né*·ra

INDICATIONS ÉCRITES

acceso	ak·*Sé*·so	entrée
aparcamiento	a·par·ka·*myén*·to	parking
ceda el Paso	*Sé*·da él *pa*·so	cédez le passage
desvío	dés·*bi*·o	déviation
dirección única	di·rék·*Syon nou*·ni·ka	sens interdit
frene	*fré*·né	ralentir
peaje	pé·*a*·Rhé	péage
peligro	pé·*li*·gro	danger
prohibido aparcar	pro·i·*bi*·do a·par·*kar*	stationnement interdit
prohibido el paso	pro·i·*bi*·do él *pa*·so	entrée interdite
stop	és·*top*	stop
vía de acceso	*bi*·a de ak·*Sé*·so	voie d'accès

Quelle est la limite de vitesse en ville ?
¿Cuál es el límite de velocidad en la ciudad?
kwal és él *li*·mi·té dé bé·lo·Si·*da* én la Syou·*da*

Le plein, s'il vous plaît.
Por favor, lléneme el depósito.
por fa·*bor lyé*·né·mé él dé·*po*·si·to

Je voudrais (20) litres...
Quisiera (veinte) litros...
ky·*sié*·ra (*béyn*·té) *li*·tros...

d'essence	de gasolina	dé ga·so·*li*·na
de diesel	de diesel	dé dyé·*sél*
de sans plomb	de gasolina sin plomo	dé ga·so·*li*·na sinn *plo*·mo

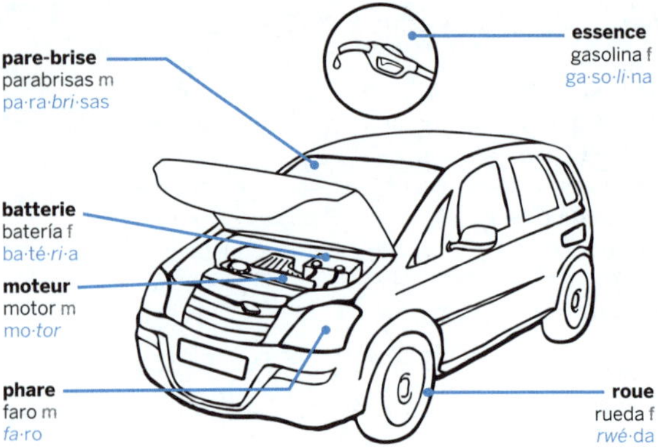

Merci de vérifier le niveau d'huile/d'eau.	Por favor, revise el nivel del aceite/agua. por fa·bor ré·bi·sé él ni·bél dél a·Séy·té/a·gwa
Merci de vérifier la pression des pneus.	Por favor, revise la presión de los neumáticos. por fa·bor ré·bi·sé la pré·syonn dé los né·ou·ma·ti·kos
(Combien de temps) Ai-je le droit de stationner ici ?	¿(Por cuánto tiempo) Puedo aparcar aquí? (por kwann·to tyém·po) pwé·do a·par·kar a·ki
J'ai besoin d'un mécanicien.	Necesito un mecánico. né·Sé·si·to oun mé·ka·ni·ko
La voiture est tombée en panne (à...).	El coche se ha averiado (en...). él ko·tché sé a a·bé·rya·do (én...)
J'ai eu un accident.	Tuve un accidente. tu·bé oun ak·Si·dén·té

Bicyclette

Peut-on y aller en vélo ?	¿Se puede ir en bici? sé *pwé*·dé ir én *bi*·Si
Où est-il possible de louer un vélo ?	¿Dónde se puede alquilar una bicicleta? *donn*·dé sé *pwé*·dé al·ki·*lar* *ou*·na bi·Si·*klé*·ta
Où puis-je acheter un vélo (d'occasion) ?	¿Dónde se puede comprar una bicicleta (de segunda mano)? *donn*·dé sé *pwé*·dé komm·*prar* *ou*·na bi·Si·*klé*·ta (dé sé·*goun*·da *ma*·no)
Combien coûte la location pour une journée ?	¿Cuánto cuesta por un día? *kwann*·to *kwés*·ta por oun *di*·a
Combien coûte la location pour une heure ?	¿Cuánto cuesta por una hora? *kwann*·to *kwés*·ta por *ou*·na *o*·ra
J'ai une roue crevée.	Se me ha pinchado una rueda. sé mé a pinn·*tcha*·do *ou*·na *rwé*·da
Je voudrais faire réparer mon vélo.	Me gustaría arreglar mi bicicleta. mé gou·sta·*ri*·a a·rég·*lar* mi bi·Si·*klé*·ta
Est-ce qu'il y a des pistes cyclables ?	¿Hay carril bicicleta? ay ka·*ril* bi·Si·*klé*·ta
Est-ce qu'il y a un garage à vélos ?	¿Hay aparcamiento de bicicletas? ay a·par·ka·*myén*·to dé bi·Si·*klé*·tas
Puis-je prendre mon vélo dans le train ?	¿Puedo llevar mi bicicleta en el tren? *pwé*·do lyé·*bar* mi bi·Si·*klé*·ta én él trén

Passer la frontière

PHRASES-CLÉS

Je suis ici pour (3) jours.	Estoy aquí por (tres) días.	és·*toy* a·*ki* por (très) *di*·as
Je loge à...	Me estoy alojando en...	mé és·*toy* a·lo·*Rhann*·do én...
Je n'ai rien à déclarer.	No tengo nada que declarar.	no *ténn*·go *na*·da ké dé·kla·*rar*

Contrôle des passeports

Je suis ici pour affaires.	Estoy aquí de negocios. és·*toy* a·*ki* dé né·*go*·Syos
Je suis ici en vacances.	Estoy aquí de vacaciones. és·*toy* a·*ki* dé ba·ka·*Syo*·nés
Je suis ici en transit.	Estoy aquí en tránsito. és·*toy* a·*ki* én *trann*·si·to
Je suis ici pour (3) jours.	Estoy aquí por (tres) días. és·*toy* a·*ki* por (très) *di*·as
Je suis ici pour (3) mois.	Estoy aquí por (tres) meses. és·*toy* a·*ki* por (très) *mé*·sés
Je suis ici pour (3) semaines.	Estoy aquí por (tres) semanas. és·*toy* a·*ki* por (très) sé·*ma*·nas
Je vais à (Salamanca).	Voy a (Salamanca). voy a (sa·la·*mann*·ka)
Je loge à...	Me estoy alojando en... mé és·*toy* a·lo·*khann*·do én...

EXPRESSIONS ORALES

Su pasaporte, por favor.	sou pa·sa·*por*·té por fa·*bor* Votre passeport, s'il vous plaît.
Su visado, por favor.	sou bi·*sa*·do por fa·*bor* Votre visa, s'il vous plaît.
¿Está viajando en un grupo?	és·*ta* bya·*Rhann*·do én oun *grou*·po Voyagez-vous en groupe ?
¿Está viajando con familia?	és·*ta* bya·*Rhann*·do konn fa·*mi*·lya Voyagez-vous en famille ?
¿Está viajando solo/a? m/f	és·*ta* bya·*Rhann*·do so·lo/a Voyagez-vous seul(e) ?

Douane

Je n'ai rien à déclarer.	No tengo nada que declarar. no *ténn*·go *na*·da ké dé·kla·*rar*
J'ai quelque chose à déclarer.	Quisiera declarar algo. ki·*syé*·ra dé·kla·*rar al*·go
C'est (ce n'est pas) à moi.	Eso (no) es mío. é·so (no) és *mi*·o
Je ne savais pas qu'il fallait le déclarer.	No sabía que tenía que declararlo. no sa·*bi*·a ké té·*ni*·a ké dé·kla·*rar*·lo

Pour les expressions concernant les paiements et factures, voir **argent** (p. 89).

Orientation

PHRASES-CLÉS

Où est... ?	¿Dónde está...?	*donn*·dé és·*ta*...
Quelle est l'adresse ?	¿Cuál es la dirección?	kwal és la di·rék·*Syonn*
À quelle distance est-ce ?	¿A cuánta distancia está?	a *kwann*·ta dis·*tann*·Sya és·*ta*

Excusez-moi.	Perdone. pér·*do*·né
Pouvez-vous m'aider, s'il vous plaît ?	¿Perdone, puede ayudarme por favor? pér·*do*·né *pwé*·dé a·you·*dar*·mé por fa·*bor*
Où est... ?	¿Dónde está...? *donn*·dé és·*ta*...
Je cherche...	Busco... *bous*·ko...
Comment fait-on pour aller à... ?	¿Cómo se puede ir a...? *ko*·mo sé *pwé*·dé ir a...
À quelle distance est-ce ?	¿A cuánta distancia está? a *kwann*·ta dis·*tann*·Sya és·*ta*
Quelle est l'adresse ?	¿Cuál es la dirección? *kwal* és la di·rék·*Syonn*
Pouvez-vous me montrer (sur la carte) ?	¿Me lo puede indicar (en el mapa)? mé lo *pwé*·dé inn·di·*kar* (én él *ma*·pa)

C'est...	Está... *és*·*ta*...

derrière...	detrás de...	dé·*tras* dé...
loin	lejos	*lé*·Rhos
ici	aquí	a·*ki*
en face de...	enfrente de...	én·*frén*·té dé...
à gauche	por la izquierda	por la iS·*kyér*·da
près	cerca	*Sér*·ka
à côté de...	al lado de...	al *la*·do dé...
en face de...	frente a...	*frén*·té a...
à droite	por la derecha	por la dé·*ré*·tcha
tout droit	todo recto	*to*·do *rék*·to
ici	ahí	a·*i*

Tournez au coin de la rue.	Doble en la esquina. *do*·blé én la és·*ki*·na
Tournez au coin au feu rouge.	Doble en el semáforo. *do*·blé én él sé·*ma*·fo·ro
Tournez à gauche/à droite.	Doble a la izquierda/derecha. *do*·blé a la iS·*kyér*·da/dé·*ré*·tcha
C'est à... mètres.	Está a... metros. és·*ta* a... *mé*·tros
C'est à... kilomètres.	Está a... kilómetros. és·*ta* a... ki·*lo*·mé·tros
C'est à... minutes.	Está a... minutos. és·*ta* a... mi·*nou*·tos
en bus	por autobús por aou·to·*bous*
à pied	a pie a pyé
en taxi	por taxi por *tak*·si

en train	por tren por trén
avenue	avenida f a·bé·*ni*·da
rue	calle f *ka*·lyé
ruelle	callejón m ka·lyé·*Rhonn*

Pour plus de directions et d'orientation, voir le **dictionnaire**.

Se loger

PHRASES-CLÉS

Où puis-je trouver un hôtel ?	¿Dónde hay un hotel?	*donn*·dé ay oun o·*tél*
Avez-vous une chambre double ?	¿Tiene una habitación doble?	*tyé*·né *ou*·na a·bi·ta·*Syonn do*·blé
Quel est le prix par nuit ?	¿Cuánto cuesta por noche?	*kwann*·to *kwés*·ta por *no*·tché
Le petit-déjeuner est-il compris ?	¿El desyauno está incluído?	él dé·sa·*you*·no és·*ta* in·klou·*i*·do
À quelle heure faut-il libérer la chambre ?	¿A qué hora hay que dejar libre la habitación?	a ké *o*·ra ay ké dé·*Rhar li*·bré la a·bi·ta·*Syonn*

Trouver un hébergement

Où puis-je trouver… ? ¿Dónde hay…? *donn*·dé ay…

une auberge de jeunesse	un albergue juvenil	oun al·*bér*·gué Rhou·bé·*nil*
un bed and breakfast	una pensión con desayuno	*ou*·na pén·*syonn* konn dé·sa·*you*·no
un hôtel	un hotel	oun o·*tél*
une pension	una pensión	*ou*·na pén·*syonn*
un terrain de camping	un terreno de cámping	oun té·*ré*·no dé *kamm*·pinng

Pourriez-vous me recommander une adresse (bon marché) ?	¿Puede recomendar algún sitio (barato)? *pwé*·dé ré·ko·mén·*dar* al·*goun si*·tio (ba·*ra*·to)
Pourriez-vous me recommander une adresse (agréable) ?	¿Puede recomendar algún sitio (agradable)? *pwé*·dé ré·ko·mén·*dar* al·*goun si*·tio (a·gra·*da*·blé)
Pourriez-vous me recommander une adresse (luxueuse) ?	¿Puede recomendar algún sitio (de lujo)? *pwé*·dé ré·ko·mén·*dar* al·*goun si*·tio (dé *lou*·Rho)
Pourriez-vous me recommander une adresse (proche) ?	¿Puede recomendar algún sitio (cercano)? *pwé*·dé ré·ko·mén·*dar* al·*goun si*·tio (Sér·*ka*·no)
C'est à quelle adresse ?	¿Cuál es la dirección? kwal és la di·rék·*Syonn*

Pour plus de détails sur la façon de trouver une adresse, voir **orientation** (p. 56).

Réservation et arrivée à l'hôtel

Je voudrais réserver une chambre, s'il vous plaît.	Quisiera reservar una habitación. ki·*syé*·ra ré·sér·*bar ou*·na a·bi·ta·*Syonn*

Y a-t-il des chambres ?	¿Hay habitaciones?	Ai a·bi·ta·*Syo*·nés

J'ai une réservation.	He hecho una reserva. é *é*·tcho *ou*·na ré·*sér*·ba
Je m'appelle...	Me llamo... mé *lya*·mo...

EXPRESSIONS ORALES

Lo siento, está completo.	lo *syén*·to és·*ta* komm·*plé*·to Je regrette, c'est complet.
¿Por cuántas noches?	por *kwann*·tas *no*·tchés Pour combien de nuits ?
Su pasaporte, por favor.	sou pa·sa·*por*·té por fa·*bor* Votre passeport, s'il vous plaît.

Pour (trois) nuits/semaines.	Por (tres) noches/semanas. por (trés) *no*·tchés/sé·*ma*·nas
Du (2 juillet) au (6 juillet).	Desde (el dos de julio) hasta (el seis de julio). *dés*·dé (él dos dé *Rhou*·lyo) *as*·ta (él séys dé *Rhou*·lyo)
Dois-je payer d'avance ?	¿Necesito pagar por adelantado? né·Sé·*si*·to pa·*gar* por a·dé·lann·*ta*·do
Proposez-vous des réductions (pour les séjours longs) ?	¿Ofrecen descuentos (por larga estancia)? of·*ré*·Sén dés·*kwénn*·tos (por *lar*·ga és·*tan*·Sya)
Le petit-déjeuner est-il compris ?	¿El desyauno está incluído? él dé·sa·*you*·no és·*ta* in·klou·*i*·do
Est-ce qu'il y a un parking ?	¿Hay aparcamiento? ay a·par·ka·*myénn*·to
Est-ce qu'il y a une connexion Wi-Fi ?	¿Hay acceso inalámbrico a internet aquí? ay ak·*Sé*·so in·a·*lam*·bri·ko a in·ter·*nét* a·*ki*
Quel est le prix par personne ?	¿Cuánto cuesta por persona? *kwann*·to *kwés*·ta por pér·*so*·na

Quel est le prix par nuit/ semaine ?	¿Cuánto cuesta por noche/ semana? *kwann*·to *kwés*·ta por *no*·tché/ se·*ma*·na
Puis-je payer par carte de crédit ?	¿Puedo pagar con tarjeta de crédito? *pwé*·do pa·*gar* conn tar·*Rhé*·ta dé *kré*·di·to

Pour d'autres moyens de paiement, voir **argent** (p. 89).

Avez-vous une chambre double ?	¿Tiene una habitación doble? *tyé*·né *ou*·na a·bi·ta·*Syonn* *do*·blé
Avez-vous une chambre simple ?	¿Tiene una habitación individual? *tyé*·né *ou*·na a·bi·ta·*Syonn* inn·di·bi·*doual*
Avez-vous une avec lits jumeaux ?	¿Tiene una habitación con dos camas? *tyé*·né *ou*·na a·bi·ta·*Syonn* konn dos *ka*·mas
Avez-vous une chambre avec/ sans...	¿Tiene una habitación con/ sin...? *tyé*·né *ou*·na a·bi·ta·*Syonn* konn/ sinn...
Je peux la voir ?	¿Puedo verla? *pwé*·do *bér*·la
C'est bon, je la prends.	Vale, la alquilo. *ba*·lé la al·*ki*·lo

Réserver une chambre

Avez-vous une chambre… ?

¿Tiene una habitación…?

tyé·né *ou*·na a·bi·ta·*Syonn*…

double
doble
do·blé

simple
individual
in·di·bi·*doual*

Quel est le prix par… ?

¿Cuánto cuesta por…?

kwann·to *kwés*·ta por…

nuit
noche
no·tché

personne
persona
pér·*so*·na

Le petit-déjeuner est-il compris ?

¿El desyauno está incluído?

él dé·sa·*you*·no és·*ta* in·klou·*i*·do

Je peux la voir ?

¿Puedo verla?

pwé·do *bér*·la

Je la prends.

La alquilo.

la al·*ki*·lo

Je ne la prends pas.

No la alquilo.

no la al·*ki*·lo

Renseignements et services

Quand/Où le petit-déjeuner est-il servi ?	¿Cuándo/Dónde se sirve el desayuno? *kwann*·do/*donn*·dé sé *sir*·bé él dé·sa·*you*·no
Réveillez-moi à (sept heures), s'il vous plaît.	Por favor, despiérteme a (las siete). por fa·*bor* dés·*pyér*·té·mé a (las *syé*·té)
Pourrais-je avoir un/ une autre... ?	¿Puede darme otro/a...? **m/f** *pwé*·dé *dar*·mé *o*·tro/a...
Puis-je utiliser... ?	¿Puedo usar...? *pwé*·do ou·*sar*...

la cuisine	la cocina	la ko·*Si*·na
Internet	el internet	él in·tér·*nét*
la machine à laver	el lavadero	él la·ba·*dé*·ro
le téléphone	el teléfono	él té·*lé*·fo·no

Y a-t-il... ?	¿Hay...? ay...

un ascenseur	un ascensor	oun as·Sén·*sor*
un coffre-fort	una caja fuerte	*ou*·na *ka*·Rha *fwèr*·té
une piscine	una piscina	*ou*·na pis·*Si*·na
un tableau d'affichage	un tablón de anuncios	oun ta·*blonn* dé a·*noun*·Syos

Est-ce que vous changez de l'argent ?	¿Aquí cambian dinero? a·*ki* *kamm*·byann di·*né*·ro
Est-ce que vous organisez des circuits ?	¿Aquí organizan recorridos? a·*ki* or·ga·*ni*·Sann ré·ko·*ri*·dos

Y a-t-il un message pour moi ?	¿Tiene un mensaje para mí? *tyé*·né oun mén·*sa*·Rhé *pa*·ra mi
J'ai fermé la porte et j'ai oublié mes clés à l'intérieur.	Cerré la puerta y se me olvidaron las llaves dentro. Sé·*ré* la *pwér*·ta y sé mé ol·bi·*da*·ronn las *lya*·bés *dén*·tro
La porte (de la salle de bains) est fermée.	La puerta (del baño) está cerrada. la *pwér*·ta (dél *ba*·nyo) és·*ta* Sé·*ra*·da
Ce n'est pas la peine de changer mes draps.	No hace falta cambiar las sábanas. no *a*·Sé *fal*·ta kam·*byar* las *sa*·ba·nas

Réclamations

La chambre est trop... — La habitación es demasiado...
la a·bi·ta·*Syonn* és dé·ma·*sya*·do...

bruyante	ruidosa **f**	rwi·*do*·sa
claire	clara **f**	*kla*·ra
froide	fría **f**	*fri*·a
petite	pequeña **f**	pé·ké·*nya*
sombre	oscura **f**	os·*kou*·ra

Le/la/les... ne marche(nt) pas. — No funciona el/la...
no foun·*Syo*·na él/la...

climatisation	aire acondicionado **f**	*ay*·ré a·konn·di·Syo·*na*·do
fenêtre	ventana **f**	bén·*ta*·na
toilettes	retrete **m**	ré·*tré*·té
ventilateur	ventilador **m**	bén·ti·la·*dor*
chauffage	estufa **f**	és·*tou*·fa

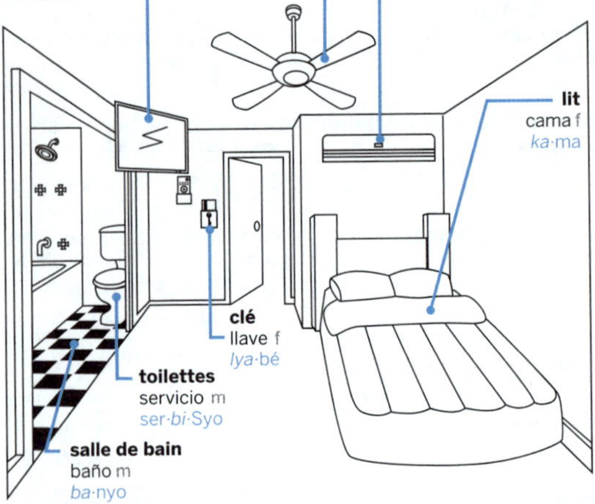

Ce/cette... n'est pas propre.	Éste/Ésta... no está limpio/a. **m/f** *és·té/és·ta... no és·ta limm·pyo/a*
Il n'y a pas d'eau chaude.	No hay agua caliente. *no ay a·gwa ka·lyén·té*

Répondre à la porte

Qui est-ce ?	¿Quién es? *kyén és*
Un instant.	Un momento. *oun mo·mén·to*
Entrez.	Adelante. *a·dé·lann·té*

Pouvez-vous revenir plus tard, s'il vous plaît ?	¿Puede volver más tarde, por favor? *pwé*·dé bol·*bér* mas *tar*·dé por fa·*bor*

Quitter un hôtel

À quelle heure faut-il libérer la chambre ?	¿A qué hora hay que dejar libre la habitación? a ké o·ra ay ké dé·*Rhar li*·bré la a·bi·ta·*Syonn*
Combien faut-il payer en plus pour rester jusqu'à (six heures) ?	¿Cuánto más cuesta quedarse hasta (las seis)? *kwann*·to mas *kwés*·ta ké·*dar*·sé *as*·ta (las séys)
Puis-je rendre la chambre plus tard ?	¿Puedo dejar la habitación más tarde? *pwé*·do dé·*Rhar* la a·bi·ta·*Syonn* mas *tar*·dé
Puis-je laisser mes bagages ici ?	¿Puedo dejar las maletas aquí? *pwé*·do dé·*Rhar* las ma·*lé*·tas a·*ki*
Il y a une erreur dans la note.	Hay un error en la cuenta. ay oun é·*ror* én la *kwénn*·ta
Je pars maintenant.	Me voy ahora. mé boy a·*o*·ra
Pouvez-vous m'appeler un taxi (pour onze heures) ?	¿Me puede pedir un taxi (para las once)? mé *pwé*·dé pé·*dir* oun *tak*·si (*pa*·ra las *onn*·Sé)
Puis-je récupérer ma caution, s'il vous plaît ?	¿Me puede dar mi depósito, por favor? mé *pwé*·dé dar mi dé·*po*·si·to por fa·*bor*

Puis-je récupérer mes objets de valeur, s'il vous plaît ?	¿Me puede dar mis objetos de valor, por favor? mé *pwé*·dé dar mis ob·*Rhé*·tos dé ba·*lor* por fa·*bor*
Puis-je récupérer mon passeport, s'il vous plaît ?	¿Me puede dar mi pasaporte, por favor? mé *pwé*·dé dar mi pa·sa·*por*·té por fa·*bor*
Je reviendrai dans (trois) jours.	Volveré en (tres) días. bol·bé·*ré* én (trés) *di*·as
Je reviendrai (mardi).	Volveré el (martes). bol·bé·*ré* él (*mar*·tés)
J'ai passé un séjour très agréable, merci.	He tenido una estancia muy agradable, gracias. é té·*ni*·do *ou*·na és·*tann*·Sya moui a·gra·*da*·blé *gra*·Syas
Vous avez été formidables.	Han sido estupendos. ann *si*·do és·tou·*pén*·dos
Je le recommanderai à mes amis.	Se lo recomendaré a mis amigos. sé lo ré·ko·mén·da·*ré* a mis a·*mi*·gos

Camping

Où se trouve le camping le plus proche ?	¿Dónde está el terreno de cámping más cercano? *donn*·dé és·*ta* él té·*ré*·no dé *kamm*·pinng mas Sér·*ka*·no
Puis-je camper ici ?	¿Se puede acampar aquí? sé *pwé*·dé a·kamm·*par* a·*ki*
Puis-je me garer à côté de ma tente ?	¿Se puede aparcar al lado de la tienda? sé *pwé*·dé a·par·*kar* al *la*·do dé la *tyén*·da

Avez-vous... ?	¿Tiene...? *tyé*·né...	

l'électricité	electricidad	é·lék·tri·Si·*da*
des douches	duchas	*dou*·tchas
un emplacement	un sitio	oun *si*·tyo
des tentes à louer	tiendas de campaña para alquilar	*tyén*·das dé kamm·pa·*nya pa*·ra al·ki·*lar*

Quel est le prix par... ?	¿Cuánto vale por...? *kwann*·to *ba*·lé...

caravane	caravana	ka·ra·*ba*·na
personne	persona	pér·*so*·na
tente	tienda	*tyén*·da
véhicule	vehículo	bé·*i*·kou·lo

C'est de l'eau potable ?	¿Se puede beber el agua? sé *pwé*·dé *bé*·bér él *a*·gwa
Je cherche les douches les plus proches.	Estoy buscando las duchas más cercanas. és·*toy* bous·*kann*·do las *dou*·tchas mas Sér·*ka*·nas
Je cherche les toilettes les plus proches.	Estoy buscando los servicios más cercanos. és·*toy* bous·*kann*·do los sér·*bi*·Syos mas Sér·*ka*·nos
Pouvez-vous me prêter... ?	¿Me puede prestar...? mé *pwé*·dé prés·*tar*...

Pour les ustensiles de cuisine, voir **cuisiner** (p. 184).

INDICATIONS ÉCRITES

caballeros	ka·ba·*lyé*·ros	hommes
caliente	ka·*lyén*·té	chaud
dirección prohibida	di·rék·*Syonn* pro·hi·*bi*·da	entrée interdite
frío	*fri*·o	froid
señoras	sé·*nyo*·ras	femmes

Location

Avez-vous... à louer ?	¿Tiene... para alquilar? *tyé*·né... *pa*·ra al·ki·*lar*

un appartement	un piso	oun *pi*·so
un bungalow	una cabaña	*ou*·na ka·ba·*nya*
une chambre	una habitación	*ou*·na a·bi·ta·*Syonn*
une maison	una casa	*ou*·na *ka*·sa
une villa	un chalet	oun tcha·*lé*

meublé(e)	amueblado/a **m/f** a·mwé·*bla*·do/a
en partie meublé(e)	semi amueblado/a **m/f** *sé*·mi a·mwé·*bla*·do/a
vide	sin amueblar sinn a·mwé·*blar*

Loger chez l'habitant

Puis-je dormir chez vous/toi ?	¿Me puedo quedar en su/ tu casa? **pol/fam** *mé pwé·do ké·dar én sou/ tou ka·sa*
Merci de votre/ ton hospitalité.	Gracias por su/ tu hospitalidad. **pol/fam** *gra·Syas por sou/ tou os·pi·ta·li·da*
J'ai mon propre matelas.	Tengo mi propio colchón. *ténn·go mi pro·pyo kol·tchonn*
J'ai mon propre sac de couchage.	Tengo mi propio saco de dormir. *ténn·go mi pro·pyo sa·ko dé dor·mir*
Puis-je utiliser votre téléphone ?	¿Puedo usar vuestro teléfono? *pwé·do ou·sar bwé·stro té·lé·fo·no*
Je peux rapporter quelque chose à manger ?	¿Puedo traer algo para la comida? *pwé·do tra·ér al·go pa·ra la ko·mi·da*
Je peux aider ?	¿Puedo ayudar? *pwé·do a·you·dar*
Puis-je faire la vaisselle ?	¿Puedo lavar los platos? *pwé·do la·bar los pla·tos*
Puis-je mettre/débarrasser la table ?	¿Puedo poner/quitar la mesa? *pwé·do po·nér/ki·tar la mé·sa*
Puis-je sortir la poubelle ?	¿Puedo sacar la basura? *pwé·do sa·kar la ba·sou·ra*

Pour les compliments au chef, voir **se restaurer** (p. 173).

Achats

PHRASES-CLÉS

Je voudrais acheter...	Quisiera comprar...	ki·*syé*·ra komm·*prar...*
Je peux le voir ?	¿Puedo verlo?	*pwé*·do *bér*·lo
Je peux l'essayer ?	¿Me lo puedo probar?	mé lo *pwé*·do pro·*bar*
Combien ?	¿Cuánto cuesta?	*kwann*·to *kwés*·ta
C'est très cher.	Es muy caro.	és moui *ka*·ro

Se renseigner

Où est le (super)marché ?	¿Dónde está el (super)mercado m? *donn*·dé és·*ta* *él* (sou·pér·)mér·*ka*·do
Où est l'épicerie de camping ?	¿Dónde está la tienda f de provisiones de camping? *donn*·dé és·*ta la tyén*·da dé pro·bi·*syo*·nés dé *kamm*·pinng
Où puis-je acheter des produits locaux/ souvenirs ?	¿Dónde puedo comprar recuerdos de la zona? *donn*·dé *pwé*·do kom·*prar* ré·*kwér*·dos dé la So·na
Où puis-je acheter... ?	¿Dónde puedo comprar...? *donn*·dé *pwé*·do komm·*prar...*

Pour plus de détails sur les magasins et la manière de s'y rendre, voir **orientation** (p. 56) et le **dictionnaire**.

Acheter

Combien ça coûte ?	¿Cuánto cuesta esto? *kwann*·to *kwés*·ta *és*·to
✂ **Combien ?**	¿Cuánto cuesta? *kwann*·to *kwés*·ta
Je voudrais acheter...	Quisiera comprar... ki·*syé*·ra komm·*prar*...
Je ne fais que regarder.	Sólo estoy mirando. *so*·lo *és*·toy mi·*rann*·do
Je peux le voir ?	¿Puedo verlo? *pwé*·do *bér*·lo
Vous en avez d'autres ?	¿Tiene otros? *tyé*·né *o*·tros
Vous acceptez les cartes de crédit/débit ?	¿Aceptan tarjetas de crédito/débito? a·*Sép*·tann tar·*Rhé*·tas dé *kré*·di·to/*dé*·bi·to
Vous acceptez le paiement sans contact ?	¿Aceptan el pago sin contacto? a·*Sép*·tann él *pa*·go sinn konn·*tak*·to
Pourrais-je avoir un sac, s'il vous plaît ?	¿Podría darme una bolsa, por favor? po·*dri*·a *dar*·mé *ou*·na *bol*·sa por fa·*bor*
Pourrais-je avoir un reçu, s'il vous plaît ?	¿Podría darme un recibo, por favor? po·*dri*·a *dar*·mé *oun* ré·*Si*·bo por fa·*bor*
✂ **Le reçu, s'il vous plaît.**	El recibo, por favor. él ré·*Si*·bo por fa·*bor*

EXPRESSIONS ORALES

¿En qué le puedo servir?	én ké le *pwé*·do sér·*vir* Puis-je vous aider ?
No tengo.	no *ténn*·go Je n'en ai pas.
¿Algo más?	*al*·go mas Autre chose ?

Pouvez-vous écrire le prix ?	¿Puede escribir el precio? *pwé*·dé és·kri·*bir* él *pré*·Syo
Pouvez-vous me l'emballer ?	¿Me lo podría envolver? mé lo po·*dri*·a én·bol·*bér*
Il y a une garantie ?	¿Tiene garantía? *tyé*·né ga·rann·*ti*·a
Puis-je passer le prendre plus tard ?	¿Puedo recogerlo más tarde? *pwé*·do ré·ko·*Rhér*·lo mas *tar*·dé
Est-il possible de l'envoyer à l'étranger ?	¿Pueden enviarlo por correo a otro país? *pwé*·dén én·bi·*ar*·lo por ko·*ré*·o a o·tro pa·*is*
Il y a un défaut.	Es defectuoso. és dé·fék·tou·o·so
Je voudrais ma monnaie, s'il vous plaît.	Quisiera mi cambio, por favor. ki·*syé*·ra mi *kamm*·byo por fa·*bor*
Je voudrais que vous me rendiez mon argent, s'il vous plaît.	Quisiera que me devuelva el dinero, por favor. ki·*syé*·ra ké mé dé·*bwél*·ba él di·*né*·ro por fa·*bor*

Un achat en 4 étapes

Je voudrais acheter...

Quisiera comprar...
ki·syé·ra komm·prar...

Combien ça coûte ?

¿Cuánto cuesta esto?
kwann·to kwés·ta és·to

OU

Pouvez-vous écrire le prix ?

¿Puede escribir el precio?
pwé·dé és·kri·bir el pré·Sio

Vous acceptez les cartes de crédit ?

¿Aceptan tarjetas de crédito?
a·Sép·tann tar·Rhe·tas de kré·di·to

Pourrais-je avoir..., s'il vous plaît ?

¿Podría darme..., por favor?
po·dri·a dar·mé... por fa·bor

un reçu
un recibo
oun ré·Si·bo

un sac
una bolsa
ou·na bol·sa

EXPRESSIONS ORALES

ganga f	*gann*·ga	bonne affaire
cazador m **de ofertas**	ka·Sa·*dor* dé o·*fér*·tas	chasseur de bonnes affaires
estafa f	es·*ta*·fa	escroquerie
ventas f pl	*bén*·tas	promotions
rebajas f pl	ré·*ba*·Rhas	soldes

Je voudrais rendre ceci s'il vous plaît.	Quisiera devolver esto, por favor. ki·*syé*·ra dé·bol·*bér* *és*·to por fa·*bor*

Marchander

C'est très cher.	Es muy caro. és moui *ka*·ro
Vous avez quelque chose de moins cher ?	¿Tiene algo más barato? *tyé*·né *al*·go mas ba·*ra*·to
Est-ce que vous pourriez baisser un peu le prix ?	¿Podría bajar un poco el precio? po·*dri*·a ba·*Rhar* oun *po*·ko él *pré*·Syo
Je vous en donne...	Le/La daré... m/f lé/la da·*ré*...

Acheter des vêtements

Je peux l'essayer ?	¿Me lo puedo probar? mé lo *pwé*·do *pro*·bar
Je fais du (taille)...	Uso la talla... *ou*·so la *ta*·lya...

Ça ne me va pas.	No me queda bien. no mé *ké*·da byén
Petit	pequeño/a **m/f** pé·*ké*·nyo/a
Moyen	mediano/a **m/f** mé·*dya*·no/a
Grand	grande **m et f** *grann*·dé

Pour plus de termes vestimentaires, voir le **dictionnaire**. Pour les tailles, voir, **nombres et quantités** (p. 34).

Réparations

Pouvez-vous réparer mon (appareil photo) ?	¿Puede reparar mi (cámara) aquí? *pwé*·dé ré·pa·*rar* mi (*ka*·ma·ra) a·*ki*
Quand mes lunettes (de soleil) seront-elles prêtes ?	¿Cuándo estarán listas mis gafas (de sol)? *kwann*·do és·ta·*rann* listas mis *ga*·fas (dé sol)
Quand mes chaussures seront-elles prêtes ?	¿Cuándo estarán listos mis zapatos? *kwann*·do és·ta·*rann* listos mis Sa·*pa*·tos

Livres et lectures

Y a-t-il une librairie en (français/anglais) ?	¿Hay algúna librería en (francés/inglés)? ay al·*gou*·na li·bré·*ri*·a én (frann·*Sés*/inn·*glés*)

CULTURE LOCALE

Sur la table de chevet

La littérature espagnole possède une histoire remontant au XIIe siècle et s'enorgueillit de nombreux grands écrivains contemporains. Parmi les noms à retenir : Ana María Matute, Miguel de Unamuno, Carmen Martín Gaite, Juan Goytisolo, Francisco Umbarla, Miguel Delibes et Camilo José Cela, lauréat du prix Nobel en 1989.

Y a-t-il une section en (français/anglais) ?	¿Hay algúna sección en (francés/inglés)? ay al·*gou*·na sék·*Syonn* én (frann·*Sés*/inn·*glés*)
J'aime (Je n'aime pas)...	(No) Me gusta/gustan... sg/pl (no) mé *gous*·ta/*gous*·tann...
Je cherche quelque chose de (Javier Marías).	Estoy buscando algo de (Javier Marías). és·*toy* bous·*kann*·do *al*·go dé (Rha·*Vyér* ma·*ri*·as)

Voir aussi **centres d'intérêt** (p. 118).

Musique et DVD

J'ai entendu un groupe qui s'appelle...	Escuché a un grupo que se llama... és·kou·*tché* a oun *grou*·po ké sé *lya*·ma...
Quel est leur meilleur disque ?	¿Cuál es su mejor disco? kwal és sou mé·*Rhor dis*·ko
Je peux l'écouter ici ?	¿Puedo escucharlo aquí? *pwé*·do és·kou·*tchar*·lo a·*ki*

Pour quelle région est ce DVD ?	¿Para qué región es este DVD? *pa*·ra ké ré·*Rhyon* és *és*·té dé·*ou*·vé·dé
C'est une copie pirate ?	¿Es copia pirata? és *ko*·pya pi·*ra*·ta
Je voudrais un CD/DVD.	Quisiera un cómpac/ DVD. ki·syé·ra oun *komm*·pak/ dé·*ou*·vé·dé
Avez-vous un film de (Pedro Almodovar) ?	¿Tiene Usted una película de (Pedro Almodovar)? *tyé*·né ous·*té* *ou*·*na* pé·*li*·kou·la *dé* (*pé*·dro al·mo·do·*var*)
Quel est son meilleur film ?	¿Cual es su mejor película? kwal és sou mé·*Rhor* pé·*li*·kou·la
Je voudrais un casque.	Quisiera unos audífonos. ki·*syé*·ra *ou*·nos aou·*di*·fo·nos
Je voudrais des écouteurs.	Quisiera unos auriculares. ki·*syé*·ra *ou*·nos aou·ri·kou·*la*·rés

Photographie

Pouvez-vous imprimer des photos numériques ?	¿Podría imprimir fotos digitales? po·*dri*·a im·pri·*mir* *fo*·tos di·Rhi·*ta*·lés
Pouvez-vous transférer les photos de mon appareil photo sur un CD ?	¿Podría pasar las fotos de mi cámara a un compact? po·*dri*·a pa·*sar* las *fo*·tos dé mi *ka*·ma·ra a oun *kom*·pak

Combien coûte le tirage de cette pellicule ?	¿Cuánto cuesta revelar este carrete? *kwann*·to *kwés*·ta ré·bé·*lar* és·té ka·*ré*·té
Avez-vous des diapositives ?	¿Tiene diapositivas? *tyé*·né di·a·po·si·*ti*·bas
J'ai besoin d'un câble pour relier mon appareil photo à un ordinateur.	Necesito un cable para conectar mi cámara al ordenador. né·Sé·*si*·to oun *ka*·blé *pa*·ra ko·nék·*tar* mi *ka*·ma·ra al or·dé·na·*dor*
Avez-vous un câble pour cet appareil photo ?	¿Tiene Usted un cable para esta cámara de fotos? *Tié*·né ou·*stéd* oun *ka*·blé *pa*·ra *és*·ta *ka*·ma·ra dé *fo*·tos
Où puis-je trouver une batterie ?	¿Dónde puedo encontrar una batería? *donn*·dé *pwé*·do én·con·*trar* *ou*·na ba·té·*ria*
Je voudrais une carte mémoire.	Quisiera una tarjeta de memoria. ki·*sié*·ra *ou*·na tar·*Rhé*·ta dé mé·*mo*·ria
J'ai besoin d'une pellicule noir et blanc pour cet appareil photo.	Necesito película en blanco y negro para esta cámara. né·Sé·*si*·to pé·*li*·kou·la én *blan*·ko y *né*·gro *pa*·ra *és*·ta *ka*·ma·ra
J'ai besoin d'une pellicule couleur pour cet appareil photo.	Necesito película en color para esta cámara. né·Sé·*si*·to pé·*li*·kou·la én ko·*lor* *pa*·ra *és*·ta *ka*·ma·ra

CULTURE LOCALE

Zézaiement royal

Une légende populaire raconte que l'un des rois d'Espagne (Philippe IV pour certains, Ferdinand Ier selon d'autres) avait un léger défaut de prononciation. Incapable de prononcer correctement le son s, il zozotait. Dans un excès de flatterie, la cour entière, et pour finir toute l'Espagne, se mit à imiter le roi. Cette histoire offre une explication pittoresque au fait que les Espagnols prononcent le mot *cerveza* (bière) Sér·*bé*·Sa, tandis que les Latino-Américains le prononcent sér·*bé*·sa.

Toutefois, cette histoire de roi zozoteur est un mythe. Après tout, seules les lettres *c* (devant un *i* ou un *e*) et *z* sont prononcées S. La lettre *s* se prononce comme en français. Cela s'explique par la manière dont l'espagnol a évolué depuis le latin et n'a rien à voir avec un quelconque zézaiement, aussi royal fut-il.

J'ai besoin d'une pellicule (400) ASA pour cet appareil photo.	Necesito película de sensibilidad (cuatrocientos) para esta cámara. né·Sé·*si*·to pé·*li*·kou·la dé sén·si·bi·li·*da* (kwa·tro·*Syén*·tos) *pa*·ra *és*·ta *ka*·ma·ra
J'ai besoin de photos d'identité.	Necesito fotos de identidad. né·Sé·*si*·to *fo*·tos dé i·dén·ti·*da*

Poste et télécommunications

PHRASES-CLÉS

Y a-t-il un cybercafé dans les environs ?	¿Dónde hay un cibercafé cercano?	*donn*·dé ay oun Si·bér·ka·*fé* Sér·*ka*·no
Je voudrais consulter mes e-mails.	Quisiera revisar mi correo electrónico.	ki·*syé*·ra ré·bi·*sar* mi ko·*ré*·o é·lék·*tro*·ni·ko
Je voudrais envoyer un colis.	Quisiera enviar un paquete.	ki·*syé*·ra én·bi·*ar* oun pa·*ké*·té
Je voudrais une carte SIM.	Quisiera una tarjeta SIM.	ki·*syé*·ra *ou*·na tar·*Rhé*·ta sim

Poste

Je voudrais envoyer un colis.	Quisiera enviar un paquete. ki·*syé*·ra én·bi·*ar* oun pa·*ké*·té
Je voudrais envoyer une carte postale.	Quisiera enviar una postal. ki·*syé*·ra én·bi·*ar* *ou*·na pos·*tal*
Je voudrais acheter une enveloppe.	Quisiera comprar un sobre. ki·*syé*·ra komm·*prar* oun *so*·bré
Je voudrais acheter des timbres.	Quisiera comprar sellos. ki·*syé*·ra komm·*prar* *sé*·lyos
Merci de l'envoyer en/à...	Por favor, mándelo a... por fa·*bor* *mann*·dé·lo a...
Il contient...	Contiene... konn·*tyé*·né...

EXPRESSIONS ORALES

buzón m	bou·*Sonn*	boîte aux lettres
código m **postal**	*ko*·di·go pos·*tal*	code postal
pegamento m	pé·ga·*mén*·to	colle
correo m **certificado**	ko·*ré*·o Sér·ti·fi·*ka*·do	courrier recommandé
declaración f **de aduana**	dé·kla·ra·*Syonn* dé a·*dwa*·na	déclaration de douane
frágil	*fra*·Rhil	fragile
internacional	inn·tér·na·Syo·*nal*	international
nacional	na·Syo·*nal*	tarif national
correo m **urgente**	ko·*ré*·o our·*Rhén*·té	tarif urgent
por vía aérea	por *bi*·a a·é·ré·a	par avion

Où se trouve le service de poste restante ?	¿Dónde está la lista de correos? *donn*·dé és·*ta* la *lis*·ta dé ko·*ré*·os
Y a-t-il du courrier pour moi ?	¿Hay alguna carta para mí? ay al·*gou*·na *kar*·ta *pa*·ra mi

Téléphone

Q **Quel est ton numéro de téléphone ?**	¿Cuál es tu número de teléfono? kwal és tou *nou*·mé·ro dé té·*lé*·fo·no
R **Le numéro est...**	El número es... él *nou*·mé·ro és...
Où se trouve le téléphone public le plus proche ?	¿Dónde hay una cabina telefónica? *donn*·dé ay *ou*·na ka·*bi*·na té·lé·*fo*·ni·ka

Puis-je consulter un annuaire téléphonique ?	¿Puedo mirar la guía de teléfonos? *pwé*·do mi·*rar* la *gui*·a de te·*le*·fo·nos
Quel est le préfixe régional de... ?	¿Cuál es el prefijo de la zona...? kwal és él pré·*fi*·Rho dé la *So*·na...
Quel est le préfixe national de/du... ?	¿Cuál es el prefijo del país...? kwal és él pré·*fi*·Rho dél pa·*is*...

Pour les numéros de téléphone, voir **nombres et quantités** (p. 34).

J'aimerais...	Quiero... *kyé*·ro...

passer un appel (en France)	hacer una llamada (a Francia).	a·*Sér* *ou*·na lya·*ma*·da (a *frann*·Sya)
passer un appel local	hacer una llamada local	a·*Sér* *ou*·na lya·*ma*·da lo·*kal*
passer un appel en PCV	una llamada a cobro revertido	*ou*·na lya·*ma*·da a *ko*·bro ré·bér·*ti*·do
acheter une carte téléphonique	comprar una tarjeta telefónica	kom·*prar* *ou*·na tar·*Rhé*·ta té·lé·*fo*·ni·ka

Vous êtes en ligne.	Está comunicando. és·*ta* ko·mou·ni·*kann*·do
La connexion est mauvaise.	Es mala conexión. és *ma*·la ko·nék·*syonn*
Allô ? (quand on appelle)	Hola. *o*·la
Allô ? (quand on répond)	¿Diga? *di*·ga

EXPRESSIONS ORALES

¿De parte de quién?	dé *par*·té dé kyénn	C'est de la part de qui ?
¿Con quién quiere hablar?	konn kyénn *kyé*·ré a·*blar*	À qui voulez-vous parler ?
Lo siento, pero ahora no está.	lo *syénn*·to *pé*·ro a·o·ra no és·*ta*	Je regrette, il/elle n'est pas ici pour le moment.
Lo siento, tiene el número equivocado.	lo *syénn*·to *tyé*·né él *nou*·mé·ro é·ki·bo·*ka*·do	Je regrette, vous avez fait un mauvais numéro.
Un momento.	oun mo·*mén*·to	Un instant.
Sí, aquí está.	si a·*ki* és·*ta*	Oui, il/elle est là.

Pourrais-je parler à... ?	¿Está...? és·*ta*...
C'est... à l'appareil.	Soy... soy...
J'ai été coupé.	Me han cortado (la comunicación). mé ann kor·*ta*·do (la ko·mou·ni·ka·*Syonn*)
Puis-je laisser un message ?	¿Puedo dejar un mensaje? *pwé*·do dé·*Rhar* oun mén·*sa*·Rhé
Dites-lui que j'ai appelé, s'il vous plaît.	Sí, por favor, dile que he llamado. si por fa·*bor* *di*·lé ké é lya·*ma*·do
Je rappellerai plus tard.	Ya llamaré más tarde. ya lya·ma·*ré* mas *tar*·dé

Téléphone portable

Je voudrais... Quisiera... ki·*syé*·ra...

un chargeur pour mon téléphone	un cargador para mi teléfono	oun kar·ga·*dor* *pa*·ra mi té·*lé*·fo·no
un téléphone portable à louer	un móvil para alquilar	oun *mo*·bil *pa*·ra al·ki·*lar*
une carte prépayée	una tarjeta prepagada	*ou*·na tar·*Rhé*·ta pré·pa·*ga*·da
une carte SIM pour votre réseau	una tarjeta SIM para su red	*ou*·na tar·*Rhé*·ta sim *pa*·ra sou ré

Quels sont les tarifs ? ¿Cuál es la tarifa? kwal és la ta·*ri*·fa

Où puis-je mettre mon portable à charger ? ¿Donde puedo cargar mi móvil? *donn*·dé *pwé*·do *kar*·gar mi *mo*·mil

Internet

Y a-t-il un cybercafé dans les environs ? ¿Dónde hay un cibercafé cercano? *donn*·dé ay oun Si·bér·ka·*fé* Sér·*ka*·no

Est-ce qu'il y a un accès public à Internet ici ? ¿Tiene acceso público a internet? *tyé*·né ak·*Sé*·so *pou*·bli·ko a in·ter·*nét*

Est-ce qu'il y a une connexion Wi-Fi ici ? ¿Hay acceso inalámbrico a internet aquí? ay ak·*Sé*·so in·a·*lam*·bri·ko a in·ter·*nét* a·*ki*

Puis-je brancher mon ordinateur portable ici ? ¿Puedo conectar mi ordenador portátil aquí? *pwé*·do ko·nék·*tar* mi or·dé·na·*dor* por·*ta*·til a·*ki*

Avez-vous des écouteurs (avec un micro) ?	¿Tiene auriculares (con micrófono)? *tyé*·né aou·ri·kou·*la*·rés (konn mi·*kro*·fo·no)
Je voudrais acheter une carte/USB pour une connexion Internet prépayée sur mon portable.	Quisiera comprar una tarjeta/ USB para internet móvil de prepago. ki·*syé*·ra kom·*prar ou*·na tar·*Rhé*·ta/ ou·é·se·bé *pa*·ra in·ter·*nét mo*·bil dé pré·*pa*·go

INDICATIONS ÉCRITES

De la même façon que l'anglais de la Toile a pénétré la langue française, s'il y a bien un endroit où les anglicismes sont en plein essor dans la langue espagnole, c'est sur Internet. De nouveaux verbes comme *chatear*, *downloar*, *emailar*, *postear* ou *surfear* se sont répandus rapidement à travers le cyberespace hispanique. Très souvent, cependant, il existe des substituts pour les termes les plus fréquents. Voici une petite liste des alternatives officielles :

charlar	tchar·*lar*	chatter
ciberespacio	si·bér·é·*spa*·Syo	cyberespace
descargar	dés·kar·*gar*	télécharger
página Web inicial	*pa*·Rhi·na wéb i·ni·*Syal*	page d'accueil
en línea	én *li*·né·a	en ligne
sistema de búsqueda	sis·*té*·ma dé *bous*·ké·da	moteur de recherche
correr tabla por la red	ko·*rér ta*·bla por la ré	surfer
nombre de usuario	*nomm*·bré dé ou·*swa*·ryo	nom d'utilisateur
sitio Web	*si*·tyo wéb	site Web

Je voudrais consulter... Quisiera revisar mi... *ki·syé·ra ré·bi·sar mi...*

graver un CD	copiar un disco	ko·*pyar* oun *dis*·ko
mes e-mails	correo electrónico	ko·*ré*·o é·lék·*tro*·ni·ko
aller sur Internet	usar el Internet	ou·*sar* él in·tér·*nét*
utiliser une imprimante	usar una impresora	ou·*sar* *ou*·na imm·pré·*so*·ra
utiliser un scanner	usar un escáner	ou·*sar* oun és·*ka*·nér
utiliser Skype	usar Skype	ou·*sar* és·*kayp*

Quel est le prix par heure/ page ? ¿Cuánto cuesta por hora/ página? *kwann*·to *kwés*·ta por *o*·ra/ *pa*·Rhi·na

Comment me connecter ? ¿Cómo entro al sistema? *ko*·mo *én*·tro al sis·*té*·ma

Il a planté. Se ha quedado colgado. sé a ké·*da*·do kol·*ga*·do

J'ai fini. He terminado. é tér·mi·*na*·do

lecteur MP3 equipo m MP3 é·*ki*·po ém·*pé*·trés

disque dur externe disco duro m portátil *dis*·ko *dou*·ro por·*ta*·til

PSP PSP m pé·é·se·pé

clé USB memoria f USB mé·*mo*·ria ou·é·se·bé

Argent

PHRASES-CLÉS

Combien cela coûte-t-il ?	¿Cuánto cuesta esto?	*kwann*·to *kwés*·ta *és*·to
Quel est le taux de change ?	¿Cuál es el tipo de cambio?	kwal és él *ti*·po dé *kamm*·byo
Où est le distributeur de billets le plus proche ?	¿Dónde está el cajero automático más cercano?	*donn*·dé és·*ta* él ka·*Rhé*·ro aou·to·*ma*·ti·ko mas Sér·*ka*·no

Régler l'addition

Q **Combien cela coûte-t-il ?**	¿Cuánto cuesta esto? *kwann*·to *kwés*·ta *és*·to
R **C'est (12) euros.**	Son (doce) euros. son (*do*·Sé) *é*·ou·ros
R **C'est gratuit.**	Es gratis. és *gra*·tis
Il y a une erreur sur la facture.	Hay un error en la cuenta. ay oun é·*ror* én la *kwénn*·ta
Vous acceptez les cartes de crédit/débit ?	¿Aceptan tarjetas de crédito/débito? a·*Sép*·tann tar·*Rhé*·tas dé *kré*·di·to/*dé*·bi·to
Acceptez-vous les chèques de voyage ?	¿Aceptan cheques de viajero? a·*Sép*·tann *tché*·kés dé vya·*Rhé*·ro
Je voudrais ma monnaie, s'il vous plaît.	Quisiera mi cambio, por favor. ki·*syé*·ra mi *kamm*·byo por fa·*bor*

Pourrais-je avoir un reçu, s'il vous plaît ?	¿Podría darme un recibo por favor? po·*dri*·a *dar*·mé oun ré·*Si*·bo por fa·*bor*

Voir aussi **marchander** (p. 76).

Banque

Où puis-je... ?	¿Dónde puedo...? *donn*·dé *pwé*·do...
J'aimerais...	Me gustaría... mé gous·ta·*ri*·a...

faire un virement	hacer una transferencia	a·*Sér* *ou*·na trans·fé·rénn·*Si*·ya
obtenir une avance en liquide	obtener un adelanto	ob·té·*nér* oun a·dé·*lann*·to
changer de l'argent	cambiar dinero	kamm·*byar* di·*né*·ro
changer un chèque de voyage	cambiar un cheque de viajero	kam·*byar* oun *tché*·ké dé bya·*Rhé*·ro
obtenir de la monnaie contre ce billet	conseguir cambio para este billete	konn·sé·*guir* *kam*·byo *pa*·ra *és*·té bi·*lyé*·té
retirer de l'argent	sacar dinero	sa·*kar* di·*né*·ro

Où est le distributeur automatique de billets le plus proche ?	¿Dónde está el cajero automático más cercano? *donn*·dé és·*ta* él ka·*Rhé*·ro aou·to·*ma*·ti·ko mas Sér·*ka*·no
Où est le bureau de change le plus proche ?	¿Dónde está la oficina de cambio más cercano? *donn*·dé és·*ta* la o·fi·*Si*·na dé *kamm*·byo mas Sér·*ka*·no

EXPRESSIONS ORALES

No le quedan fondos.	no lé *ké*·dann *fonn*·dos Vous n'avez plus d'argent.
Hay un problema con su cuenta.	ay oun pro·*blé*·ma konn sou *kwénn*·ta Il y a un problème avec votre compte.
¿Puedo ver su identificación, por favor?	*pwé*·do bér sou i·dén·ti·fi·ka·*Syonn* por fa·*bor* Puis-je voir votre carte d'identité, s'il vous plaît ?
Por favor firme aquí.	por fa·*bor fir*·mé a·*ki* Signez ici, s'il vous plaît.

Quel est le taux de change ?	¿Cuál es el tipo de cambio? kwal és él *ti*·po dé *kamm*·byo
Combien faut-il payer pour cela ?	¿Cuánto hay que pagar por eso? *kwann*·to ay ké pa·*gar* por *é*·so
Le distributeur automatique a avalé ma carte.	El cajero automático se ha tragado mi tarjeta. él ka·*Rhé*·ro aou·to·*ma*·ti·ko sé a tra·*ga*·do mi tar·*Rhé*·ta
J'ai oublié mon code.	Me he olvidado del NPI. mé é ol·bi·*da*·do dél *é*·né·pé·i
Mon argent est-il arrivé ?	¿Ya ha llegado mi dinero? ya a lyé·*ga*·do mi di·*né*·ro
Dans combien de temps arrivera-t-il ?	¿Cuánto tiempo tardará en llegar? *kwann*·to *tyém*·po tar·da·*ra* én lyé·*gar*

Voyage d'affaires

PHRASES-CLÉS

J'assiste à un congrès.	Asisto a un congreso.	a·*sis*·to a oun konn·*gré*·so
J'ai un rendez-vous avec...	Tengo una cita con...	*ténn*·go *ou*·na *Si*·ta konn...
Pouvez-vous me donner votre carte de visite ?	¿Puede darme su tarjeta de visita?	*pwé*·dé *dar*·mé sou tar·*Rhé*·ta dé vi·*si*·ta

Il est d'usage de parler de choses et d'autres avant d'entrer dans le vif du sujet. Pour les titres et salutations, voir **rencontres** (p. 104).

J'assiste à...	Asisto a... a·*sis*·to a...

un congrès	un congreso	oun konn·*gré*·so
un cours	un curso	oun *kour*·so
une réunion	una reunión	*ou*·na ré·ou·*nyonn*
une foire commerciale	una feria de muestras	*ou*·na *fé*·rya dé *mwés*·tras

Je suis ici avec mes collègues.	Estoy aquí con mis colegas. és·*toy* a·*ki* konn mis ko·*lé*·gas
Je suis seul/seule.	Estoy solo/a. m/f és·*toy* *so*·lo/a
Où est le quartier d'affaires ?	¿Dónde está el centro financiero? *donn*·dé és·*ta* él *Sén*·tro fi·nann·*Syé*·ro
Où est le congrès ?	¿Dónde está el congreso? *donn*·dé és·*ta* él konn·*gré*·so

BON À SAVOIR

S'adresser à quelqu'un

Lors d'une rencontre formelle, ou pour montrer du respect à une personne plus âgée que vous, il convient d'utiliser la forme de politesse *Usted* sg pol ou·*sté* ou *Ustedes* pl pol ou·*sté*·dés. Le meilleur moyen de s'y retrouver est d'écouter comment la personne s'adresse à vous et de répondre de la même manière. Il est toujours préférable d'utiliser la forme de politesse dans les affaires, ainsi qu'avec tout prestataire de service (qu'il s'agisse d'un marchand de journaux ou d'un médecin). Pour plus de renseignements sur la forme de politesse, voir **vouvoiement** dans la **grammaire** (p. 30).

Où a lieu la réunion ?	¿Dónde es la reunión? *donn*·dé és la ré·ou·*nyonn*
J'ai un rendez-vous avec...	Tengo una cita con... *ténn*·go *ou*·na *Si*·ta konn...
Q **Pouvez-vous me donner votre carte de visite ?**	¿Puede darme su tarjeta de visita? *pwé*·dé *dar*·mé sou tar·R*hé*·ta dé vi·*si*·ta
R **Voici ma carte de visite.**	Aquí tiene mi tarjeta de visita. a·*ki tyé*·né mi tar·*Rhé*·ta dé bi·*si*·ta
Puis-je vous présenter mon/ ma collègue ?	¿Puedo presentarle a mi compañero/a? m/f *pwé*·do pré·sén·*tar*·lé a mi komm·pa·*nyé*·ro/a
Ça s'est très bien passé.	Eso fue muy bien. *é*·so fwé moui byén
Nous allons boire/manger quelque chose ?	¿Vamos a tomar/comer algo? *ba*·mos a to·*mar*/ko·*mér al*·go
C'est moi qui invite.	Invito yo. inn·*bi*·to yo

Sites touristiques

PHRASES-CLÉS

Pouvons-nous louer les services d'un guide ?	¿Podemos alquilar un guía?	po·*dé*·mos al·ki·*lar* oun *gui*·a
Puis-je prendre des photos ?	¿Puedo tomar fotos?	*pwé*·do to·*mar* *fo*·tos
À quelle heure ouvre le musée ?	¿A qué hora abre el museo?	a ké *o*·ra *a*·bré él mou·*sé*·o

Se renseigner

Je voudrais... — Quisiera... ki·*syé*·ra...

un audioguide	un equipo audio	oun é·*ki*·po *aou*·dyo
un catalogue	un catálogo	oun ka·*ta*·lo·go
une carte (du coin)	un mapa (de la zona)	oun *ma*·pa (dé la *So*·na)
un guide en français/anglais	una guía turística en francés/inglés	*ou*·na *gui*·a tou·*ris*·ti·ka én frann·*Sés*/inn·*glés*

J'aimerais voir... — Me gustaría ver... mé gous·ta·*ri*·a bér...

Avez-vous des informations sur des sites locaux à voir ? — ¿Tiene información sobre los lugares de interés local? *tyé*·né inn·for·ma·*Syonn* so·bré los lou·*ga*·rés dé inn·té·*rés* lo·*kal*

Avez-vous des informations sur des sites culturels à voir ?	¿Tiene información sobre los lugares de interés cultural? tyé·né inn·for·ma·*Syonn* so·bré los lou·*ga*·rés dé inn·té·*rés* koul·tou·*ral*
Avez-vous des informations sur des sites religieux à voir ?	¿Tiene información sobre los lugares de interés religioso? *tyé*·né inn·for·ma·*Syonn* so·bré los lou·*ga*·rés dé inn·té·*rés* ré·li·*Rhyo*·so
Pouvons-nous louer les services d'un guide ?	¿Podemos alquilar un guía? po·*dé*·mos al·ki·*lar* oun *gui*·a
Vous pouvez me prendre en photo ?	¿Me puede hacer una foto? mé *pwé*·dé a·*Sér* *ou*·na *fo*·to
Puis-je vous/te prendre en photos ?	¿Le/Te puedo tomar fotos? pol/fam lé/té *pwé*·do to·*mar* *fo*·tos
Je vous/t'enverrai la photo.	Le/Te mandaré la foto. pol/fam lé/té mann·da·*ré* la *fo*·to
Qu'est-ce que c'est ?	¿Qué es eso? ké és *é*·so
Qui l'a fait ?	¿Quién lo hizo? kyén lo *i*·So
Ça date de quand ?	¿De qué época es? dé ké *é*·po·ka és

Accéder à un site touristique

À quelle heure est l'ouverture/la fermeture ?	¿A qué hora abren/cierran? a ké *o*·ra *ab*·rénn/*Syé*·rann
Quel est le prix de l'entrée ?	¿Cuánto cuesta la entrada? *kwann*·to *kwés*·ta la én·*tra*·da

Y a-t-il une réduction pour les... ? — ¿Hay descuentos para...? — ay dés·*kwénn*·tos *pa*·ra...

enfants	niños	*ni*·nyos
familles	familias	fa·*mi*·lias
groupes	grupos	*grou*·pos
retraités	pensionistas	pén·syo·*nis*·tas
étudiants	estudiantes	és·tou·*dyann*·tés

Musées et galeries

À quelle heure ouvre la galerie ?	¿A qué hora abre la galería? a ké *o*·ra *a*·bré la ga·lé·*ri*·a
À quelle heure ouvre le musée ?	¿A qué hora abre el museo? a ké *o*·ra *a*·bré él mou·*sé*·o
Q Que comprend la collection ?	¿Qué hay en la colección? ké ay én la ko·lék·*Syonn*
R C'est une exposition de...	Es una exposición de... és *ou*·na éks·po·si·*Syonn* dé...
J'aime les œuvres de...	Me gustan las obras de... mé *gous*·tann las *o*·bras dé...
Ça me rappelle...	Me recuerda a... mé ré·*kwér*·da a...
art...	arte m... *ar*·té...

graphique	gráfico	*gra*·fi·ko
impressionniste	impresionista	imm·pré·syo·*nis*·ta
moderniste	modernista	mo·dér·*nis*·ta
Renaissance	renacentista	ré·na·Sén·*tis*·ta

INDICATIONS ÉCRITES

abierto	a·*byér*·to	ouvert
cerrado	Sé·*ra*·do	fermé
prohibido	pro·i·*bi*·do	entrée interdite

Circuits

Y a t-il des circuits organisés à pied ?	¿Organizan recorridos a pie? or·ga·*ni*·San ré·ko·*ri*·dos a pyé
Je voudrais prendre un cours de cuisine/langue.	Me gustaría ir a clases de cocina/idiomas. mé gous·ta·*ri*·a ir a *kla*·sés dé ko·*Si*·na/i·*dyo*·mas
Pouvez-vous me recommander un(e)... ?	¿Puede recomendar algún(a)...? **m/f** *pwé*·dé ré·ko·mén·*dar* al·*goun*/al·*gou*·na...
Quand est le/ la prochain(e)... ?	¿Cuándo es el/ la próximo/a...? **m/f** *kwann*·do és él/ la *prok*·si·mo/a...

tour en bateau	paseo **m** en barco	pa·*sé*·o én *bar*·ko
excursion	excursión **f**	éks·kour·*syonn*
excursion d'une journée	excursión **f** de un día	éks·kour·*syonn* dé oun *di*·a
circuit	recorrido **m**	ré·ko·*ri*·do

Dois-je prendre de la nourriture avec moi ?	¿Necesito llevar (comida)? né·Sé·*si*·to lyé·*bar* (ko·*mi*·da)

Le matériel/transport est-il inclus ?	¿Incluye (equipo/ transporte)? inn·*klou*·yé (é·*ki*·po/ tranns·*por*·té)
Combien de temps dure le circuit ?	¿Cuánto dura el recorrido? *kwann*·to *dou*·ra él ré·ko·*ri*·do
À quelle heure dois-je revenir ?	¿A qué hora tengo que volver? a ké *o*·ra *ténn*·go ké bol·*bér*
Revenez à...	Vuelva... *bwél*·ba...
Je suis avec eux.	Voy con ellos. boy konn *é*·lyos
J'ai perdu mon groupe.	He perdido a mi grupo. é pér·*di*·do a mi *grou*·po

Voyageurs seniors/handicapés

PHRASES-CLÉS

J'ai besoin d'aide.	Necesito asistencia.	né·Sé·*si*·to a·sis·*ténn*·Sya
Y a-t-il un accès pour les fauteuils roulants ?	¿Hay acceso para la silla de ruedas?	ay ak·*Sé*·so *pa*·ra la *si*·lya dé *rwé*·das
Est-ce qu'il y a des toilettes pour handicapés ?	¿Hay aseos para minusválidos?	ay a·*sé*·os *pa*·ra mi·nous·*ba*·li·dos

Je suis handicapé(e).	Soy minusválido/a. **m/f** soy mi·nous·*ba*·li·do/a
J'ai besoin d'aide.	Necesito asistencia. né·Sé·*si*·to a·sis·*ténn*·Sya
Les chiens guides d'aveugles sont-ils autorisés ?	¿Se permite la entrada a los perros lazarillos? sé pér·*mi*·té la én·*tra*·da a los *pé*·ros la·Sa·*ri*·lyos
Y a-t-il un accès pour les fauteuils roulants ?	¿Hay acceso para la silla de ruedas? ay ak·*Sé*·so *pa*·ra la *si*·lya dé *rwé*·das
Y a-t-il un parking avec des places handicapés ?	¿Tiene aparcamiento para minusválidos? *tyé*·né a·par·ka·*myén*·to *pa*·ra mi·nous·*ba*·li·dos
Est-ce qu'il y a des barres d'appui dans les toilettes ?	¿Hay pasamanos en el baño? ay pa·sa·*ma*·nos én él ba·*nyo*

INDICATIONS ÉCRITES

acceso para sillas de ruedas	ak·*Sé*·so *pa*·ra *si*·lyas de *rwé*·das	accès pour fauteuils roulants
ascensor	as·Sén·*sor*	ascenseur

Est-ce qu'il y a des toilettes pour handicapés ?	¿Hay aseos para minusválidos? ay a·*sé*·os *pa*·ra mi·nous·*ba*·li·dos
Puis-je m'asseoir quelque part ?	¿Hay algun sitio dónde me pueda sentar? ay al·*goun si*·tyo *donn*·dé mé *pwé*·da sén·*tar*
Pouvez-vous m'aider à traverser la rue ?	¿Me puede ayudar a cruzar la calle? mé *pwé*·dé a·you·*dar* a krou·*Sar* la *ka*·lyé
Pourriez-vous m'appeler un taxi pour handicapés ?	¿Podría llamar a un taxi para minusválidos? po·*dri*·a lya·*mar* a oun *tak*·si *pa*·ra mi·nous·*ba*·li·dos
béquilles	muletas **f pl** mou·*lé*·tas
bibliothèque Braille	biblioteca **f** Braille bi·bli·o·*té*·ka *bray*·lyé
chien guide	perro **m** lazarillo *pé*·ro la·Sa·*ri*·lyo
fauteuil roulant	silla **f** de ruedas *si*·lya dé *rwé*·das
déambulateur	andador **m** an·da·*dor*
canne	bastón **m** bas·*tonn*
rampe	rampa **f** *ramm*·pa

Voyager avec des enfants

PHRASES-CLÉS

Les enfants sont-ils admis ?	¿Se admiten niños?	sé ad·*mi*·tén *ni*·nyos
Y a-t-il une réduction pour les enfants ?	¿Hay descuento para niños?	ay dés·*kwénn*·to *pa*·ra *ni*·nyos
Y a-t-il une salle pour changer les bébés ?	¿Hay una sala en la que cambiarle el pañal al bebé?	ay *ou*·na *sa*·la én la ké kamm·*byar*·lé él pa·*nyal* al bé·*bé*

J'ai besoin d'un(e)... Necesito un... né·Sé·*si*·to oun...

siège pour bébé/enfant	asiento de seguridad para bebés/niños	a·*syén*·to dé sé·gou·ri·*da pa*·ra bé·*bés/ni*·nyos
lit pour bébé	una cuna	*ou*·na *kou*·na
pot	orinal de niños	o·ri·*nal* dé *ni*·nyos
poussette	cochecito	ko·tché·*Si*·to

Vendez-vous des lingettes pour bébé ? ¿Vende toallitas para bebés? *vén*·dé to·a·*lyi*·tas *pa*·ra bé·*bés*

Vendez-vous des couches ? ¿Vende pañales de usar y tirar? *vén*·dé pa·*nya*·lés dé ou·*sar* i ti·*rar*

Vendez-vous du lait en poudre ?	¿Vende leche de fórmula? *vén*·dé *lé*·tché dé *for*·mou·la
Y a-t-il... ?	¿Hay...? ay...

une salle pour changer les bébés	una sala en la que cambiarle el pañal al bebé	*ou*·na *sa*·la én la ké kamm·*byar*·lé él pa·*nyal* al bé·*bé*
une baby-sitter (qui parle français)	canguro (de habla francesa)	kann·*gou*·ro (dé *ab*·la frann·*Sé*·sa)
un service de garde d'enfants	un servicio de cuidado de niños	oun sér·*bi*·Syo dé kwi·*da*·do dé *ni*·nyos
un menu enfants	un menú infantil	oun mé·*nou* inn·fann·*til*
réduction pour les enfants	descuento para niños	dés·*kwénn*·to *pa*·ra *ni*·nyos
une réduction pour les familles	un descuento familiar	oun dés·*kwénn*·to fa·mi·*lyar*
une chaise haute	una trona	*ou*·na *tro*·na

Cela vous embête-t-il si j'allaite mon enfant ici ?	¿Le molesta que dé de pecho aquí? lé mo·*lés*·ta ké dé dé *pé*·tcho a·*ki*
Les enfants sont-ils admis ?	¿Se admiten niños? sé ad·*mi*·tén *ni*·nyos
Cela convient-il pour un enfant de... ans ?	¿Es apto para un niño de... años? és *ap*·to *pa*·ra oun ni·*nyo* dé... *a*·nyos

Si votre enfant est malade, reportez-vous à la partie **santé** (p. 156).

En société

RENCONTRES 104
CENTRES D'INTÉRÊT 118
SENTIMENTS ET OPINIONS 123
SORTIR 128
VIE AMOUREUSE 134
RELIGION ET CULTURE 138
SPORTS 140
ACTIVITÉS DE PLEIN AIR 145

Rencontres

PHRASES-CLÉS

Je m'appelle...	Me llamo...	mé *lya*·mo...
Je suis...	Soy de...	soy dé...
Je suis dans l'enseignement.	Trabajo en enseñanza.	tra·*ba*·Rho én én·sé·*nyann*·Sa
J'ai... ans.	Tengo... años.	*ténn*·go... *a*·nyos
Et vous/toi ?	¿Y Usted/tú? **pol/fam**	i ous·*té*/tou

Formules de base

Oui.	Sí. si
Non.	No. no
S'il vous plaît.	Por favor. por fa·*bor*
Merci (beaucoup).	(Muchas) Gracias. (*mou*·tchas) *gra*·Syas
De rien.	De nada. dé *na*·da
Pardon.	Perdón. pér·*donn*
Excusez-moi.	Discúlpeme. dis·*koul*·pé·mé
Je suis désolé.	Lo siento. lo *syén*·to

Saluer

Les Espagnols s'embarrassent rarement de formules ampulées. Aussi, les expressions suivantes peuvent-elles être employées aussi bien entre amis que dans des situations plus formelles.

Bonjour./Salut.	Hola. *o·la*
Bonjour. (matin)	Buenos días. *bwé·nos di·as*
Bonjour. (après-midi jusqu'à 20h)	Buenas tardes. *bwé·nas tar·dés*
Bonsoir./Bonne nuit.	Buenas noches. *bwé·nas no·tchés*
À plus tard.	Hasta luego. *as·ta lwé·go*
Au revoir.	Adiós. *a·dyos*
Q **Comment ça va ?**	¿Qué tal? *ké tal*
R **Bien, merci.**	Bien, gracias. *byén gra·Syas*
Q **Comment t'appelles-tu/ vous appelez-vous ?**	¿Cómo te llamas? fam *ko·mo té lya·mas* ¿Cómo se llama Usted? pol *ko·mo sé lya·ma ous·té*
R **Je m'appelle...**	Me llamo... *mé lya·mo...*
Enchanté.	Mucho gusto. *mou·tcho gous·to*
J'aimerais te/ vous présenter...	Quisiera presentarte/le a... pol/fam *ki·syé·ra pré·sén·tar·té/lé a...*

Voici...	Ésto es...	*es·to es...*

Voici mon ami(e).	Éste/a es mi amigo/a. **m/f** es·té/a es mi a·*mi*·go/a

S'adresser à quelqu'un

Señor et *Señora* sont utilisés dans la vie de tous les jours. *Doña*, bien que rare, est utilisé comme une marque de respect envers une femme plus âgée. *Don* est parfois utilisé pour s'adresser à des hommes. On pourra ainsi appeler *Doña Lola* une voisine âgée. Pour plus de détails sur les formes de politesse, voir l'encadré **s'adresser à quelqu'un** (p. 95) et la rubrique **pronoms personnels** (p. 25).

M.	Señor sé·*nyor*
Monsieur	Don donn
Mademoiselle	Señorita sé·nyo·*ri*·ta
Mme	Señora sé·*nyo*·ra
Madame	Doña do·*nya*

Engager la conversation

L'un des meilleurs moyens d'engager la conversation en Espagne est de demander à son interlocuteur de quelle région il vient. Le sport, la politique et les voyages font aussi de bons sujets.

Tu vis/Vous vivez ici ?	¿Vives/Vive aquí? **fam/pol** *bi*·bés/*bi*·bé a·*ki*
Où vas-tu/allez-vous ?	¿Adónde vas/va? **fam/pol** a·*donn*·dé bas/ba
Qu'est-ce que tu fais/ vous faites ?	¿Qué haces/hace? **fam/pol** ké *a*·Sés/*a*·Sé

BON À SAVOIR

Entre amis

Entre eux, les amis s'appellent fréquemment *tío* **m**, *ti*·o, ou *tía* **f**, *ti*·a (littéralement «oncle» et «tante»), mais ces mots sont aussi utilisés pour parler de tiers. C'est en quelque sorte l'équivalent de «mon vieux» et «ma vieille».
Les hommes s'appellent aussi parfois entre eux *colega*, ko·*lé*·ga (collègue), ou *hombre*, *omm*·bré (homme). Dans le Sud, les gens appellent leurs amis *pixas*, *pi*·tchas ou *xoxos*, *tcho*·tchos.

Q **Tu es ici en vacances ?**	¿Estás aquí de vacaciones? és·*tas* a·*ki* dé ba·ka·*Syo*·nés
R **Je suis ici en vacances.**	Estoy aquí de vacaciones. és·*toy* a·*ki* dé ba·ka·*Syo*·nés
R **Je suis ici en voyage d'affaires.**	Estoy aquí en viaje de negocios. és·*toy* a·*ki* én *bya*·Rhé dé né·*go*·Syos
R **Je suis ici pour mes études.**	Estoy aquí estudiando. és·*toy* a·*ki* és·tu·*dyann*·do
C'est (beau), n'est-ce pas ?	¿Es (precioso), no? és (pré·*Syo*·so) no
Q **Tu es/Vous êtes ici pour combien de temps ?**	¿Cuánto tiempo te vas/se va a quedar? **fam/pol** *kwann*·to *tyém*·po té bas/sé ba a ké·*dar*
R **Je suis ici pour... semaine(s)/jour(s).**	Estoy aquí por... semanas/días. és·*toy* a·*ki* por... sé·*ma*·nas/*di*·as

Nationalité

Vous constaterez que beaucoup de noms de pays sont les mêmes qu'en français. En cas de doute, vous pouvez essayer de dire le nom du pays avec un accent espagnol... il y a des chances que ça marche ! Pour plus de pays, voir le **dictionnaire**.

Q **D'où viens-tu/venez-vous ?**	¿De dónde eres/es? **fam/pol** dé *donn*·dé *é*·rés/és
R **Je suis français.**	Soy de Francia. soy dé *frann*·Sya
R **Je suis canadien.**	Soy de Canadá. soy dé ka·na·*da*

Âge

Q **Quel âge as-tu/avez-vous ?**	¿Cuántos años tienes/tiene? **fam/pol** *kwann*·tos *a*·nyos *tyé*·nés/*tyé*·né
R **J'ai... ans.**	Tengo... años. *ténn*·go... *a*·nyos
Q **Quel âge a ton fils/ta fille ?**	¿Cuántos años tiene tu hijo/a? **m/f fam** *kwann*·tos *a*·nyos *tyé*·né tou *i*·Rho/a
Q **Quel âge a votre fils/fille ?**	¿Cuántos años tiene su hijo/a? **m/f pol** *kwann*·tos *a*·nyos *tyé*·né sou *i*·Rho/a
R **Il/Elle a... ans.**	Tiene... años. *tyé*·né... *a*·nyos
Je suis plus jeune que je n'en ai l'air.	Soy más joven de lo que parezco. soy mas *Rho*·bén dé lo ké pa·*réS*·ko

Voir aussi **nombres et quantités** (p. 34).

EXPRESSIONS ORALES

¡Cojonudo!	ko·Rho·*nou*·do	Super !
¡Qué guay!	ké gway	C'est génial !
¿De veras?	dé *bé*·ras	Vraiment ?
¡Estupendo!	és·tou·*pén*·do	Stupéfiant !
¿Qué hay?	ké ay	Ça gaze ?
¡No me digas!	no mé *di*·gas	C'est pas vrai !
¡Qué interesante!	ké in·té·ré·*sann*·té	Fascinant !

Travail et études

Q Que fais-tu/faites-vous dans la vie ?	¿A qué te dedicas/se dedica? **fam/pol** a ké té dé·*di*·kas/sé dé·*di*·ka
R Je suis dans (l'enseignement/hôtellerie).	Trabajo en (enseñanza/hostelería). tra·*ba*·Rho én (én·sé·*nyann*·Sa/os·té·lé·*ri*·a)
R Je suis...	Soy... soy...

architecte	arquitecto/a **m/f**	ar·ki·*ték*·to/a
mécanicien	mecánico/a **m/f**	mé·*ka*·ni·ko/a
écrivain	escritor/escritora **m/f**	és·kri·*tor*/és·kri·*to*·ra

R Je travaille en indépendant.	Soy trabajador/ trabajadora autónomo/a. **m/f** soy tra·ba·Rha·*dor*/ tra·ba·Rha·*do*·ra aou·*to*·no·mo/a
R Je suis retraité.	Esto jubilado/a. **m/f** és·*toy* Rhou·bi·*la*·do/a

R	**Je suis au chômage.**	Esto en el paro. *és·toy én él pa·ro*
Q	**Tu étudies/ Vous étudiez quoi ?**	¿Qué estudias/estudia? **fam/pol** *ké és·tou·dyas/és·tou·dya*
R	**Je fais des études de langues.**	Estudio idiomas. *és·tou·dyo i·dyo·mas*
	J'étudie à...	Estudio en... *és·tou·dyo én...*

Pour plus de professions et d'études, voir le **dictionnaire**.

Famille

Q	**As-tu... ?**	¿Tienes...? *tyé·nés...*
R	**Je (n')ai (pas)...**	(No) Tengo... *(no) ténn·go...*

une famille	una familia	*ou·na fa·mi·lya*
un frère	un hermano	*oun ér·ma·no*
une soeur	una hermana	*ou·na ér·ma·na*
des enfants	hijos	*i·Rhos*
quelqu'un dans la vie	una pareja **m et f**	*ou·na pa·ré·Rha*

Q	**Tu vis avec ton... ?**	¿Vives con tu...? *bi·bés konn tou...*
R	**Je vis avec mon/ma...**	Vivo con mi... *bi·bo konn mi...*
Q	**Tu es marié(e) ?**	¿Estás casado/a? **m/f** *és·tas ka·sa·do/a*
R	**Je suis marié(e).**	Estoy casado/a. **m/f** *és·toy ka·sa·do/a*
R	**Je suis divorcé(e).**	Estoy separado/a. **m/f** *és·toy sé·pa·ra·do/a*

Je suis célibataire.	Soy soltero/a. m/f soy sol·*té*·ro/a
Je vis avec quelqu'un.	Vivo con alguien. *bi*·bo konn *al*·guyén

S'adresser à un enfant

C'est quand, ton anniversaire ?	¿Cuándo es tu cumpleaños? *kwann*·do és tou koum·plé·*a*·nyos
Tu vas à l'école ou à la garderie ?	¿Vas al colegio o a la guardería? bas al ko·*lé*·Rhyo o a la gwar·dé·*ri*·a
Tu es en quelle classe ?	¿En qué curso estás? én ké *kour*·so és·*tas*
Tu aimes l'école ?	¿Te gusta el colegio? té *gous*·ta él ko·*lé*·Rhyo
Tu aimes le sport ?	¿Te gusta el deporte? té *gous*·ta él dé·*por*·té
Tu apprends le français ?	¿Aprendes francés? a·*prén*·dés frann·*Sés*
Je viens de très loin.	Vengo de muy lejos. *bén*·go dé moui *lé*·Rhos
Montre-moi comment ça se joue.	Dime cómo se juega. *di*·mé *ko*·mo sé *Rhwé*·ga
C'est bien !	¡Muy bien! moui byén

Adieux

C'est demain mon dernier jour ici.	Mañana es mi último día aquí. ma·*nya*·na és mi *oul*·ti·mo *di*·a a·*ki*
J'ai été enchanté de te connaître.	Me ha encantado conocerte. mé a én·kann·*ta*·do ko·no·*Sér*·té
Es-tu sur Facebook ?	¿Estás en Facebook? és·*tas* én fays·bouk

BON À SAVOIR

Comme dirait ma grand-mère...

Nombre d'expressions idiomatiques trouvent leur équivalent en espagnol. Voici quelques exemples :

C'est donner de la confiture aux cochons.	Es como echar margaritas a los cerdos. (litt : C'est comme jeter des marguerites aux cochons) és *ko*·mo é·*tchar* mar·ga·*ri*·tas a los *Sér*·dos
Un malheur n'arrive jamais seul.	Éramos pocos y parió la abuela. (litt : Nous étions peu nombreux et la grand-mère a accouché) é·ra·mos *po*·kos y pa·ri·o la a·*bwé*·la
Il ne faut pas chercher midi à quatorze heures.	No hay que buscarle tres pies al gato. (litt : Il ne faut pas chercher trois pattes au chat) no ay ké bous·*kar*·lé trés piés al *ga*·to

On reste en contact !	¡Nos mantendremos en contacto! nos mann·ténn·*dré*·mos én konn·*tak*·to
Si un jour tu passes en (France), tu pourras venir chez moi.	Si algún día visitas (Francia), te puedes quedar conmigo. si al·*goun* *di*·a bi·*si*·tas (*frann*·Sya) té *pwé*·dés ké·*dar* konn·*mi*·go
Q **Quelle est ton adresse ?**	¿Cuál es tu dirección? kwal és tou di·rék·*Syonn*
R **Voici mon adresse.**	Ésta es mi dirección. *és*·ta és mi di·rék·*Syonn*
R **Voici mon adresse e-mail.**	Ésta es mi dirección de email. *és*·ta és mi di·rék·*Syonn* dé i·*mayl*
Voici mon numéro de portable.	Ésto es mi número de móvil. *és*·to és mi *nou*·mé·ro dé *mo*·bil

Pour plus de détails, voir **orientation** (p. 56).

Basque

Le basque, ou *euskara*, est parlé dans l'extrémité occidentale des Pyrénées et le long de la baie de Biscaye, de Bayonne à Bilbao et, dans les terres, presque jusqu'à Pampelune. Personne n'en connaît vraiment les origines. Certains l'ont relié à la langue des Sioux, d'autres au japonais, voire à la langue des Atlantes. Pour compliquer les choses, le basque se divise aussi en plusieurs dialectes, dont le biscayen, le guipuzcoan, le haut navarrais, l'aezcoan, le salazarais, le labourdin, le bas navarrais et le souletin.
La théorie la plus probable est que le basque serait le dernier survivant d'une famille de langues qui s'étendait jadis dans toute l'Europe et qui disparut au profit des langues celtes, germaniques et romaines. Il est étonnant que le basque soit resté si proche de sa forme d'origine.

Les Basques sont habitués à ce que les touristes parlent espagnol, mais l'accueil est généralement plus chaleureux pour ceux qui essaient de parler leur langue.

Salut !	Kaixo! *kay*·cho
Bonjour. (matin)	Egun on. é·goun *onn*
Bonjour. (après-midi/bonsoir)	Arratsalde on. a·*ra*·tchyal·dé *onn*
Au revoir.	Agur. a·*gour*
Prends soin de toi.	Ondo ibili. *onn*·do i·*bil*·i

EXPRESSIONS ORALES

Euskal Herrian beti jai!	é·ous·*kal* é·*ri*·ann *bé*·ti yay Pays basque toujours en fête !
Gora gu 'ta gutarrak!	*go*·ra gou ta *gou*·ta·rak Vive nous !

Comment ça va ?	Zer moduz? sér mo·*dous*
Bien, merci.	Ongi, eskerrik asko. *onn*·gi é·*ské*·rik *as*·ko
Pardon.	Barkatu. bar·*ka*·tou
S'il te/vous plaît.	Mesedez. mé·*sé*·dés
Merci.	Eskerrik asko. és·*ké*·rik *kas*·ko
De rien.	Ez horregatik. és o·*ré*·ga·tik
Vous parlez français ?	Frantsesez ba al dakizu? frann·*tsé*·sés ba al da·ki·*sou*
Je parle un peu basque.	Euskara apur bat badakit. é·*ous*·ka·ra a·*pour* bat ba·da·*kit*
Je ne comprends pas.	Ez dut ulertzen. és tout ou·*lér*·tzén
Pouvez-vous parler en castillan, s'il vous plaît ?	Erdaraz egingo al didazu, mesedez? *ér*·da·ras é·*guinn*·go al di·*da*·sou mé·*sé*·dés
Comment cela se dit-il en basque ?	Nola esaten da hori euskaraz? *no*·la é·*sa*·tén da o·ri é·ou·ska·*ras*

CULTURE LOCALE

Hispano-américain

La colonisation des Amériques par l'Espagne a marqué la langue espagnole. Celle-ci a en effet assimilé de nombreux mots provenant de langues amérindiennes. Parmi les plus utilisés, citons *patata, tomate, cacao* et *chocolate*. L'espagnol a également évolué différement en Europe et sur le continent américain. Si vous vous rendez en Amérique latine, procurez-vous notre *Guide de conversation français/espagnol latino-américain*.

Catalan

Le catalan est parlé par quelque 10 millions de personnes dans le nord-est de l'Espagne, un territoire qui englobe la Catalogne, la côte de la province de Valence et les îles Baléares (Majorque, Minorque et Ibiza).

Hors d'Espagne, le catalan est aussi parlé en Andorre, en France près de la frontière catalane et dans la ville d'Alguer, en Sardaigne. Parmi les locuteurs les plus célèbres de cette langue, on trouve beaucoup de grands créateurs, comme les peintres Dalí, Miró et Picasso, l'architecte Gaudí ou la romancière Mercè Rodoreda.

Bien que la quasi-totalité des Catalans soit bilingue, ils apprécient lorsque les visiteurs font l'effort de communiquer, même de la manière la plus simple, en catalan.

Bonjour !	Hola! *o*·la
Bonjour. (matin)	Bon dia. bonn *di*·a
Bonjour. (après-midi)	Bona tarda. *bo*·na *tar*·da
Bonsoir.	Bon vespre. bonn *bés*·pra
Au revoir.	Adéu. a·*Sé*·ou
Comment ça va ?	Com estàs? komm as·*tas*
(Très) Bien.	(Molt) Bé. (mol) bé
Pardon.	Perdoni. par·*So*·ni
Désolé(e).	Ho sento. ou *sén*·to
S'il vous plaît.	Sisplau. sis·*pla*·ou
Merci.	Gràcies. *gra*·si·as

EXPRESSIONS ORALES

Això rai!	a·*cho* ra·i	Pas de problème !
Quin tip de riure!	kin tip dé ri·a·*ou*·ra	Quel fou rire !

Oui./Non.	Sí./No. si/no
Vous parlez français ?	Parla francés? *par*·la frann·*Sés*
Pouvez-vous parler en castillan, s'il vous plaît ?	Pot parlar castellà sisplau? pot par·*lar* kas·ta·*lya* sis·*pla*·ou
Je (ne) comprends (pas).	(No) Ho entenc. (no) ou ann·*téng*
Comment dit-on... ?	Com es diu...? komm az *di*·ou...

Galicien

Le galicien, ou *galego*, est une langue officielle de la communauté autonome de Galice, mais on le comprend également dans les régions voisines que sont les Asturies et la Castille-et-Léon. Il ressemble beaucoup au portugais, les deux langues trouvant leurs racines dans le bas latin.

Les Galiciens s'adressent généralement en espagnol aux touristes, surtout étrangers, mais un petit effort pour communiquer dans leur langue est toujours bienvenu.

Bonjour !	Ola! *o*·la
Bonjour. (matin)	Bon dia. bonn *di*·a
Bonjour. (après-midi/soir)	Boa tarde. *bo*·a *tar*·dé
Au revoir.	Adeus/Até logo. a·*dé*·ous/a·*té* *lo*·go

Pardon.	Perdón. pér·*donn*
S'il vous plaît.	Por favor. por fa·*bor*
Merci.	Grácias. *gra*·si·as
Merci beaucoup.	Moitas grácias. *moy*·tas *gra*·si·as
De rien.	De nada. dé *na*·da
Oui./Non.	Si./Non. si/nonn
Vous parlez français ?	Fala francés? *fa*·la frann·*Sés*
Pouvez-vous parler en castillan, s'il vous plaît ?	Pode falar en español, por favor? *po*·dé *fa*·la én é·spa·*nyol* por fa·*bor*
Je (ne) comprends (pas).	(Non) Entendo. (nonn) én·*ténn*·do
Comment cela se dit-il en galicien ?	Como se chama iso en galego? *ko*·mo sé *tcha*·ma *i*·so én ga·*lé*·go

Centres d'intérêt

PHRASES-CLÉS

Qu'aimes-tu faire durant ton temps libre ?	¿Qué te gusta hacer en tu tiempo libre?	ké té *gous*·ta a·*Sér* én tou *tyém*·po *li*·bré
Aimes-tu (voyager) ?	¿Te gusta (viajar)?	té *gous*·ta (bya·*Rhar*)
Je (n')aime (pas)...	(No) Me gusta/gustan... **sg/pl**	(no) mé *gous*·ta/*gous*·tann...

Préférences

Qu'aimes-tu faire durant ton temps libre ?	¿Qué te gusta hacer en tu tiempo libre? ké té *gous*·ta a·*Sér* én tou *tyém*·po *li*·bré
Q **Aimes-tu (voyager) ?**	¿Te gusta (viajar)? té *gous*·ta (bya·*Rhar*)
R **J'aime (cuisiner).**	Me gusta (cocinar). mé *gous*·ta (ko·Si·*nar*)
R **Je n'aime pas (la randonnée).**	No me gusta (el excursionismo). no mé *gous*·ta (él éks·kour·syo·*nis*·mo)
Je (n')aime (pas) la photographie.	(No) Me gusta la fotografía. (no) mé *gous*·ta la fo·to·gra·*fi*·a
Je (n')aime (pas) faire du shopping.	(No) Me gusta ir de compras. (no) mé *gous*·ta ir dé *komm*·pras

Pour d'autres activités, voir **sports** (p. 140), et le **dictionnaire**.

Musique

Tu aimes... ?	¿Te gusta...? té *gous*·ta...

aller à des concerts	ir a conciertos	ir a konn·*Syér*·tos
aller danser	ir a bailar	ir a bay·*lar*
écouter de la musique	escuchar música	és·kou·*tchar* *mou*·si·ka
jouer d'un instrument	tocar algún instrumento	to·*kar* al·*goun* inns·trou·*mén*·to
chanter	cantar	kann·*tar*

Quels genres de groupes aimes-tu ?	¿Qué grupos te gustan? ké *grou*·pos té *gous*·tann
Quels genres de chanteurs aimes-tu ?	¿Qué cantantes te gustan? ké kann·*tann*·és té *gous*·tann
Quelle genre de musique aimes-tu ?	¿Qué música te gusta? ké *mou*·si·ka té *gous*·ta
musique classique	música clásica **f** *mou*·si·ka *kla*·si·ka
musique électronique	música **f** electrónica *mou*·si·ka é·lék·*tro*·ni·ka
jazz	jazz **m** dyaS
métal	metal **m** mé·*tal*
pop	música **f** pop *mou*·si·ka pop
punk	música **f** punk *mou*·si·ka pounk

rock	música f rock *mou*·si·ka rok
musique traditionnelle	música f popular *mou*·si·ka po·pu·*lar*
musique du monde	música f étnica *mou*·si·ka *ét*·ni·ka

Cinéma et théâtre

J'ai envie d'aller voir (une comédie).	Tengo ganas de ir a (una comedia). *ténn*·go *ga*·nas dé ir a (*ou*·na ko·*mé*·dya)
Qu'est-ce qui passe au cinéma (ce soir) ?	¿Qué película dan en el cine (esta noche)? ké pé·*li*·kou·la dann én él *Si*·né (*és*·ta *no*·tché)
C'est en (français/anglais) ?	¿Está en (francés/inglés)? és·*ta* én (frann·*Sés*/inn·*glés*)
Y a-t-il des sous-titres en (français/anglais) ?	¿Tiene subtítulos (francés/inglés)? *tyé*·né soub·*ti*·tou·los (frann·*Sés*/inn·*glés*)
Ces sièges sont-ils pris ?	¿Están ocupados estos asientos? és·*tann* o·kou·*pa*·dos *és*·tos a·*syén*·tos
Tu as vu... ?	¿Has visto...? as *bis*·to...
Q **Qui joue dedans ?**	¿Quién actúa? kyén ak·*tou*·a
R **C'est avec...**	Actúa... ak·*tou*·a...

Q **As-tu aimé le film/ la pièce ?**	¿Te gustó el cine/teatro?	*té gous·to él Si·né/té·a·tro*
R **J'ai trouvé ça excellent.**	Pienso que fue excelente.	*pyén·so ké fwé éks·Sé·lén·té*
R **J'ai trouvé ça long.**	Pienso que fue largo.	*pyén·so ké fwé lar·go*
R **J'ai trouvé ça correct.**	Pienso que fue regular.	*pyén·so ké fwé ré·gou·lar*
Je (n')aime (pas)...	(No) Me gusta/gustan... **sg/pl**	*(no) mé gous·ta/gous·tann...*

dessin animé	película **f** de dibujos animados	pé·*li*·kou·la dé di·*bou*·Rhos a·ni·*ma*·dos
comédie	comedia **f**	ko·*mé*·dya
documentaire	documentales **m pl**	do·kou·mén·*ta*·lés
drame	drama **m**	*dra*·ma
film noir	cine **m** negro	*Si*·né *né*·gro
cinéma (espagnol)	cine **m** (español)	*Si*·né (és·pa·*nyol*)
films d'horreur	cine **m** de terror	*Si*·né dé té·*ror*
films de science-fiction	cine **m** de ciencia ficción	*Si*·né dé *Syén*·Sya fik·*Syonn*
courts métrages	cortos **m pl**	*kor*·tos
thrillers	cine **m** de suspenso	*Si*·né dé sous·*pén*·so

Vous allez voir un spectacle ? Voir **billets** (p. 44) et **sortir** (p. 128).

Livres et lectures

Quel genre de livres lis-tu ?	¿Qué tipo de libros lees? ké *ti*·po dé *li*·bros *lé*·és
Pendant ce voyage, je lis...	En este viaje estoy leyendo... én *és*·té *bya*·Rhé és·*toy* lé·*yén*·do...
As-tu lu... ?	¿Has leído...? as lé·*i*·do...
Q **Quel auteur (espagnol) me recommandes-tu ?**	¿Qué autor (español) recomiendas? ké aou·*tor* (és·pa·*nyol*) ré·ko·*myén*·das
R **Je recommande...**	Recomiendo a... ré·ko·*myén*·do a...
Où pourrais-je échanger des livres ?	¿Dónde puedo cambiar libros? *donn*·dé *pwé*·do kamm·*byar* *li*·bros

Pour plus de détails sur les livres, voir **achats** (p. 72).

Bénévolat

Je voudrais proposer mes compétences.	Me gustaría ofrecer mis conocimientos. mé·gous·ta·*ri*·a o·fré·*Ser* mis ko·no·Si·*mién*·tos
Est-ce qu'il y a des programmes de bénévolat dans le secteur ?	¿Hay programas de voluntariado en la zona? ay pro·*gra*·mas dé bo·loun·ta·*ria*·do én la *So*·na

Sentiments et opinions

PHRASES-CLÉS

Tu as... ?	¿Tienes...? **fam**	*tyé*·nés...
Est-ce que tu es... ?	¿Estás...? **fam**	és·*tas*...
Qu'est-ce que tu en as pensé ?	¿Qué pensaste de eso? **fam**	ké pén·*sas*·té dé *é*·so
J'ai trouvé ça...	Pienso que fue...	*pyén*·so ké fwé...
Tu as entendu que... ?	¿Has oído que...? **fam**	as o·*i*·do ké...

Sentiments

Comme en français, les sentiments et les sensations sont exprimés au moyen de noms, précédés du verbe avoir, et d'adjectifs, précédés du verbe être.

Q Tu as... ? — ¿Tienes...? **fam** — *tyé*·nés...

R J'ai/Je n'ai pas... — Tengo/No tengo... — *ténn*·go/no *ténn*·go...

chaud	calor	ka·*lor*
faim	hambre	*amm*·bré
froid	frío	*fri*·o
hâte	prisa	*pri*·sa
soif	sed	sé

Q **Est-ce que tu es… ?** ¿Estás…? **fam**
és·tas…

R **Je (ne) suis (pas)…** (No) Estoy…
(no) és·toy…

barbouillé(e)	fastidiado/a **m/f**	fas·ti·*dya*·do/a
bien	bien	byén
heureux/heureuse	feliz **m et f**	fé·*liS*
triste	triste **m et f**	*tris*·té
fatigué(e)	cansado/a **m/f**	kann·*sa*·do/a
gêné(e)/ embarrassé(e)	avergonzado/a **m/f**	a·bér·gonn·*Sa*·do/a

Je suis un peu triste. Estoy un poco (triste). **m et f**
és·*toy* oun *po*·ko *tris*·té

Je suis assez déçu(e). Estoy bastante (decepcionado/a). **m/f**
és·*toy* bas·*tann*·té dé·Sép·Syo·*na*·do/a

Je me sens très chanceux/chanceuse. Me siento muy (afortunado/a). **m/f**
mé *syén*·to moui a·for·tou·*na*·do/a

Si vous ne vous sentez pas bien, reportez-vous au chapitre **santé** (p. 156).

Opinions

Q **Ça t'a plu ?** ¿Te gustó? **fam**
té gous·*to*

Q **Qu'est-ce que tu en as pensé ?** ¿Qué pensaste de eso? **fam**
ké pén·*sas*·té dé *é*·so

R **J'ai trouvé ça…** Pienso que fue…
pyén·so ké fwé…

C'est...	Es... és...

beau	bonito/a **m/f**	bo·*ni*·to/a
bizarre	raro/a **m/f**	*ra*·ro/a
nul	coñazo/a **m/f**	ko·*nya*·So/a
fou	loco/a **m/f**	*lo*·ko/a
divertissant	entretenido/a **m/f**	én·tré·té·*ni*·do/a
fantastique	fantástico/a **m/f**	fann·*tas*·ti·ko/a
horrible	horrible	o·*ri*·blé

Je pensais que tout allait bien.	Pienso que estaba bien. *pyén*·so ké és·*ta*·ba byén
Il/elle est génial(e).	Es un trozo de pan. (litt : c'est un morceau de pain) es oun *tro*·So dé pan
Je ne suis pas d'accord !	¡No estoy de acuerdo! no és·*toy* dé a·*kwer*·do
Oui, mais...	Sí, pero... si *pé*·ro...
Peu importe.	Lo que sea. lo ké *sé*·a

Politique et société

Pour qui votes-tu ?	¿A quién votas? a kyén *bo*·tas
Je soutiens le parti...	Apoyo al partido... a·*po*·yo al par·*ti*·do...
Tu as entendu que... ?	¿Has oído que...? as o·*i*·do ké...
Tu es en faveur de... ?	¿Estás a favor de...? és·*tas* a fa·*bor* dé...

EXPRESSIONS ORALES

Quizás.	ki·*Sas*	Peut-être.
Vale.	*ba*·lé	D'accord.
¡De ningún modo!	dé ninn·*goun mo*·do	Pas question !
Un momento.	oun mo·*mén*·to	Un instant.
Sin problema.	sinn pro·*blé*·ma	Pas de problème.
¡Claro (que sí)!	*kla*·ro (ké si)	Bien sûr !
Claro.	*kla*·ro	C'est clair.
¡Ya lo creo!	ya lo *kré*·o	Tu m'étonnes !
Era broma.	*é*·ra *bro*·ma	Je plaisante.

Que pensent les gens de/du... ?	¿Cómo se siente la gente de...? *ko*·mo sé *syén*·té la *Rhén*·té dé...
l'économie	economía **f** é·ko·no·*mi*·a
l'immigration	inmigración **f** inn·mi·gra·*Syonn*
racisme	racismo **m** ra·*Sis*·mo
chômage	desempleo **m** dé·sém·*plé*·o

Environnement

Y a-t-il un problème environnemental ici ?	¿Aquí hay un problema con el medio ambiente? a·*ki* ay oun pro·*blé*·ma konn él *mé*·dyo amm·*byén*·té
Cette (forêt) est-elle protégée ?	¿Está este (bosque) protegido? és·*ta* és·té (*bos*·ké) pro·té·*Rhi*·do

Où puis-je recycler cela ?	¿Dónde se puede reciclar esto? *donn*·dé sé *pwé*·dé ré·Si·*klar* *és*·to
biodégradable	biodegradable bi·o·dé·gra·*da*·blé
chasse	caza f *ka*·Sa
déforestation	deforestación f dé·fo·rés·ta·*Syonn*
fuite de pétrole	fuga f de petróleo *fou*·ga dé pé·*tro*·lé·o
pollution	contaminación f konn·ta·mi·na·*Syonn*

Sortir

PHRASES-CLÉS

Qu'y a-t-il ce soir ?	¿Qué hay esta noche?	ké ay *és*·ta *no*·tché
Où y a-t-il des clubs ?	¿Dónde hay discotecas?	*donn*·dé ay dis·ko·*té*·kas
Ça te dirait d'aller prendre un café ?	¿Quieres que vayamos a tomar un café?	*kyé*·rés ké ba·*ya*·mos a to·*mar* oun ka·*fé*
À quelle heure nous donnons-nous rendez-vous ?	¿A qué hora quedamos?	a ké *o*·ra ké·*da*·mos
Où nous donnons-nous rendez-vous ?	¿Dónde quedamos?	*donn*·dé ké·*da*·mos

Où sortir

Qu'y a-t-il à faire le soir ?	¿Qué se puede hacer por las noches? ké sé *pwé*·dé a·*Sér* por las *no*·tchés
Qu'y a-t-il... ?	¿Qué hay...? ké ay...

aujourd'hui	hoy	oy
ce soir	esta noche	*és*·ta *no*·tché
ce week-end	este fin de semana	*és*·té finn dé sé·*ma*·na
dans le coin	en la zona	én la *So*·na

Où y a-t-il des adresses gays ?	¿Dónde hay lugares gay? *donn*·dé ay lou·*ga*·rés gay
Où y a-t-il des clubs ?	¿Dónde hay discotecas? *donn*·dé ay dis·ko·*té*·kas
Où y a-t-il des bars ?	¿Dónde hay bares? *donn*·dé ay *ba*·rés
Où y a-t-il des endroits où manger ?	¿Dónde hay lugares para comer? *donn*·dé ay lou·*ga*·rés *pa*·ra ko·*mér*
Y a-t-il un guide local des... ?	¿Hay una guía... de la zona? ay *ou*·na *gui*·a... dé la *So*·na

adresses gays	de lugares gay	dé lou·*ga*·rés gay
concerts	de música	dé *mou*·si·ka
films	de cine	dé *Si*·né
sorties	del ocio	dél *o*·Syo

J'ai envie d'aller...	Tengo ganas de ir... *ténn*·go *ga*·nas dé ir...

à un ballet	al ballet	al ba·*lé*
dans un bar	a un bar	a oun bar
dans un café	a un café	a oun ka·*fé*
à un concert	a un concierto	a oun konn·*Syér*·to
dans un bar karaoké	a un bar de karaoke	a oun bar dé ka·ra·o·ké
au cinéma	al cine	al *Si*·né
en boîte de nuit	a una discoteca	a *ou*·na dis·ko·*té*·ka
à une fête	a una fiesta	a *ou*·na *fyés*·ta
au restaurant	a un restaurante	a oun rés·taou·*rann*·té
au théâtre	al teatro	al té·*a*·tro

Invitations

Qu'est-ce que tu fais ce soir ? ¿Qué haces esta noche?
ké *a*·Sés *és*·ta *no*·tché

Qu'est-ce que tu fais (maintenant) ? ¿Qué haces (ahora)?
ké *a*·Sés (a·o·ra)

Ça te dirait d'aller... ? ¿Quieres que vayamos a...?
kyé·rés ké ba·*ya*·mos a...

prendre un café	tomar un café	to·*mar* oun ka·*fé*
prendre un verre	tomar algo	to·*mar* *al*·go
manger	comer	ko·*mér*
te promener	pasear	pa·sé·*ar*

J'ai envie d'aller danser. Me apetece ir a bailar.
mé a·pé·*té*·Sé ir a bay·*lar*

J'ai envie de sortir. Me apetece salir.
mé a·pé·*té*·Sé sa·*lir*

C'est moi qui invite. Invito yo.
inn·*bi*·to yo

Tu connais un bon restaurant ? ¿Conoces algún buen restaurante?
ko·*no*·Sés al·*goun* bwén rés·taou·*rann*·té

Tu veux venir avec moi au concert (de...) ? ¿Quieres venir conmigo al concierto (de...)?
kyé·rés bé·*nir* konn·*mi*·go al konn·*Syér*·to (dé...)

Nous allons faire une fête. Vamos a dar una fiesta.
ba·mos a dar *ou*·na *fyés*·ta

Tu ne veux pas venir ? ¿Por qué no vienes?
por ké no *byé*·nés

Tu es prêt(e) ? ¿Estás listo/a? **m/f**
és·*tas* *lis*·to/a

CULTURE LOCALE

Cinéma en version originale

Les films étrangers sont habituellement doublés en espagnol, mais dans les grandes villes, il n'est pas rare d'en voir en version originale sous-titrée en espagnol. Vous les repérerez aux initiales *v.o.* (*version original* ber·*syonn* ori·Rhi·*nal*) ou *v.o.s.* (*version original subtitulada* ber·*syonn* ori·Rhi·*nal* soub·ti·tou·*la*·da) dans les programmes.

Répondre à une invitation

Bien sûr !	¡Por supuesto! por sou·*pwés*·to
J'en serais ravi(e).	Me encantaría. mé én·kann·ta·*ri*·a
Où allons-nous ?	¿A dónde vamos? a *donn*·dé *ba*·mos
C'est très gentil de ta part.	Es muy amable por tu parte. és moui a·*ma*·blé por *tou par*·té
Je suis désolé(e), mais je ne peux pas.	Lo siento pero no puedo. lo *syén*·to *pé*·ro no *pwé*·do
Désolé(e), je ne sais pas chanter/danser.	Lo siento, no sé cantar/bailar. lo *syén*·to no sé kann·*tar*/bay·*lar*
Pourquoi pas demain ?	¿Qué tal mañana? ké tal ma·*nya*·na

Organiser un rendez-vous

Q **À quelle heure nous donnons-nous rendez-vous ?**	¿A qué hora quedamos? a ké *o*·ra ké·*da*·mos
R **Donnons-nous rendez-vous à (huit) heures.**	Quedamos a (las ocho). ké·*da*·mos a (las *o*·tcho)

EXPRESSIONS ORALES

¡Eh, tú!	é tou	Hé, toi !
¡Mira!	*mi*·ra	Regarde !
¡Escucha (esto)!	és·*kou*·tcha (*és*·to)	Écoute (ça) !

Q Où nous donnons-nous rendez-vous ?	¿Dónde quedamos? *donn*·dé ké·*da*·mos
R Donnons-nous rendez-vous à (l'entrée).	Quedamos en (la entrada). ké·*da*·mos én (la én·*tra*·da)
Je passe te prendre.	Paso a recogerte. *pa*·so a ré·ko·*Rhér*·té
J'arriverai plus tard.	Iré más tarde. i·*ré* mas *tar*·dé
Où seras-tu ?	¿Dónde estarás? *donn*·dé és·ta·*ras*
D'accord !	¡Hecho! *é*·tcho
On se voit là-bas.	Nos vemos. nos *bé*·mos
À plus tard/demain.	Hasta luego/mañana. *as*·ta *lwé*·go/ma·*nya*·na
J'ai hâte d'y être.	Tengo muchas ganas de ir. *ténn*·go *mou*·tchas *ga*·nas dé ir
Désolé(e) pour le retard.	Siento llegar tarde. *syén*·to lyé·*gar* *tar*·dé
Ce n'est pas grave.	No pasa nada. no *pa*·sa *na*·da

Bars et discothèques

Où peut-on aller danser (la salsa) ?	¿Dónde podemos ir a bailar (la salsa)? donn·dé po·*dé*·mos ir a bay·*lar* (la *sal*·sa)
Comment y va-t-on ?	¿Cómo se llega? *ko*·mo sé *lyé*·ga
Q Quelle sorte de musique préfères-tu ?	¿Qué tipo de música prefieres? ké *ti*·po dé *mou*·si·ka pré·*fyé*·rés
R J'adore (le reggae).	Me encanta (el reggae). mé én·*kann*·ta (él *ré*·gay)
Allez !	¡Vamos! *ba*·mos
J'adore cet endroit !	¡Este lugar me encanta! *és*·té lou·*gar* mé én·*kann*·ta

Pour plus de vocabulaire et d'expressions concernant les bars, les boissons et la fête, voir **se restaurer** (p. 175).

Drogues

Je ne prends pas de drogue.	No consumo ningún tipo de drogas. no konn·*sou*·mo ninn·*goun* *ti*·po dé *dro*·gas
Je prends... de temps en temps.	Tomo... de vez en cuando. *to*·mo... dé véS én *kwann*·do
Tu veux fumer un joint ?	¿Nos fumamos un porro? **fam** nos fou·*ma*·mos oun *po*·ro
Tu as du feu ?	¿Tienes fuego? **fam** *tyé*·nés *fwé*·go

Lonely Planet déconseille à ses lecteurs l'usage de drogues, même les plus “douces”, qui modifient le comportement. Voir également **police** (p. 154).

Vie amoureuse

PHRASES-CLÉS

Tu veux faire quelque chose (ce soir) ?	¿Quieres hacer algo (esta noche)?	*kyé*·rés a·*Sér* *al*·go (*és*·ta *no*·tché)
Je t'aime.	Te quiero.	té *kyé*·ro
Laisse-moi tranquille, s'il te plaît !	¡Déjame en paz, por favor!	*dé*·Rha·mé én paS por fa·*bor*

Rendez-vous

Ne vous étonnez pas que les invitations arrivent tard dans la journée. Les Espagnols vivent la nuit : il arrive que les gens dînent à 22h et nombre de discothèques n'ouvrent qu'à partir de minuit.

Q **Tu veux faire quelque chose (ce soir) ?**	¿Quieres hacer algo (esta noche)? *kyé*·rés a·*Sér* *al*·go (*és*·ta *no*·tché)
R **J'adorerais.**	Me encantaría. mé én·kann·ta·*ri*·a
R **Je suis pris(e).**	Estoy ocupado/a. **m/f** és·*toy* o·kou·*pa*·do/a

Séduction

Ça te dirait de prendre un verre ?	¿Te apetece una copa? té a·pé·*té*·Sé *ou*·na *ko*·pa
Tu es génial(e).	Eres estupendo/a. **m/f** é·rés és·tou·*pén*·do/a

Tu ne dois pas venir souvent ici, parce que je t'aurais déjà remarqué(e).	No debes venir mucho por aquí porque me habría fijado en ti antes. no *dé*·bés bé·*nir mou*·tcho por a·*ki por*·ké mé a·*bri*·a fi·*Rha*·do én ti *ann*·tés
Cela fait un moment que je te regarde et tu es vraiment (la plus belle fille) qu'il y ait ici.	Hace rato que te observo y eres (la chica mas guapa) aqui. *a*·Sé *ra*·to ké té ob·*sér*·bo i *é*·rés (la *tchi*·ka mas *gwa*·pa) a·*ki*

Refus

Je suis ici avec mon petit ami/ma petite amie.	Estoy aquí con mi novio/a. **m/f** és·*toy* a·*ki* konn mi *no*·byo/a
Désolé(e), mais je dois partir.	Lo siento, pero me tengo que ir. lo *syén*·to *pé*·ro mé *ténn*·go ké ir
Laisse-moi tranquille !	¡Déjame en paz! *dé*·Rha·mé én paS
Va-t'en !	¡Vete! *bé*·té
Écoute mon vieux/ma vieille, je n'ai pas envie de te parler.	Mira tío/a, es que no me interesa hablar contigo. **m/f** *mi*·ra *ti*·o/a és ké no mé inn·té·*ré*·sa ab·*lar* konn·*ti*·go

Tentative d'approche

Je peux t'embrasser ?	¿Te puedo besar? té *pwé*·do bé·*sar*
Tu veux entrer prendre un verre ?	¿Quieres entrar a tomar algo? *kyé*·rés én·*trar* a to·*mar al*·go

BON À SAVOIR

M (masculin) ou f (féminin) ?

Les mots que vous trouverez dans ce guide apparaissent d'abord à la forme masculine puis à la forme féminine. Une terminaison en *-o/a* signifie tout simplement que le masculin est en *-o* et le féminin en *-a*. Il en va de même avec les terminaisons du pluriel *-os/as*. Un (a) entre parenthèses à la fin d'un mot signifie qu'il faut ajouter le a pour mettre le mot au féminin. Dans les autres cas, le mot est écrit en entier.

Tu veux un massage ?	¿Quieres un masaje? *kyé*·rés oun ma·*sa*·Rhé
Allez, on passe au lit !	¡Vámonos a la cama! *ba*·mo·nos a la *ka*·ma

Sexe

Embrasse-moi !	¡Dame un beso! *da*·mé oun *bé*·so
J'ai envie de toi.	Te deseo. té dé·*sé*·o
J'ai envie de te faire l'amour.	Quiero hacerte el amor. *kyé*·ro a·*Sér*·té él a·*mor*
Tu as un préservatif ?	¿Tienes un condón? *tyé*·nés oun konn·*donn*
Q **Ça te plaît ?**	¿Esto te gusta? *és*·to té *gous*·ta
R **Je (n)'aime (pas) ça.**	Eso (no) me gusta. *é*·so (no) mé *gous*·ta
Je pense que nous devrions arrêter.	Pienso que deberíamos parar. *pyén*·so ké dé·bé·*ri*·a·mos pa·*rar*
Oh oui !	¡Así! a·*si*

Je suis désolé, j'ai une panne.	Lo siento, no puedo levantarla. lo *syén*·to no *pwé*·do lé·bann·*tar*·la
Ne t'inquiète pas, je m'en occupe.	No te preocupes, lo hago yo. no té pré·o·*kou*·pés lo *a*·go yo
C'était génial.	Eso fue increíble. *é*·so fwé inn·kré·*i*·blé
Je peux rester ?	¿Puedo quedarme? *pwé*·do ké·*dar*·mé

Amour

Q **Est-ce que tu m'aimes ?**	¿Me quieres? mé *kyé*·rès
R **Je t'aime.**	Te quiero. té *kyé*·ro
Je trouve qu'on est bien, tous les deux.	Creo que estamos muy bien juntos. *kré*·o ké és·*ta*·mos moui byén *Rhoun*·tos

BON À SAVOIR

Mots doux

Voici quelques mots doux que vous pourrez utiliser avec l'être aimé.

cœur	corazón **m et f**	ko·*ra*·Sonn
petit amour	amorcito/a **m/f**	a·mor·*Si*·to/a
ma vie	mi vida **m et f**	mi *bi*·da
mon amour	mi amor **m et f**	mi a·*mor*
ciel	cielo **m et f**	*Syé*·lo
trésor	tesoro **m et f**	té·*so*·ro

Religion et culture

PHRASES-CLÉS

Quelle est ta religion?	¿Cuál es tu religión?	kwal és tou ré·li·*Rhyonn*
Je suis...	Soy...	soy...
Désolé(e), c'est contre mes croyances.	Lo siento, eso va en contra de mis creencias.	lo *syén*·to *é*·so ba én *konn*·tra dé mis kré·*én*·Syas

Religion

Q Quelle est ta religion?	¿Cuál es tu religión? kwal és tou ré·li·*Rhyonn*
R Je (ne) suis (pas)...	(No) Soy... (no) soy...

agnostique	agnóstico/a **m/f**	ag·*nos*·ti·ko/a
bouddhiste	budista **m et f**	bou·*dis*·ta
catholique	católico/a **m/f**	ka·*to*·li·ko/a
chrétien(ne)	cristiano/a **m/f**	kris·*tya*·no/a
hindou(e)	hindú **m et f**	inn·*dou*
juif/juive	judío/a **m/f**	Rhou·*di*·o/a
musulman(e)	musulmán/ musulmána **m/f**	mou·soul·*mann*/ mou·soul·*ma*·na
pratiquant(e)	practicante **m et f**	prak·ti·*kann*·té

Je (ne) suis (pas) croyant.	(No) Soy religioso/a. **m/f** (no) soy ré·li·*Rhyo*·so/a

Je (ne) crois (pas) en Dieu.	(No) Creo en Dios. (no) *kré*·o én dyos
Je (ne) crois (pas) au destin.	(No) Creo en el destino. (no) *kré*·o én él dés·*ti*·no
Puis-je prier ici ?	¿Puedo rezar aquí? *pwé*·do ré·*Sar* a·*ki*

Différences culturelles

C'est une coutume locale ou nationale ?	¿Esto es una costumbre local o nacional? és·to és *ou*·na kos·*toum*·bré lo·*kal* o na·Syo·*nal*
C'est (très) amusant.	Esto es (muy) divertido. és·to és (moui) di·bér·*ti*·do
C'est intéressant.	Esto es (muy) interesante. és·to és (moui) inn·té·ré·*sann*·té
C'est différent.	Esto es (muy) diferente. és·to és (moui) di·fé·*rénn*·té
Je ne suis pas habitué(e) à ça.	No estoy acostumbrado/a a esto. m/f no és·*toy* a·kos·toum·*bra*·do/a a és·to
Désolé(e), c'est contre mes croyances.	Lo siento, eso va en contra de mis creencias. lo *syén*·to *é*·so ba én *konn*·tra dé mis kré·*én*·Syas
J'essaierai.	Lo probaré. lo pro·ba·*ré*
Désolé(e), je ne l'ai pas fait exprès.	Lo siento, lo hice sin querer. lo *syén*·to lo *i*·Sé sinn ké·*rér*

Sports

PHRASES-CLÉS

Quel sport pratiques-tu ?	¿Qué deporte practicas?	ké dé·*por*·té prak·*ti*·kas
Quelle est ton équipe favorite ?	¿Cuál es tu equipo favorito?	kwal és tou é·*ki*·po fa·bo·*ri*·to
Quel est le score ?	¿Cómo van?	*ko*·mo bann

En parler

Q **Quel sport pratiques-tu ?**	¿Qué deporte practicas? ké dé·*por*·té prak·*ti*·kas
Q **Quel sport aimes-tu ?**	¿A qué deporte eres aficionado/a? **m/f** a ké dé·*por*·té *é*·rés a·fi·Syo·*na*·do/a
R **Je fais du...**	Practico... prak·*ti*·ko...
R **J'aime le...**	Soy aficionado/a al... **m/f** soy a·fi·Syo·*na*·do/a al...

basket-ball	baloncesto **m**	ba·lonn·*Sés*·to
cyclisme	ciclismo **m**	Si·*klis*·mo
football	fútbol **m**	*fout*·bol
tennis	tenis **m**	*té*·nis
volley-ball	voleibol **m**	bo·*léi*·bol

Pour davantage de disciplines sportives sports, reportez-vous au **dictionnaire**.

Tu aimes le sport ?	¿Te gustan los deportes? té *gous*·tann los dé·*por*·tés
J'adore.	Me encantan. mé én·*kann*·tann
Pas vraiment.	En realidad, no mucho. én ré·a·li·*da* no *mou*·tcho
J'aime en regarder.	Me gusta mirar. mé *gous*·ta mi·*rar*
Quel(le) est ton sportif/ ta sportive préféré(e) ?	¿Quién es tu deportista favorito/a? **m/f** kyén és tou dé·por·*tis*·ta fa·bo·*ri*·to/a
Quelle est ton équipe favorite ?	¿Cuál es tu equipo favorito? kwal és tou é·*ki*·po fa·bo·*ri*·to

Assister à un match

Tu aimerais venir à un match de (basket-ball) ?	¿Te gustaría ir a un partido de (baloncesto)? té gous·ta·*ri*·a ir a oun par·*ti*·do dé (ba·lonn·*Sés*·to)
Tu es pour quelle équipe ?	¿Con qué equipo vas? konn ké é·*ki*·po bas
Il reste combien de temps à jouer ?	¿Cuánto tiempo queda de partido? *kwann*·to *tyém*·po *ké*·da dé par·*ti*·do
Qui joue ?	¿Quién juega? Kyén *Rhwé*·ga
Qui gagne ?	¿Quién va ganando ? Kyén ba ga·*nann*·do
C'était un match ennuyeux !	¡Ese partido fue aburrido! é·sé par·*ti*·do fwé a·bou·*ri*·do
C'était un match super !	¡Ese partido fue cojonudo! é·sé par·*ti*·do fwé ko·Rho·*nou*·do

CULTURE LOCALE

Sports locaux

Si vous entendez des bruits de balles et des cris, il y a fort à parier que vous vous trouviez à proximité d'un terrain de pelote basque (*pelota vasca* pé·*lo*·ta *ba*·sca), où jouent des *pelotari* pe·lo·*ta*·ri. Le jeu est aussi appelé *jai-alai* yay·*a*·lay en basque.

balle	pelota f	pé·*lo*·ta
avant	delantero/a m/f	dé·lann·*té*·ro/a
mur	frontón m	fronn·*tonn*

Quel est le score ?	¿Cómo van? *ko*·mo bann

Pratiquer un sport

Q **Tu veux jouer ?**	¿Quieres jugar? *kyé*·rés Rhou·*gar*
R **Oui, j'adorerais.**	Sí, me encantaría. si mé én·kann·ta·*ri*·a
R **Pas pour l'instant, merci.**	Ahora mismo no, gracias. a·*o*·ra *mis*·mo no *gra*·Syas
R **Je suis blessé.**	Tengo una lesión. *ténn*·go *ou*·na lé·*syonn*
Je peux jouer ?	¿Puedo jugar? *pwé*·do Rhou·*gar*
Quel est le meilleur endroit pour courir, par ici ?	¿Cuál es el mejor sitio para hacer footing por aquí cerca? kwal és él mé·*Rhor si*·tyo *pa*·ra a·*Sér fou*·tinn por a·*ki Sér*·ka
Où est le gymnase le plus proche ?	¿Dónde está el gimnasio más cercano? *donn*·dé és·*ta* él Rhim·*na*·syo mas Sér·*ka*·no

Faut-il être membre pour entrer ?	¿Hay que ser socio/a para entrar? **m/f** ay ké sér *so*·Syo/a *pa*·ra én·*trar*
Où est la piscine la plus proche ?	¿Dónde está la piscina más cercana? *donn*·dé és·*ta* la pis·*Si*·na mas Sér·*ka*·na
Où est le terrain de tennis le plus proche ?	¿Dónde está la pista de tenis más cercana? *donn*·dé és·*ta* la *pis*·ta dé *té*·nis mas Sér·*ka*·na
Où sont les vestiaires ?	¿Dónde están los vestuarios? *donn*·dé és·*tann* los bés·*twa*·ryos
Puis-je avoir un casier ?	¿Puedo usar una taquilla? *pwé*·do ou·*sar* *ou*·na ta·*ki*·lya
Quel est le prix par... ?	¿Cúanto cobran por...? *kwann*·to *ko*·brann por...

jour	día	*di*·a
partie	partida	par·*ti*·da
heure	hora	o·ra
visite	visita	bi·*si*·ta

Est-il possible de louer un(e)... ?	¿Es posible alquilar una...? és po·*si*·blé al·ki·*lar* *ou*·na...

ballon	pelota	pé·*lo*·ta
vélo	bicicleta	bi·Si·*klé*·ta
court/terrain	cancha	*kann*·tcha
raquette	raqueta	ra·*ké*·ta

Quel but !/Quelle passe !	¡Qué gol/pase! Ké gol/*pa*·sé

EXPRESSIONS ORALES

saque m **de esquina**	*sa*·ké dé és·*ki*·na	corner
tiro m **libre**	*ti*·ro *li*·bré	coup franc
portero m	por·*té*·ro	gardien
fuera de juego	*fwé*·ra dé *Rhwé*·go	penalty
penalty m	pé·*nal*·ti	

Point pour toi/moi.	Tu/Mi punto. tou/mi *poun*·to
Fais-moi une passe !	¡Pásamelo! *pa*·sa·mé·lo
Tu joues bien.	Juegas bien. *Rhwé*·gas byén
Merci pour la partie.	Gracias por el partido. *gra*·Syas por él par·*ti*·do

Football

Qui joue au (Real Madrid) ?	¿Quién juega en el (Real Madrid)? kyén *Rhwé*·ga én él (ré·*al* ma·*dri*)
Quelle équipe épatante !	¡Qué equipo más espantoso! ké é·*ki*·po mas és·pann·*to*·so
C'est un grand joueur.	Es un gran jugador. és oun grann Rhou·ga·*dor*
Il a été phénoménal lors du match contre (l'Italie).	Jugó fenomenal en el partido contra (Italia). Rhou·*go* fé·no·mé·*nal* én él par·*ti*·do *konn*·tra (i·*ta*·lya)
Quelle équipe est en tête de la Ligue ?	¿Qué equipo está en primera posición en la Liga? ké é·*ki*·po és·*ta* én pri·*mé*·ra po·si·*Syonn* én la *li*·ga

Activités de plein air

PHRASES-CLÉS

Faut-il un guide ?	¿Se necesita un guía?	sé né·Sé·*si*·ta oun *gui*·a
Je suis perdu(e).	Estoy perdido/a. m/f	és·*toy* pér·*di*·do/a
Quel temps fait-il ?	¿Qué tiempo hace?	ké *tyém*·po *a*·Sé

Randonnée

L'Espagne ne manque pas d'endroits pour pratiquer la marche et la randonnée. Les pistes de randonnée se divisent entre *Gran Recorrido* (*GR,* Grande Randonnée), grann ré·ko·*ri*·do et *Pequeño Recorrido* (*PR,* Petite Randonnée), pé·ké·*nyo* ré·ko·*ri*·do.

Où puis-je me renseigner sur les chemins de randonnée du coin ?	¿Dónde hay información sobre los caminos rurales de la zona? *donn*·dé ay inn·for·ma·*Syonn* *so*·bré los ka·*mi*·nos rou·*ra*·lés dé la *So*·na
Faut-il un guide ?	¿Se necesita un guía? sé né·Sé·*si*·ta oun *gui*·a
Y a-t-il des excursions guidées ?	¿Se organizan excursiones guiadas? sé or·ga·*ni*·Sann éks·kour·*syo*·nés gui·*a*·das

Où puis-je... ?	¿Dónde puedo...?	*donn*·dé *pwé*·do...
acheter des vivres	comprar víveres	komm·*prar* *bi*·bér·és
trouver quelqu'un qui connaisse la région	encontrar a alguien que conozca el área	én·konn·*trar* a *al*·guyén ké ko·*noS*·ka él *a*·ré·a
trouver une carte	obtener un mapa	ob·té·*nér* oun *ma*·pa
louer du matériel de randonnée	alquilar un equipo para ir de excursion	al·ki·*lar* oun é·*ki*·po *pa*·ra ir dé éks·kour·*syonn*
Combien de kilomètres fait la piste ?	¿Cuántos kilómetros tiene el camino?	*kwann*·tos ki·*lo*·mé·tros *tyé*·né él ka·*mi*·no
À quelle altitude monte-t-elle ?	¿A qué altura se escala?	a ké al·*tou*·ra sé és·*ka*·la
Doit-on prendre quelque chose pour dormir ?	¿Se necesita llevar algo en que dormir?	sé né·Sé·*si*·ta lyé·*bar al*·go én ké dor·*mir*
Doit-on prendre de la nourriture/l'eau ?	¿Se necesita llevar comida/agua?	sé né·Sé·*si*·ta lyé·*bar* ko·*mi*·da/ *a*·gwa
Le sentier est-il (bien) balisé ?	¿Es (bien) marcado el sendero?	és (byén) mar·*ka*·do él sén·*dé*·ro
Le sentier est-il ouvert ?	¿Es abierto el sendero?	és a·*byér*·to él sén·*dé*·ro

INDICATIONS ÉCRITES

por aquí a...	por a·*ki* a...	vers...
prohibido acampar	pro·i·*bi*·do a·kam·*par*	camping interdit
terreno de cámping	té·*ré*·no de *kam*·pin	terrain de camping

Quel est le chemin le plus facile/court ?	¿Cuál es el camino más fácil/corto? kwal és él ka·*mi*·no mas *fa*·Sil/*kor*·to
Où y a-t-il un/des... ?	¿Dónde hay...? *donn*·dé ay...

camping	un cámping	oun *kamm*·pinn
village	un pueblo	oun *pwé*·blo
douches	duchas	*dou*·tchas
toilettes	servicios	sér·*bi*·Syos

D'où viens-tu ?	¿De dónde vienes? dé *donn*·dé *byé*·nés
Combien de temps est-ce que ça t'a pris ?	¿Cuánto ha tardado? *kwann*·to a tar·*da*·do
Ce chemin va-t-il à... ?	¿Este camino va a...? és·té ka·*mi*·no ba a...
Peut-on passer par ici ?	¿Se puede pasar por aquí? sé *pwé*·dé pa·*sar* por a·*ki*
L'eau est-elle potable ?	¿Se puede beber el agua? sé *pwé*·dé bé·*bér* él *a*·gwa
Je suis perdu(e).	Estoy perdido/a. **m/f** és·*toy* pér·*di*·do/a
C'est sans risque ?	¿Es seguro? és sé·*gou*·ro

Y a-t-il un refuge, là-bas ?	¿Hay una cabaña allí? ay *ou*·na ka·ba·*nya* a·*lyi*
À quelle heure la nuit commence-t-elle à tomber ?	¿A qué hora oscurece? a ké *o*·ra os·kou·*ré*·Sé

Plage

Où est la plage la plus belle ?	¿Dónde está la mejor playa? *donn*·dé és·*ta* la mé·*Rhor pla*·ya
Où est la plage la plus proche ?	¿Dónde está la playa más cercana? *donn*·dé és·*ta* la *pla*·ya mas Sér·*ka*·na
Est-ce qu'on peut plonger/ nager ici en toute sécurité ?	¿Es seguro bucear/ nadar aquí? és sé·*gou*·ro bou·Sé·*ar*/ na·*dar* a·*ki*
À quelle heure est la marée haute/basse ?	¿A qué hora es la marea alta/ baja? a ké *o*·ra és la ma·*ré*·a *al*·ta/ *ba*·Rha
Combien coûte la location d'un parasol ?	¿Cuánto por alquilar un parasol? *kwann*·to por al·ki·*lar* oun pa·ra·*sol*
Combien coûte la location d'une chaise ?	¿Cuánto por alquila una silla? *kwann*·to por al·ki·*lar ou*·na *si*·lya

INDICATIONS ÉCRITES

¡Prohibido nadar! pro·i·*bi*·do na·*dar* Baignade interdite !

Météo

Q Quel temps fait-il ? — ¿Qué tiempo hace? *ké tyém·po a·Sé*

R Aujourd'hui, il fait... — Hoy hace... *oy a·Sé...*

froid	frío	*fri·o*
chaud	calor	*ka·lor*
du soleil	sol	sol
du gel	un frío que pela	oun *fri·o* ké *pé·la*
du vent	viento	*byén·to*

R (Aujourd'hui) Il pleut. — (Hoy) Está lloviendo. (oy) *és·ta* lyo·*byén·do*

Q Quelle est la prévision météo ? — ¿Cuál es el pronóstico del tiempo? kwal es él pro·*nos*·ti·ko dél *tiem*·po

R (Demain) Il pleuvra. — (Mañana) Lloverá. (ma·*nya*·na) lyo·bé·*ra*

Où puis-je acheter un imperméable ? — ¿Dónde puedo comprar un impermeable? *donn*·dé *pwé*·do komm·*prar* oun imm·pér·mé·*a*·blé

Où puis-je acheter de la crème solaire ? — ¿Dónde puedo comprar crema solar? *donn*·dé *pwé*·do komm·*prar* *kré*·ma so·*lar*

Où puis-je acheter un parapluie ? — ¿Dónde puedo comprar un paraguas? *donn*·dé *pwé*·do komm·*prar* oun pa·*ra*·gwas

grêle	granizo **m** gra·*ni*·So
orage	tormenta **f** tor·*mén*·ta
soleil	sol **m** sol

Flore et faune

Quel(le) est cet(te)... ?	¿Qué... es ése/ésa? **m/f** ké... és *é*·sé/*é*·sa

animal	animal **m**	a·ni·*mal*
oiseau	pajaro **m**	pa·*Rha*·ro
fleur	flor **f**	flor
plante	planta **f**	*plann*·ta
arbre	árbol **m**	*ar*·bol

Peut-on en manger le fruit ?	¿Se puede comer la fruta? sé *pwé*·dé ko·*mér* la *frou*·ta
C'est une espèce en danger ?	¿Está en peligro de extinción? és·*ta* én pé·*li*·gro dé éks·tinn·*Syonn*
C'est commun ?	¿Es común? es ko·*moun*

Pour plus de termes relatifs à la géographie, l'agriculture, les animaux et les plantes, voir le **dictionnaire**.

Sécurité

URGENCES 152
POLICE 154
SANTÉ 156

Urgences

PHRASES-CLÉS

Au secours !	¡Socorro!	so·*ko*·ro
Il y a eu un accident.	Ha habido un accidente.	a a·*bi*·do oun ak·Si·*dén*·té
C'est une urgence.	Es una emergencia.	és *ou*·na é·mér·*Rhén*·Sya

Au secours !	¡Socorro! so·*ko*·ro
Arrêtez-vous !	¡Pare! *pa*·ré
Partez !	¡Váyase! *ba*·ya·sé
Laissez-moi tranquille !	¡Déjame en paz! *dé*·Rha·mé en paS
Au voleur !	¡Ladrón! lad·*ronn*
Au feu !	¡Fuego! *fwé*·go
Attention !	¡Cuidado! kwi·*da*·do
C'est une urgence.	Es una emergencia. és *ou*·na é·mér·*Rhén*·Sya
Il y a eu un accident.	Ha habido un accidente. a a·*bi*·do oun ak·Si·*dén*·té

EXPRESSIONS ORALES

¡Es peligroso! és pé·li·*gro*·so C'est dangereux !

Avez-vous une trousse de premiers soins ?	¿Tiene un botiquín de primeros auxilios? *tyé*·né oun bo·ti·*kin* dé pri·*mé*·ros owk·*si*·lyos
Appelez la police !	¡Llame a la policía! *lya*·mé a la po·li·*Si*·a
Appelez un docteur !	¡Llame a un médico! *lya*·mé a oun *mé*·di·ko
Appelez une ambulance !	¡Llame a una ambulancia! *lya*·mé a *ou*·na amm·bou·*lann*·Sya
Je suis malade.	Estoy enfermo/a. m/f és·*toy* én·*fér*·mo/a
Mon ami(e) est malade.	Mi amigo/a está enfermo/a. m/f mi a·*mi*·go/a és·*ta* én·*fér*·mo/a
Vous pouvez m'aider, s'il vous plaît ?	¿Me puede ayudar, por favor? mé *pwé*·dé a·you·*dar* por fa·*bor*
Il faut que je téléphone.	Necesito usar el teléfono. né·Sé·*si*·to ou·*sar* él té·*lé*·fo·no
Je suis perdu(e).	Estoy perdido/a. m/f és·*toy* pér·*di*·do/a
Où sont les toilettes ?	¿Dónde están los servicios? *donn*·dé és·*tann* los sér·*bi*·Syos

Police

PHRASES-CLÉS

Où est le commissariat ?	¿Dónde está la comisaría?	*donn*·dé és·*ta* la ko·mi·sa·*ri*·a
Je veux entrer en contact avec mon ambassade/consulat.	Quiero ponerme en contacto con mi embajada/consulado.	*kyé*·ro po·*nér*·mé én konn·*tak*·to konn mi ém·ba·*Rha*·da/konn·sou·*la*·do
On m'a volé mon sac.	Mi bolso fue robado.	mi·*bol*·so fwé ro·*ba*·do

En cas d'urgence, la police devrait pouvoir vous mettre en contact avec le service d'urgence le plus adapté. Pour des détails sur les appels téléphoniques, voir **poste et communications** (p. 82).

Où est le commissariat ?	¿Dónde está la comisaría? *donn*·dé és·*ta* la ko·mi·sa·*ri*·a
Je voudrais dénoncer un délit.	Quiero denunciar un delito. *kyé*·ro dé·noun·*Syar* oun dé·*li*·to
J'ai été victime d'un vol.	Me han robado. mé ann ro·*ba*·do
J'ai été violé(e).	He sido violado/a. **m/f** é *si*·do bi·o·*la*·do/a
C'était lui/elle.	Fue él/ella. **m/f** fwé el/*é*·lya
On m'a volé mon (argent).	Mi (dinero) fue robado. mi (di·*né*·ro) fwé ro·*ba*·do
On m'a volé mon (sac).	Mi (bolso) fue robado. mi (*bol*·so) fwé ro·*ba*·do

On m'a volé mes (valises).	Mis (maletas) fueron robadas. mis (ma·*lé*·tas) fwé·*ronn* ro·*ba*·das
J'ai perdu (mon passeport).	He perdido (mi pasaporte). é pér·*di*·do (mi pa·sa·*por*·té)
Je ne savais pas que je faisais quelque chose de mal.	No sabía que estaba haciendo algo mal. no sa·*bi*·a ké és·*ta*·ba a·*Syén*·do *al*·go mal
Je suis innocent.	Soy inocente. soy i·no·*Sén*·té
De quoi m'accuse-t-on ?	¿De qué me acusan? dé ké mé a·*kou*·sann
Je veux entrer en contact avec mon ambassade/consulat.	Quiero ponerme en contacto con mi embajada/consulado. *kyé*·ro po·*nér*·mé én konn·*tak*·to konn mi ém·ba·*Rha*·da/konn·sou·*la*·do
Puis-je appeler un avocat ?	¿Puedo llamar a un abogado? *pwé*·do lya·*mar* a oun a·bo·*ga*·do
J'ai besoin d'un avocat qui parle français/anglais.	Necesito un abogado que hable francés/inglés. né·Sé·*si*·to oun a·bo·*ga*·do ké a·blé frann·*Sés*/inn·*glés*
Puis-je avoir une copie, s'il vous plaît ?	¿Puede darme una copia, por favor? *pwé*·dé *dar*·mé *ou*·na *ko*·pya por fa·*bor*
Cette drogue est pour mon usage personnel.	Esta droga es para uso personal. *és*·ta *dro*·ga és *pa*·ra *ou*·so pér·so·*nal*
J'ai une ordonnance pour cette drogue.	Tengo receta para esta droga. *ténn*·go ré·*Sé*·ta *pa*·ra *és*·ta *dro*·ga

Santé

PHRASES-CLÉS

Où se trouve l'hôpital le plus proche ?	¿Dónde está el hospital más cercano?	*donn*·dé és·*ta* él os·pi·*tal* mas Sér·*ka*·no
Je suis malade.	Estoy enfermo/a. **m/f**	és·*toy* én·*fér*·mo/a
J'ai besoin d'un docteur.	Necesito un doctor.	né·Sé·*si*·to oun dok·*tor*
Je suis un traitement pour...	Estoy bajo medicación para...	és·*toy* *ba*·Rho mé·di·ka·*Syonn* *pa*·ra...
Je suis allergique...	Soy alérgico/a... **m/f**	soy a·*lér*·Rhi·ko/a...

Consulter

Où se trouve... le/la plus proche ? ¿Dónde está... más cercano/a? **m/f** *donn*·dé és·*ta*... mas Sér·*ka*·no/a

la pharmacie	la farmacia **f**	la far·*ma*·Sya
le dentiste	el dentista **m**	él dén·*tis*·ta
le médecin	el médico **m**	él *mé*·di·ko
l'hôpital	el hospital **m**	él os·pi·*tal*
le centre médical	el consultorio **m**	él konn·soul·*to*·ryo
l'occuliste	el oculista **m**	él o·kou·*lis*·ta

CULTURE LOCALE

Politesse

Quand quelqu'un éternue, il est poli de dire *¡Salud!* sa·*lou* (santé) ou *¡Jesús!* Rhé·*sous* (Jésus !).

J'ai besoin d'un docteur (qui parle français).	Necesito un doctor (que hable francés). né·Sé·*si*·to oun dok·*tor* (ké *a*·blé frann·*Sés*)
Pourrais-je voir une femme médecin ?	¿Puede examinarme una doctora? *pwé*·dé ék·sa·mi·*nar*·mé *ou*·na dok·*to*·ra
Je n'ai plus de médicaments.	Se me terminaron los medicamentos. sé mé tér·mi·*na*·ronn los mé·di·ka·*mén*·tos
C'est mon traitement habituel.	Éste es mi medicamento habitual. *és*·té és mi mé·di·ka·*mén*·to a·bi·tou·*al*
Je ne veux pas recevoir de transfusion sanguine.	No quiero que me hagan una transfusión de sangre. no *kyé*·ro ké mé *a*·gann *ou*·na tranns·fou·*syonn* dé *sann*·gré
Utilisez une seringue neuve, s'il vous plaît.	Por favor, use una jeringa nueva. por fa·*bor* *ou*·sé *ou*·na Rhé·*rinn*·ga *nwé*·ba
J'ai besoin de nouvelles lentilles de contact.	Necesito lentes de contacto nuevas. né·Sé·*si*·to *lénn*·tés dé konn·*tak*·to *nwé*·bas
J'ai besoin de nouvelles lunettes.	Necesito gafas nuevas. né·Sé·*si*·to *ga*·fas *nwé*·bas

Je suis vacciné(e) contre...	Estoy vacunado/a contra... m/f és·*toy* ba·kou·*na*·do/a *konn*·tra...
Il/Elle est vacciné(e) contre...	Está vacunado/a contra... m/f és·*ta* ba·kou·*na*·do/a *konn*·tra...

l'hépatite A/B/C	la hepatitis A/B/C	la é·pa·*ti*·tis a/bé/Sé
le tétanos	el tétano	él *té*·ta·no
le typhus	la tifus	la *ti*·fous

Pour les problèmes spécifiques aux femmes, voir **santé au féminin** (p. 160).

Symptômes et condition physique

Je suis malade.	Estoy enfermo/a. m/f és·*toy* én·*fér*·mo/a
J'ai...	Tengo... *ténn*·go...
J'ai récemment eu...	Hace poco he tenido... *a*·Sé *po*·ko é té·*ni*·do...
J'ai des antécédents de...	Hay antecedentes de... ay ann·té·Sé·*dén*·tés dé...
Je suis un traitement pour...	Estoy bajo medicación para... és·*toy* *ba*·Rho mé·di·ka·*Syonn* *pa*·ra...
J'ai mal ici.	Me duele aquí. mé *dwé*·lé a·*ki*
Je suis blessé(e).	He sido herido/a. m/f é *si*·do é·*ri*·do/a
J'ai vomi.	He estado vomitando. é és·*ta*·do bo·mi·*tann*·do
Je suis déshydraté(e).	Estoy deshidratado/a. m/f és·*toy* dé·sid·ra·*ta*·do/a

EXPRESSIONS ORALES

¿Qué le pasa?	ké lé *pa*·sa Qu'est-ce qui vous arrive ?
¿Dónde le duele?	*donn*·dé lé *dwé*·lé Où avez-vous mal ?
¿Tiene fiebre?	*tyé*·né *fyé*·bré Vous avez de la fièvre ?
¿Desde cuándo se siente así?	*dés*·dé *kwann*·do sé *syén*·té a·*si* Depuis quand ressentez-vous cela ?
¿Ha tenido esto antes?	a té·*ni*·do *és*·to *ann*·tés Ça vous est déjà arrivé avant ?

Je n'arrive pas à dormir.	No puedo dormir. no *pwé*·do dor·*mir*
J'ai une éruption cutanée.	Tengo una erupción cutánea. *ténn*·go *ou*·na é·roup·*Syonn* kou·*ta*·né·a
J'ai une infection.	Tengo una infección. *ténn*·go *ou*·na inn·fék·*Syonn*
Je me sens…	Me siento… mé *syén*·to…

déprimé(e)	deprimido/a **m/f**	dé·pri·*mi*·do
faible	débil **m et f**	*dé*·bil
fiévreux/fiévreuse	destemplado/a **m/f**	dés·tém·*pla*·do
mieux	mejor **m et f**	mé·*Rhor*
moins bien	peor **m et f**	pé·*or*
nauséeux/nauséeuse	mareado/a **m/f**	ma·ré·*a*·do

asthme	asma **m** *as*·ma
diarrhée	diarrea **f** di·a·*ré*·a
entorse	torcedura **f** tor·Sé·*dou*·ra
fièvre	fiebre **f** *fyé*·bré
infection	infección **f** inn·fék·*Syonn*

Pour d'autres symptômes, voir le **dictionnaire**.

Santé au féminin

Je crois que je suis enceinte.	Creo que estoy embarazada. *kré*·o ké és·*toy* ém·ba·ra·*Sa*·da
Je n'ai pas eu de règles depuis... semaines.	Hace... semanas que no me viene la regla. *a*·Sé... sé·*ma*·nas ké no mé *byé*·né la *ré*·gla
J'ai besoin d'un test de grossesse.	Necesito una prueba de embarazo. né·Sé·*si*·to *ou*·na *prwé*·ba dé ém·ba·*ra*·So
Je prends la pilule.	Tomo la píldora. *to*·mo la *pil*·do·ra
J'ai remarqué que j'ai une boule ici.	He notado que tengo un bulto aquí. é no·*ta*·do ké *ténn*·go oun *boul*·to a·*ki*
Je souffre de douleurs menstruelles.	Tengo dolor menstrual. *ténn*·go do·*lor* méns·trou·*al*
un contraceptif	anticonceptivo ann·ti·konn·Sép·*ti*·bo
la pilule du lendemain	píldora del día siguiente *pil*·do·ra dél *di*·a si·*guyén*·té

EXPRESSIONS ORALES

¿Usted bebe?	ous·*té* *bé*·bé Est-ce que vous buvez ?
¿Usted fuma?	ous·*té* *fou*·ma Est-ce que vous fumez ?
¿Usted toma drogas?	ous·*té* *to*·ma *dro*·gas Est-ce que vous prenez de la drogue ?
¿Tiene Usted alergias?	*tyé*·né ous·*té* a·*ler*·Rhyas Avez-vous des allergies ?
¿Se encuentra bajo medicación?	sé en·*kwénn*·tra *ba*·Rho mé·di·ka·*Syonn* Suivez-vous un traitement ?

Allergies

Je suis allergique...	Soy alérgico/a... **m/f** soy a·*lér*·Rhi·ko/a...
Il/Elle est allergique...	Es alérgico/a... **m/f** és a·*lér*·Rhi·ko/a...

aux antibiotiques	a los antibióticos	a los ann·ti·*byo*·ti·kos
aux anti-inflammatoires	a los anti-inflamatorios	a los ann·ti·inn·fla·ma·*to*·ryos
à l'aspirine	a la aspirina	a la as·pi·*ri*·na
aux abeilles	a las abejas	a las a·*bé*·Rhas
à la codeïne	a la codeina	a la ko·dé·*i*·na
aux noix	a las nueces	a las *nwé*·Sés
aux cacahuètes	a los cacahuetes	a los ka·ka·*wé*·tés
à la pénicilline	a la penicilina	a la pé·ni·Si·*li*·na
au pollen	al polen	al *po*·lén

J'ai une allergie de la peau.	Tengo una alergia en la piel. *ténn*·go *ou*·na a·*lér*·Rhya én la pyél
Je suis un régime spécial.	Estoy a régimen especial. és·*toy* a *ré*·Rhi·mén és·pé·*Syal*
inhalateur	inhalador **m** inn·a·la·*dor*
injection	inyección **f** inn·yék·*Syonn*
antihistaminiques	antihistamínicos **m pl** ann·*tis*·ta·*mi*·ni·kos
médicaments à base de soufre	drogas con base de azufre **f pl** *dro*·gas konn *ba*·sé dé a·*Sou*·fré

Pour les allergies alimentaires, voir **végétariens/régimes spéciaux** (p. 185).

Les parties du corps

J'ai mal à/au/aux...	Me duele(n)... mé *dwé*·lé(n)...
Je ne peux plus bouger...	No puedo mover... no *pwé*·do mo·*bér*...
J'ai une crampe à/au/aux...	Tengo calambres en... *ténn*·go ka·*lamm*·brés én...
J'ai le/la... gonflé(e).	Mi... está hinchado/a. mi... és·*ta* inn·*tcha*·do/a

Pour d'autres parties du corps, voir le **dictionnaire**.

Ordonnance

Je voudrais quelque chose pour...	Necesito algo para... né·Sé·*si*·to *al*·go *pa*·ra...
Ai-je besoin d'une ordonnance pour... ?	¿Necesito receta para...? né·Sé·*si*·to ré·*Sé*·ta *pa*·ra...
J'ai une ordonnance.	Tengo receta médica. *ténn*·go ré·*Sé*·ta *mé*·di·ka
Combien de fois par jour ?	¿Cuántas veces al día? *kwann*·tas *bé*·Sés al *di*·a

Pour les produits pharmaceutiques, voir le **dictionnaire**.

EXPRESSIONS ORALES

¿Ha tomado esto antes?	a to·*ma*·do *és*·to *ann*·tés Vous en avez déjà pris avant ?
Dos veces al día (con la comida).	dos *bé*·Sés al *di*·a (konn la ko·*mi*·da) Deux fois par jour (pendant les repas).

EXPRESSIONS ORALES

Abra.	*a*·bra	Ouvrez grand.
No se mueva.	no sé *mwé*·ba	Ne bougez pas.
¡Enjuague!	én·*Rhwa*·gé	Rincez !

Dentiste

J'ai une dent cassée.	Se me ha roto un diente. sé mé a *ro*·to oun *dyén*·té
J'ai mal à une molaire.	Me duele una muela. mé *dwé*·lé *ou*·na *mwé*·la
J'ai perdu un plombage.	Se me ha caído un empaste. sé mé a ka·*i*·do oun ém·*pas*·té
Mon appareil dentaire s'est cassé/est tombé.	Se me rompió/cayó el aparato dental. se mé rom·*pio*/ka·*io* él a·pa·*ra*·to dén·*tal*
J'ai mal aux gencives.	Me duelen las encías. mé *dwé*·lén las én·*Si*·as
Je ne veux pas qu'on me l'arrache.	No quiero que me lo saquen. no *kyé*·ro ké mé lo *sa*·kén
J'ai besoin d'une anesthésie.	Necesito una anestesia. né·Sé·*si*·to *ou*·né a·nés·*té*·sya
J'ai besoin d'un plombage.	Necesito un empaste. né·Sé·*si*·to *oun* ém·*pas*·té

À table

SE RESTAURER	166
CUISINER	180
VÉGÉTARIENS ET RÉGIMES SPÉCIAUX	185

Se restaurer

PHRASES-CLÉS

Pouvez-vous me recommander un restaurant ?	¿Puede recomendar un restaurante?	*pwé*·dé ré·ko·mén·*dar* oun rés·taou·*rann*·té
Je voudrais une table pour (cinq), s'il vous plaît.	Quisiera una mesa para (cinco), por favor.	ki·*syé*·ra *ou*·na *mé*·sa *pa*·ra (*Sinn*·ko) por fa·*bor*
Je voudrais la carte, s'il vous plaît.	Quisiera el menú, por favor.	ki·*syé*·ra él mé·*nou* por fa·*bor*
Je voudrais...	Quisiera...	ki·*syé*·ra...
Pouvez-vous nous apporter l'addition, s'il vous plait ?	Por favor nos trae la cuenta.	por fa·*bor* nos *tra*·é la *kwénn*·ta

Vocabulaire de base

Le repas principal en Espagne est le déjeuner, qui a généralement lieu entre 13h30 et 16h30.

petit-déjeuner	desayuno **m** dé·sa·*you*·no
déjeuner	comida **f** ko·*mi*·da
dîner	cena **f** *Sé*·na
en-cas	tentempié **m** ténn·tém·*pyé*

manger	comer ko·*mér*
boire	beber bé·*bér*
S'il vous plaît.	Por favor. por fa·*bor*
Merci.	Gracias. *gra*·Syas
Je voudrais...	Quisiera... ki·*syé*·ra...
Je meurs de faim !	¡Estoy hambriento/a! **m/f** és·*toy* amm·*bryén*·to/a
Bon appétit !	¡Buen provecho! bwén pro·*bé*·cho

Où se restaurer

Pouvez-vous me recommander un/une... ?	¿Puede recomendar un/una...? **m/f** *pwé*·dé ré·ko·mén·*dar* oun/*ou*·na...

bar	bar **m**	bar
café	café **m**	ka·*fé*
cafétéria	cafetería **f**	ka·fé·té·*ri*·a
restaurant	restaurante **m**	rés·taou·*rann*·té

Vous servez encore à manger ?	¿Siguen sirviendo comida? *si*·guén sir·*byén*·do ko·*mi*·da
Combien de temps faut-il attendre ?	¿Cuánto hay que esperar? *kwann*·to ay ké és·pé·*rar*
Où faut-il aller pour manger pas cher ?	¿Adónde se va para comer barato? a·*donn*·dé sé ba *pa*·ra ko·*mér* ba·*ra*·to

EXPRESSIONS ORALES

Lo siento, hemos cerrado. lo *syén*·to *é*·mos Sé·*ra*·do
Désolé, nous sommes fermés.

No tenemos mesa. no té·*né*·mos *mé*·sa
Nous n'avons pas de table.

Un momento. oun mo·*mén*·to
Un instant.

Où faut-il aller pour manger des spécialités locales ?	¿Adónde se va para comer comida típica? *a*·*donn*·dé sé ba *pa*·ra ko·*mér* ko·*mi*·da *ti*·pi·ka
Je voudrais réserver une table pour (deux) personnes.	Quisiera reservar una mesa para (dos) personas. ki·*syé*·ra ré·sér·*bar ou*·na *mé*·sa *pa*·ra (dos) pér·*so*·nas
Je voudrais réserver une table pour (huit) heures.	Quisiera reservar una mesa para las (ocho). ki·*syé*·ra ré·sér·*bar ou*·na *mé*·sa *pa*·ra las (*o*·tcho)

Au restaurant

Je voudrais l'espace non-fumeurs, s'il vous plaît.	Quisiera el área de (no) fumadores, por favor. ki·*syé*·ra él *a*·ré·a dé (no) fou·ma·*do*·rés por fa·*bor*
Je voudrais une table pour (cinq), s'il vous plaît.	Quisiera una mesa para (cinco), por favor. ki·*syé*·ra *ou*·na *mé*·sa *pa*·ra (*Sinn*·ko) por fa·*bor*

Pour cinq, s'il vous plaît.	Para cinco, por favor.	*pa*·ra *Sinn*·ko por fa·*bor*

Au restaurant

Puis-je voir le menu, s'il vous plaît ?

¿Puedo ver el menú, por favor?

pwé·do bér él me·*nou* por fa·*bor*

Que me recommanderiez-vous pour... ?

¿Qué me recomendaría para...?

ké mé ré·ko·mén·da·*ri*·a *pa*·ra...

le plat principal
el plato principal
él *pla*·to prin·Si·*pal*

le dessert
postre
pos·tré

les boissons
bebidas
bé·*bi*·das

Pouvez-vous m'apporter..., s'il vous plaît ?

Por favor me trae...

por fa·*bor* me *tra*·é...

Je voudrais l'addition, s'il vous plaît.

Quisiera la cuenta, por favor.

ki·*syé*·ra la *kwénn*·ta por fa·*bor*

Je voudrais la carte des boissons, s'il vous plaît.	Quisiera la lista de bebidas, por favor. ki·*syé*·ra la *lis*·ta dé bé·*bi*·das por fa·*bor*
Je voudrais le menu, s'il vous plaît.	Quisiera el menú, por favor. ki·*syé*·ra él mé·*nou* por fa·*bor*
Le menu, s'il vous plaît.	El menú, por favor. él mé·*nou* por fa·*bor*
Avez-vous des menus pour enfants ?	¿Tienen comidas para niños? *tyé*·nén ko·*mi*·das *pa*·ra *ni*·nyos
Avez-vous un menu en français ?	¿Tienen un menú en francés? *tyé*·nén oun mé·*nou* én frann·*Sés*
C'est en self-service ?	¿Es de autoservicio? és dé aou·to·sér·*bi*·Syo
Le service est-il inclus ?	¿La cuenta incluye servicio? la *kwénn*·ta inn·*klou*·yé sér·*bi*·Syo
Que recommandez-vous ?	¿Qué recomienda? ké ré·ko·*myénn*·da
Je vais prendre la même chose qu'eux.	Tomaré lo mismo que ellos. to·ma·*ré* lo *mis*·mo ké é·lyos

EXPRESSIONS ORALES

¿Le gusta...?	lé *gous*·ta... Vous aimez... ?
Recomiendo...	ré·ko·*myén*·do... Je vous conseille...
¿Cómo lo quiere preparado?	*ko*·mo lo *kyé*·ré pré·pa·*ra*·do Quelle cuisson ?

C'est long à préparer ?	¿Tarda mucho en prepararse?	*tar*·da *mou*·tcho én pré·pa·*rar*·sé
Qu'y a-t-il dans ce plat ?	¿Que lleva ese plato?	ké *lyé*·ba *é*·sé *pla*·to
C'est gratuit ?	¿Es gratis?	és *gra*·tis
Je voudrais un plat typique.	Quisiera un plato típico.	ki·*syé*·ra oun *pla*·to *ti*·pi·ko
C'est juste pour prendre un verre.	Sólo queremos tomar algo.	*so*·lo ké·*ré*·mos to·*mar* *al*·go

Juste pour un verre.	Sólo bebidas.	*so*·lo bé·*bi*·das

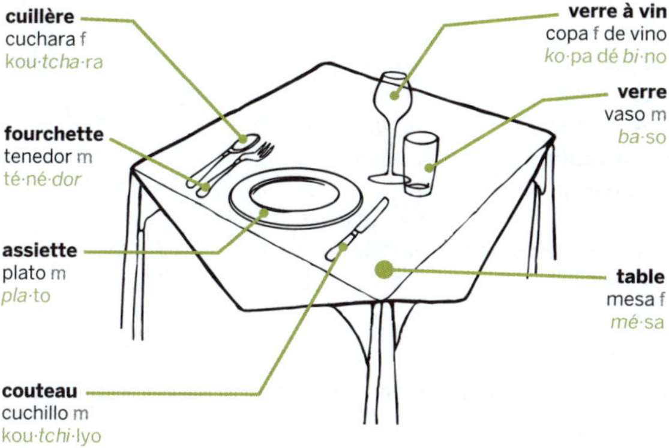

Demandes

Un verre, s'il vous plaît.	Por favor nos trae un vaso. por fa·*bor* nos *tra*·é oun *ba*·so
Une serviette, s'il vous plaît.	Por favor nos trae una servilleta. por fa·*bor* nos *tra*·é *ou*·na sér·bi·*lyé*·ta
Un verre à vin, s'il vous plaît.	Por favor nos trae una copa de vino. por fa·*bor* nos *tra*·é *ou*·na *ko*·pa dé *bi*·no
Je le voudrais...	Lo quisiera... lo ki·*syé*·ra...
Je ne le veux pas...	No lo quiero... no lo *kyé*·ro...

frit	frito	*fri*·to
à point	no muy hecho	no moui *é*·tcho
saignant	vuelta y vuelta	*bwél*·ta i *bwél*·ta
réchauffé	recalentado	ré·ka·lén·*ta*·do
à la vapeur	al vapor	al ba·*por*
bien cuit	muy hecho	moui *é*·tcho
avec l'assaisonnement à part	con el aliño aparte	konn él a·li·*nyo* a·*par*·té
sans...	sin...	sinn...

Pour d'autres demandes spécifiques, voir **végétariens et régimes spéciaux** (p. 185).

INDICATIONS ÉCRITES

aperitivos	a·pé·ri·*ti*·bos	apéritifs
caldos	*kal*·dos	soupes
cervezas	Sér·*bé*·Sas	bières
de entrada	dé én·*tra*·da	entrées
digestivos	di·Rhés·*ti*·bos	digestifs
ensaladas	én·sa·*la*·das	salades
licores	li·*ko*·rés	alcools
postres	*pos*·trés	desserts
refrescos	ré·*frés*·kos	boissons fraîches
segundos platos	sé·*goun*·dos *pla*·tos	plats principaux
vinos blancos	*bi*·nos *blann*·kos	vins blancs
vinos dulces	*bi*·nos *doul*·Sés	vins doux
vinos espumosos	*bi*·nos és·pou·*mo*·sos	vins pétillants
vinos tintos	*bi*·nos *tinn*·tos	vins rouges

Compliments et réclamations

J'adore ce plat.	Me encanta este plato. mé én·*kann*·ta és·té *pla*·to
Je n'ai pas commandé ceci.	Yo no he pedido esto. yo no é pé·*di*·do *és*·to
Mes compliments au chef.	Mi enhorabuena al cocinero. mi én·o·ra·*bwé*·na al ko·Si·*né*·ro
Je suis rassasié(e).	Estoy lleno/a. **m/f** és·*toy lyé*·no/a
C'est brûlé.	Esto está quemado. *és*·to és·*ta* ké·*ma*·do
C'est (trop) froid.	Esto está (muy) frío. *és*·to és·*ta* (moui) *fri*·o

C'est délicieux.	Esto está exquisito. *és*·to és·*ta* éks·ki·*si*·to
Nous adorons la cuisine locale.	Nos encanta la comida típica de la zona. nos én·*kann*·ta la ko·*mi*·da *ti*·pi·ka dé la *So*·na

Régler l'addition

Pouvez-vous nous apporter l'addition, s'il vous plaît ?	Por favor nos trae la cuenta. por fa·*bor* nos *tra*·é la *kwénn*·ta

L'addition, s'il vous plaît.	La cuenta, por favor.	la *kwénn*·ta por fa·*bor*

Il y a une erreur sur l'addition.	Hay un error en la cuenta. ay oun é·*ror* én la *kwénn*·ta

Pour les méthodes de paiement, voir **argent** (p. 89).

Boissons non alcoolisées

Je ne bois pas d'alcool.	No bebo alcohol. no *bé*·bo al·ko·*hol*
(tasse de) café	(taza de) café **m** (*ta*·Sa) dé ka·*fé*
(tasse de) thé	(taza de) té **m** (*ta*·Sa) dé té
avec du lait	con leche konn *lé*·tché
sans sucre	sin azúcar sinn a·*Sou*·kar
rafraîchissements	refrescos **m pl** ré·*frés*·kos
eau (bouillie)	agua (hervida) *a*·gwa (ér·*bi*·da)

eau minérale	agua mineral *a*·gwa mi·né·*ral*
eau pétillante	agua con gas *a*·gwa konn gas

Boissons alcoolisées

bière…	cerveza f… Sér·*bé*·Sa…

à la pression	de barril	dé ba·*ril*
brune	negra	*né*·gra
blonde	rubia	*rou*·bi·a
sans alcool	sin alcohol	*sinn* al·ko·*hol*

petite bouteille (33 cl)	botellín m bo·tél·*yinn*
bouteille d'un litre	litrona f li·*tro*·na
bouteille moyenne (33 cl)	mediana f mé·di·*a*·na
un(e) demi/pinte de bière	una caña/pinta de cerveza *ou*·na *ka*·nya/*pinn*·ta dé Sér·*bé*·Sa
une chope de bière	una jarra de cerveza *ou*·na *Rha*·ra dé Sér·*bé*·Sa
cognac	coñac m ko·*nyak*
champagne	champán m tchamm·*pann*
cocktail	combinado m komm·bi·*na*·do

sangria	sangría **f** sann·*gri*·a
un petit gin	un chupito de ginebra oun tchou·*pi*·to dé Rhi·*né*·bra
rhum	ron **m** ronn
tequila	tequila **m** té·*ki*·la
vodka	vodka **m** *bod*·ka
whisky	güisqui **m** *gwis*·ki
un(e) bouteille/verre de vin...	una botella/copa de vino... *ou*·na bo·*té*·lya/*ko*·pa dé *bi*·no...

blanc	blanco	*blann*·ko
doux	dulce	*doul*·Sé
pétillant	espumoso	és·pou·*mo*·so
rosé	rosado	ro·*sa*·do
rouge	tinto	*tinn*·to

Au bar

Excusez-moi !	¡Oiga! *oy*·ga
C'est mon tour.	Ahora voy yo. a·*o*·ra boy yo
Q **Qu'est-ce que tu veux boire ?**	¿Qué quieres tomar? ké *kyé*·rés to·*mar*
R **Je prendrai...**	Para mí... *pa*·ra mi...
La même chose.	Otra de lo mismo. *o*·tra dé lo *mis*·mo

CULTURE LOCALE

Tapas

Emblèmes gastronomiques de l'Espagne, les tapas sont de délicieux en-cas servies quasiment toute la journée dans les bars et certains clubs. Parfois gratuites à certaines adresses, elles perpétuent une tradition villageoise qui existait au début du siècle dernier dans toute l'Andalousie, ainsi qu'en Estrémadure, en Castille-La Manche, en Murcie et dans les quartiers ouvriers de Madrid et Barcelone.

Certains établissements en changent régulièrement. Si vous entendez...

banderilla f/ **moruno** m/ **pinchito** m	ban·dé·*ri*·lya/ mo·*rou*·no/ pin·*chi*·to	petite tapa servie sur du pain ou sur un cure-dent
ración f	ra·*Syon*	grande tapa
montadito m	mon·ta·*di*·to	tartine
pan tumaca m	pan tou·*ma*·ka	tapa de pain grillé frotté avec de la tomate et de l'ail et accompagné d'huile
queso m **en aceite**	*ké*·so én a·*Séy*·té	fromage marinant dans l'huile d'olive, servi comme tapa

Pas de glace, merci.	Sin hielo, gracias. sinn *yé*·lo *gra*·Syas
Je t'offre un verre.	Te invito a una copa. té inn·*bi*·to a *ou*·na *ko*·pa
C'est ma tournée.	Es mi ronda. és mi *ronn*·da
C'est toi qui paies la prochaine.	La próxima la pagas tú. la *prok*·si·ma la *pa*·gas tou
Combien ça coûte ?	¿Cuánto es eso? *kwann*·to és *é*·so

EXPRESSIONS ORALES

¿Dónde le gustaría sentarse?	*donn*·dé lé gus·ta·*ri*·a sén·*tar*·sé	Où souhaitez-vous vous asseoir ?
¿En qué le puedo servir?	én ké lé *pwé*·do sér·*bir*	Puis-je vous aider ?
¡Aquí tiene!	a·*ki tyé*·ne	Tenez !

Vous servez à manger, ici ?	¿Sirven comidas aquí? *sir*·bén ko·*mi*·das a·*ki*

Boire un verre

Santé !	¡Salud! sa·*lou*
Désolé(e), mais je n'en ai pas envie.	Lo siento, pero no me apetece. lo *syén*·to *pé*·ro no mé a·pé·*té*·Sé
Je suis pompette.	Me lo estoy pasando muy bien. mé lo és·*toy* pa·*sann*·do moui byén
Je suis fatigué(e), je ferais mieux de rentrer.	Estoy cansado/a, mejor me voy a casa. **m/f** és·*toy* kann·*sa*·do/a mé·*Rhor* mé boy a *ka*·sa
Où sont les toilettes ?	¿Dónde está el lavabo? *donn*·dé *és*·*ta* él la·*ba*·bo
J'ai la tête qui tourne.	Esto me está subiendo mucho. *és*·to mé és·*ta* sou·*byén*·do *mou*·tcho
Je me sens super bien !	¡Me siento fenomenal! mé *syén*·to fé·no·mé·*nal*

CULTURE LOCALE

Un demi, s'il vous plaît !

Beaucoup de bars espagnols attirent les jeunes fêtards avec d'énormes gobelets en plastique, baptisés *minis* *mi*·nis, remplis d'une bière aqueuse au possible puisque coupée avec de l'eau. Le goût est plus que moyen, mais ce n'est pas cher.

Je crois que j'ai trop bu.	Creo que he tomado demasiado. *kré*·o ké é to·*ma*·do dé·ma·*sya*·do
Tu peux m'appeler un taxi ?	¿Me puedes pedir un taxi? mé *pwé*·dés pé·*dir* oun *tak*·si
Je crois que tu ne devrais pas conduire.	No creo que deberías conducir. no *kré*·o ké dé·bé·*ri*·as konn·dou·*Sir*
Je suis saoul(e).	Estoy borracho/a. **m/f** és·*toy* bo·*ra*·tcho/a
Je me sens mal.	Me siento mal. mé *syén*·to mal

Cuisiner

PHRASES-CLÉS

Quelle est la spécialité locale ?	¿Cuál es la especialidad de la zona?	kwal és la és·pé·Sya·li·*da* dé la *So*·na
Où se trouve le rayon... ?	¿Dónde está la sección de...?	*donn*·dé és·*ta* la sék·*Syonn* dé...
Donnez-moi...	Póngame...	*ponn*·ga·mé...

Faire les courses

Où se trouve le rayon... ?
¿Dónde está la sección de...?
donn·dé és·*ta* la sék·*Syonn* dé...

fruits et légumes	frutas y verduras	*frou*·tas i bér·*dou*·ras
produits laitiers	productos lácteos	pro·*douk*·tos *lak*·té·os
surgelés	productos congelados	pro·*douk*·tos konn·Rhé·*la*·dos
viande	carne	*kar*·né
volaille	aves	*a*·bés

Qu'est-ce que c'est ?
¿Qué es eso?
ké és *é*·so

Je peux le/la goûter ?
¿Puedo probarlo/a? **m/f**
pwé·do pro·*bar*·lo/a

EXPRESSIONS ORALES

¿En qué le puedo servir?	én ké lé *pwé*·do sér·*bir* Puis-je vous aider ?
¿Qué querías?	ké ké·*ri*·as Que désirez-vous ?
No tengo.	no *ténn*·go Je n'en ai pas.
No queda más.	no *ké*·da mas Il n'y en a plus.

Quelle est la spécialité locale ?	¿Cuál es la especialidad de la zona? kwal és la és·pé·Sya·li·*da* dé la *So*·na
Combien ? (quantité)	¿Cuánto? *kwann*·to
Combien ? (nombre)	¿Cuántos? *kwann*·tos
Combien coûte (un kilo de fromage) ?	¿Cuánto vale (un kilo de queso)? *kwann*·to ba·lé (oun *ki*·lo dé *ké*·so)
Vous avez quelque chose de moins cher ?	¿Tiene algo más barato? *tyé*·né *al*·go mas ba·*ra*·to
Vous avez d'autres sortes ?	¿Tiene otros tipos? *tyé*·né *o*·tros *ti*·pos
Vendez-vous des produits locaux ?	¿Se venden comestibles de la zona? sé *vén*·dén ko·mes·*ti*·blés dé la *So*·na

Vendez-vous des produits bio ?	¿Se venden productos agrícolas biológicos? sé *vénn*·dén pro·*douk*·tos a·*gri*·ko·las bi·o·*lo*·Rhi·kos
Donnez-moi...	Póngame... *ponn*·ga·mé...

(3) morceaux	(tres) piezas	(trés) *pyé*·Sas
(6) tranches	(seis) lonchas	(séys) *lonn*·tchas
(2) kilos	(dos) kilos	(dos) *ki*·los
(200) grammes	(doscientos) gramos	(dos·*Syén*·tos) *gra*·mos

une demi-douzaine	una media docena *ou*·na *mé*·dya do·*Sé*·na
un demi-kilo	un medio kilo oun *mé*·dyo *ki*·lo
un kilo	un kilo oun *ki*·lo
une bouteille (de...)	una botella (de...) *ou*·na bo·*té*·lya (dé...)
une carafe	una jarra *ou*·na *Rha*·ra
un paquet	un paquete oun pa·*ké*·té
(juste) un peu	(sólo) un poquito (*so*·lo) oun po·*ki*·to
beaucoup	muchos/as **m/f** *mou*·tchos/as
plus	más mas
quelques	algunos/as **m/f** al·*guou*·nos/as

EXPRESSIONS ORALES

Eso es (un manchego).	*é*·so *és* (oun mann·*tché*·go) C'est (un manchego).
Eso es (cinco euros).	*é*·so *és* (*Sinn*·ko *é*·*ou*·ros) Ça fait (cinq euros).
¿Algo más?	*al*·go mas Autre chose ?

moins	menos *mé*·nos
un peu plus	un poco más oun *po*·ko mas
celui-là	ése *é*·sé
ça	esto *és*·to
Ça suffit !	¡Basta! *ba*·sta

Pour les aliments, voir le **lexique culinaire** (p. 188) et le **dictionnaire**.

Aux fourneaux

cuit(e)	cocido/a **m/f** ko·*Si*·do/a
sec/sèche	seco/a **m/f** *sé*·ko/a
frais/fraîche	fresco/a **m/f** *frés*·ko/a
surgelé(e)	congelado/a **m/f** konn·Rhé·*la*·do/a
cru(e)	crudo/a **m/f** *krou*·do/a

Peux-tu me prêter un(e)... ?	¿Me puede prestar...? mé *pwé*·dé prés·*tar*...
Où y a-t-il un(e)... ?	¿Dónde hay...? *donn*·dé ay...

assiette	plato **m**	*pla*·to
bol	bol m	bol
casserole	cazo **m**	*ka*·So
couteau	cuchillo **m**	kou·*tchi*·lyo
cuillère	cuchara **f**	kou·*tcha*·ra
décapsuleur	abrebotellas **m**	a·bré·bo·*té*·lyas
four	horno m	*or*·no
fourchette	tenedor **m**	ténn·né·*dor*
frigo	nevera **m**	né·*bé*·ra
grille-pain	tostadora **f**	tos·ta·*do*·ra
ouvre-boîte	abrelatas **m**	a·bré·*la*·tas
planche à découper	tabla **f** para cortar	*tab*·la *pa*·ra kor·*tar*
poêle	sartén **f**	sar·*tén*
tasse	taza **f**	*ta*·Sa
tire-bouchon	sacacorchos **m**	sa·ka·*kor*·tchos
verre	vaso **m**	*ba*·so

Pour en savoir plus sur le vocabulaire culinaire, voir le **dictionnaire**.

Végétariens et régimes spéciaux

PHRASES-CLÉS

Vous avez de la cuisine végétarienne ?	¿Tienen comida vegetariana?	*tyé*·nén ko·*mi*·da bé·Rhé·ta·*rya*·na
Pouvez-vous me préparer un repas sans... ?	¿Me puede preparar una comida sin...?	mé *pwé*·dé pré·pa·*rar ou*·na ko·*mi*·da sinn...
Je suis allergique...	Soy alérgico/a... m/f	soy a·*lér*·Rhi·ko/a...

Régimes spéciaux et allergies

Je suis végétarien(ne).	Soy vegetariano/a. m/f soy bé·Rhé·ta·*rya*·no/a
Je suis un régime spécial.	Estoy a régimen especial. és·*toy* a *ré*·Rhi·mén és·pé·*Syal*
Je suis allergique...	Soy alérgico/a... m/f soy a·*lér*·Rhi·ko/a...

aux produits laitiers	a los productos lácteos	a los pro·*douk*·tos *lak*·té·os
au miel	al miel	al myél
au glutamate de sodium	al glutamato monosódico	al glou·ta·*ma*·to mo·no·*so*·di·ko
aux noix	a las nueces	a las *nwé*·Sés
aux fruits de mer	a los mariscos	a los ma·*ris*·kos
aux crustacés	a los crustáceos	a los krous·*ta*·Syos

Commander

Y a-t-il un restaurant (végétarien) par ici ?	¿Hay un restaurante (vegetariano) por aquí? ay oun rés·taou·*rann*·té (bé·Rhé·ta·*rya*·no) por a·*ki*
Vous avez de la cuisine végétarienne ?	¿Tienen comida vegetariana? *tyé*·nén ko·*mi*·da bé·Rhé·ta·*rya*·na
Vous avez de la cuisine végétalienne ?	¿Tienen comida vegetariana estricta? *tyé*·nén ko·*mi*·da bé·Rhé·ta·*rya*·na és·*trik*·ta
Vous avez de la cuisine kasher ?	¿Tienen comida kosher? *tyé*·nén ko·*mi*·da *ko*·chér
Vous avez de la cuisine halal ?	¿Tienen comida halal? *tyé*·nén ko·*mi*·da a·*lal*
Je ne mange pas de viande rouge.	No como carne roja. no *ko*·mo *kar*·né *ro*·Rha
C'est cuisiné avec du beurre ?	¿Esta cocinado con mantequilla? *és*·ta ko·Si·*na*·do konn mann·té·*ki*·lya
Pouvez-vous me préparer un repas sans... ?	¿Me puede preparar una comida sin...? mé *pwé*·dé pré·pa·*rar* *ou*·na ko·*mi*·da sinn...

bouillon de viande/ poisson	caldo de carne/ pescado	*kal*·do dé *kar*·né/ pés·*ka*·do
œufs	huevos	*wé*·bos
poisson	pescado	pés·*ka*·do
porc	cerdo	*Sér*·do
volaille	aves	*a*·bés

EXPRESSIONS ORALES

¿Puede comer...? *pwé*·dé ko·*mér*...
Pouvez-vous manger... ?

Le preguntaré al cocinero. lé pré·goun·ta·*ré* al ko·Si·*né*·ro
Je vais demander au cuisinier.

Todo lleva (carne). *to*·do *lyé*·ba (*kar*·né)
Il y a (de la viande) dans tous les plats.

C'est... ? ¿Esto es...?
és·to és...

bio	orgánico	or·*ga*·ni·ko
fermier	de corral	dé *ko*·ral
faible en graisse	bajo en grasas	*ba*·Rho én *gra*·sas
faible en sucre	bajo en azúcar	*ba*·Rho én a·*Sou*·kar
sans produit animal	sin productos de animales	sinn pro·*douk*·tos dé a·ni·*ma*·lés
sans gluten	sin gluten	sinn *glou*·tén
sans sel	sin sal	sinn sal
transgénique	transgénico	tranns·*Rhé*·ni·ko

Lexique
CULINAIRE
léxico culinario

Ce miniguide de la cuisine espagnole répertorie les plats et ingrédients dans l'ordre alphabétique espagnol (voir **alphabet**, p. 13). Le genre des noms espagnols est indiqué par ⓕ ou ⓜ. Lorsque le nom est pluriel, cela est signalé par le signe pl.

~ A ~

acebuche ⓜ a·Sé·*bou*·tché olive sauvage
acedía ⓕ a·Sé·*di*·a carrelet/flet
aceite ⓜ a·*Séy*·té huile
— de girasol dé Rhi·ra·*sol* de tournesol
— de oliva dé o·*li*·ba d'olive
— de oliva virgen extra dé o·*li*·ba *bir*·Rhén *éks*·tra d'olive extra vierge
aceituna ⓕ a·Séy·*tou*·na olive
— negra *né*·gra noire
— verde *bér*·dé verte
ácido/a ⓜ/ⓕ *a*·Si·do/a acide
adobo ⓜ a·*do*·bo marinade
agrios ⓜ pl *a*·gryos agrumes
aguacate ⓜ a·gwa·*ka*·té avocat
aguaturma ⓕ a·gwa·*tour*·ma topinambour
ajiaco ⓜ a·*Rhya*·ko pommes de terre épicées
ajoaceite ⓜ a·Rho·a·*Séy*·té sauce à l'ail et à l'huile • mayonnaise à l'ail
ajoharina ⓜ a·Rho·a·*ri*·na pommes de terre à la sauce à l'ail
ajoarriero (al) a·Rho·a·*ryé*·ro (al) à l'"ail de l'ânier" (avec une sauce aux oignons, à l'ail et au piment)
ala ⓕ *a*·la aile (volaille)
alajú ⓜ a·la·*Rhou* gâteau au miel et aux amandes
albaricoque ⓜ al·ba·ri·*ko*·ké abricot
— seco *sé*·ko sec
albóndigas ⓕ pl al·*bonn*·di·gas boulettes
— de pescado dé pés·*ka*·do de poisson
alcachofas ⓕ pl al·ka·*tcho*·fas artichauts
— guisadas a la española gi·*sa*·das a la és·pa·*nyo*·la au vin
— rellenas ré·*lyé*·nas farcis
alcaparra ⓕ al·ka·*pa*·ra câpre
alioli ⓜ a·li·o·li aïoli
almejas ⓕ pl al·*mé*·Rhas palourdes
— a la marinera a la ma·ri·*né*·ra marinière
— al horno al *or*·no au four
almendrado ⓜ al·mén·*dra*·do gâteau ou biscuit aux amandes • glace nappée de chocolat
almendras ⓕ pl al·*mén*·dras amandes
alubia ⓕ a·*lou*·bya haricot blanc
anacardo ⓜ a·na·*kar*·do noix de cajou
anchoas ⓕ pl ann·*tcho*·as anchois
angelote ⓜ ann·Rhé·*lo*·té lotte

anguila ⓕ ann·*gi*·la anguille
angulas ⓕ pl ann·*gou*·las alevins d'anguilles (ressemblant à des vermicelles)
— en all i pebre én al i *pé*·bré à l'ail et au poivre
apio ⓜ *a*·pyo céleri
arándano ⓜ a·*rann*·da·no myrtille
arenque ⓜ a·*rénn*·ké hareng
— ahumado a·ou·*ma*·do fumé
arroz ⓜ a·*roS* riz
— a la Alcireña a la al·Si·*ré*·nya plat de riz au four
— abanda (de València) a·*bann*·da (dé ba·*lén*·Sya) paella de poisson
— con leche konn *lé*·tché au lait
— con pollo konn *po*·lyo au poulet
— integral inn·té·*gral* complet
— marinera ma·ri·*né*·ra avec des fruits de mer
— salvaje sal·*ba*·Rhé sauvage
asadillo ⓜ a·sa·*di*·lyo fritade de poivrons rouges
asados ⓜ pl a·*sa*·dos viandes rôties
atún ⓜ a·*toun* thon
— al horno al *or*·no au four
avellana ⓕ a·bé·*lya*·na noisette
aves ⓕ pl *a*·bés volaille
azúcar ⓜ a·*Sou*·kar sucre

~ B ~

bacalao ⓜ ba·ka·*laou* morue
— a la vizcaína a la biS·ka·*i*·na aux piments et aux poivrons
— del convento dél konn·*bén*·to avec pommes de terre et épinards, dans un bouillon
barbo ⓜ *bar*·bo barbeau
barra ⓕ *ba*·ra baguette (de pain)
batata ⓕ ba·*ta*·ta patate douce
beicon ⓜ *béy*·konn bacon ou lardons
berberechos ⓜ pl bér·bé·*ré*·tchos coques
— en vinagre én bi·*na*·gré au vinaigre
berenjenas ⓕ pl bé·rénn·*Rhé*·nas aubergines
— a la mallorquina a la ma·lyor·*ki*·na avec de l'aïoli
— con setas konn *sé*·tas aux champignons
berza ⓕ *bér*·Sa chou
— a la andaluza a la ann·da·*lou*·Sa ragoût de chou et de viande
besugo ⓜ bé·*sou*·go daurade
— a la Donostiarra a la do·nos·*tya*·ra daurade grillée à l'ail et au paprika
— estilo San Sebastián és·*ti*·lo sann sé·bas·*tyann* daurade grillée à l'ail et au paprika
bienmesabe ⓜ byén·mé·*sa*·bé gâteau spongieux aux œufs et aux amandes
bisbe ⓜ *bis*·bé boudin noir ou blanc
bistec ⓜ bis·*ték* bifteck
— con patatas konn pa·*ta*·tas avec des frites
bizcocha ⓕ **manchega** biS·*ko*·tcha mann·*tché*·ga gâteau arrosé de lait, sucre, vanille et cannelle
bizcocho ⓜ biS·*ko*·tcho gâteau spongieux
— de almendra dé al·*mén*·dra aux amandes
— de avellana dé a·bé·*lya*·na aux noisettes
bizcochos ⓜ pl **borrachos** biS·*ko*·tchos bo·*ra*·tchos gâteaux trempés dans de l'alcool (litt : gâteaux ivres)
bocadillo ⓜ bo·ka·*di*·lyo sandwich
bocas ⓕ pl **de la isla** *bo*·kas dé la *is*·la grosses pinces de crabe
bogavante ⓜ bo·ga·*bann*·té homard
bollo ⓜ *bo*·lyo petit pain
bonito ⓜ bo·*ni*·to thon blanc
boquerón ⓜ bo·ké·*ronn* anchois
boquerones ⓜ pl bo·ké·*ro*·nés anchois au vinaigre
— fritos *fri*·tos frits
brama ⓕ *bra*·ma brème

C

bróculi ⓜ *bro*·ko·li brocoli
budín ⓜ **de atún** bou·*dinn* dé a·*toun* gâteau de thon
bull ⓜ **de atún** boul dé a·*toun* lapin à l'ail, au thon et aux pommes de terre
buñuelitos ⓜ pl bou·nywé·*li*·tos petits beignets au fromage ou au jambon
— de San José dé sann Rho·*sé* crêpes au citron et à la vanille
buñuelo ⓜ bou·*nywé*·lo beignet
burrida ⓕ **de ratjada** bou·*ri*·da dé rat·*Rha*·da soupe de poisson aux amandes
butifarra ⓕ **(blanca)** bou·ti·*fa*·ra (*blann*·ka) sorte de saucisson de porc
— con setas konn *sé*·tas aux champignons

~ C ~

caballa ⓕ ka·*ba*·lya maquereau
cabra ⓕ *ka*·bra chèvre
cabracho ⓜ ka·*bra*·tcho rascasse
cacahuete ⓜ ka·ka·*wé*·té cacahuète
cachelos ⓜ pl ka·*tché*·los pommes de terre au chorizo et à la viande de porc
cádiz ⓜ *ka*·diS fromage de chèvre frais
calabacín ⓜ ka·la·ba·*Sinn* courgette
calabaza ⓕ ka·la·*ba*·Sa citrouille
calamares ⓜ pl ka·la·*ma*·rés calmars (appréciés frits ou farcis)
— fritos a la romana *fri*·tos a la ro·*ma*·na beignets de calmars frits
— rellenos ré·*lyé*·nos farcis
calçots ⓜ pl kal·*sots* pousses de légumes, semblables à des oignons, grillées au barbecue puis consommées avec une sauce romesco
caldeirada ⓕ kal·déy·*ra*·da morue salée et pommes de terre à la sauce au paprika • soupe de poisson
caldereta ⓕ kal·dé·*ré*·ta ragoût
— asturiana as·tou·*rya*·na de poisson
— de cordero dé kor·*dé*·ro d'agneau
caldillo ⓜ **de perro** kal·*di*·lyo dé *pé*·ro ragoût à base d'oignons, de poisson frais et de jus d'orange (litt : soupe de chien)
caldo ⓜ *kal*·do bouillon • soupe claire
— al estilo del Mar Menor al és·*ti*·lo dél mar mé·*nor* ragoût de poisson du Mar Menor
— gallego ga·*lyé*·go potage à base de haricots, de jambon et de saucisse
callos ⓜ pl *ka*·lyos tripes
camarones fritos ⓜ pl ka·ma·*ro*·nés *fri*·tos crevettes frites
canagroc ⓜ ka·na·*grok* champignon
cañaillas ⓕ pl **de la Isla** ka·*nyay*·lyas dé la *is*·la limaces de mer bouillies
canelones ⓜ pl ka·na·*lo*·nés carrés de pâte servant à la fabrication des cannellonis
— con espinaca konn és·pi·*na*·ka cannellonis aux épinards, aux anchois et à la béchamel
— con pescado konn pés·*ka*·do cannellonis à la morue, aux œufs et aux champignons
canapés ⓜ pl **de fiambres** ka·na·*pés* dé fi·*amm*·brés canapés
cangrejo ⓜ kann·*gré*·Rho crabe
cantalupo ⓜ kann·ta·*lou*·po cantaloup
canutillos ⓜ pl ka·nou·*ti*·lyos biscuits à la crème
capones ⓜ pl **de Villalba** ka·*po*·nés dé bi·*lyal*·ba chapons marinés (plat de Noël)
caracoles ⓜ ka·ra·*ko*·lés escargots
caramelos ⓜ pl ka·ra·*mé*·los caramels
cardos ⓜ pl **fritos** *kar*·dos *fri*·tos cardons frits
carne ⓕ *kar*·né viande
— de membrillo dé mém·*bri*·lyo pâte de coing
— molida mo·*li*·da viande hachée
cassolada ⓕ ka·so·*la*·da potée de pommes de terre et de légumes au lard et aux travers de porc

castaña ⓕ *kas·ta·nya* châtaigne
caviar ⓜ *ka·byar* caviar
caza ⓕ *ka·Sa* gibier
cazón ⓜ *ka·Sonn* roussette ou requin au goût de coquille Saint-Jacques mais un peu plus doux
cazuelitas ⓕ pl **de langostinos San Rafael** *ka·Swé·li·tas dé lann·gos·ti·nos sann ra·fa·él* riz aux fruits de mer
cebolla ⓕ *Sé·bo·lya* oignon
cecina ⓕ *Sé·Si·na* viande séchée et salée
cerdo ⓜ *Sér·do* porc
cereales ⓜ pl *Sé·ré·a·lés* céréales
cereza ⓕ *Sé·ré·Sa* cerise
— silvestre *sil·bés·tré* merise
ciervo ⓜ *Syér·bo* cerf
cigala ⓕ *Si·ga·la* langoustine
ciruela ⓕ *Si·rwé·la* prune
— pasa *pa·sa* pruneau
civet ⓜ **de liebre** *si·bét dé lyé·bré* civet de lièvre
clara ⓕ *cla·ra* blanc d'œuf
cochifrito ⓜ **de cordero** *ko·tchi·fri·to dé kor·dé·ro* agneau poêlé à l'ail et au citron
cochinillo ⓜ *ko·tchi·ni·lyo* cochon de lait
— asado *a·sa·do* rôti
— de pelotas *dé pé·lo·tas* boulettes de viande
coco ⓜ *ko·ko* noix de coco
codornices ⓕ pl **a la plancha** *ko·dor·ni·Sés a la plann·tcha* cailles grillées
codorniz ⓕ *ko·dor·niS* caille
— con pimientos *konn pi·myén·tos* poivrons farcis aux cailles
col ⓕ *kol* chou
— lombarda *lomm·bar·da* chou rouge
coles ⓕ pl **de Bruselas** *ko·lés dé brou·sé·las* choux de Bruxelles
coliflor ⓕ *ko·li·flor* chou-fleur
conejo ⓜ *ko·né·Rho* lapin
— de monte *dé monn·té* de garenne
coquina ⓕ *ko·ki·na* gros clam
corazón ⓜ *ko·ra·Sonn* cœur
cordero ⓜ *kor·dé·ro* agneau
— al chilindrón *al tchi·linn·dronn* agneau à la sauce au poivron et à la tomate
— con almendras *konn al·mén·dras* aux amandes
costillas ⓕ pl *kos·ti·lyas* côtes
crema ⓕ *kré·ma* crème
— catalana *ka·ta·la·na* crème catalane (dessert)
— de espinacas *dé és·pi·na·kas* crème d'épinards (soupe)
— de naranja *dé na·rann·Rha* crème d'orange (dessert)
— de San José *dé sann Rho·sé* crème aux œufs parfumée à la cannelle
— de verduras *dé bér·dou·ras* soupe de légumes
crocante ⓜ *kro·kann·té* glace aux éclats de noisettes et de chocolat

~ CH ~

chalote ⓜ *tcha·lo·té* échalote
champiñones ⓜ pl *tchamm·pi·nyo·nés* champignons de Paris
chanquetes ⓜ pl *tchann·ké·tés* alevins d'anchois en friture
chilindrón (al) *tchi·linn·dronn (al)* à la sauce aux poivrons rouges et à la tomate
chipirón ⓜ *tchi·pi·ronn* petit calmar – très prisé au Pays basque
chocolate ⓜ *tcho·ko·la·té* chocolat
— caliente *ka·li·én·té* chocolat chaud (épais)
chocos ⓜ pl *tcho·kos* calmars
chorizo ⓜ *tcho·ri·So* chorizo
— de Pamplona *dé pamm·plo·na* chorizo dur servi en tranches très fines
— de Salamanca *dé sa·la·mann·ka* gros chorizo de consistance plus grasse et plus moelleuse

chuletas Ⓕ pl tchou·*lé*·tas côtes • côtelettes
— al sarmiento al sar·*myén*·to cuites sur des sarments
— de buey dé bwéy de bœuf
— de cerdo a la aragonesa dé *Sér*·do a la a·ra·go·*né*·sa de porc au vin blanc et aux oignons
churros Ⓜ *tchou*·ros beignets très populaires, vendus dans la rue et dans les cafés

~ D ~

de soja dé *so*·Rha de soja
despojos Ⓜ pl dés·*po*·Rhos abats
dorada Ⓕ **a la sal** do·*ra*·da a la sal daurade au sel
dulce Ⓜ *doul*·Sé doux, sucré
— de batata dé ba·*ta*·ta pâte de patates douces de Málaga
dulces Ⓜ pl *doul*·Sés sucreries
— de las monjas *doul*·Sés dé las *monn*·Rhas friandises fabriquées par des religieuses et vendues dans les couvents ou les pâtisseries

~ E ~

embutidos Ⓜ pl ém·bou·*ti*·dos charcuterie
empanada Ⓕ ém·pa·*na*·da tourte
— de carne dé *kar*·né à la viande
— de espinaca dé és·pi·*na*·ka aux épinards
empanadilla Ⓕ ém·pa·na·*di*·lya petit chausson, salé ou sucré
empanado/a Ⓜ/Ⓕ ém·pa·*na*·do/a pané(e)
emparedado Ⓜ ém·pa·ré·*da*·do sandwich
— de jamón y espárragos dé Rha·*monn* i és·*pa*·ra·gos au jambon cru et aux asperges
empiñonado Ⓜ ém·pi·nyo·*na*·do petite pâtisserie à la pâte d'amandes et aux pignons de pin
en salsa verde én *sal*·sa *bér*·dé à la sauce à l'ail et au persil
encurtidos Ⓜ pl én·kour·*ti*·dos conserves
ensaimada Ⓕ **mallorquina** én·say·*ma*·da ma·lyor·*ki*·na pâtisserie au saindoux en colimaçon
ensalada Ⓕ én·sa·*la*·da salade
— de frutas dé *frou*·tas de fruits
— de patatas dé pa·*ta*·tas de pommes de terre
— del tiempo dél *tyém*·po de saison
— mixta *miks*·ta mélangée
escaldadillas Ⓕ pl és·kal·da·*di*·lyas pâte imbibée de jus d'orange puis frite
escalivada Ⓕ és·ka·li·*ba*·da poivrons rouges frits à l'huile d'olive
escalopes Ⓜ pl **de ternera rellenos** és·ka·*lo*·pés dé tér·*né*·ra ré·*lyé*·nos escalopes de veau farcies à l'œuf et au fromage
espaguetis Ⓜ pl és·pa·*gé*·tis spaghettis
espárragos Ⓜ pl és·*pa*·ra·gos asperges
— con dos salsas konn dos *sal*·sas à la sauce au paprika et à la tomate
— en vinagreta én bi·na·*gré*·ta en vinaigrette
espinacas Ⓕ pl és·pi·*na*·kas épinards
— a la catalana a la ka·ta·*la*·na aux pignons de pin et aux raisins
esqueixada Ⓕ és·ki·*cha*·da morue aux olives, à la tomate et aux oignons
etxeko kopa é·*tché*·ko *ko*·pa dessert à base de glace

~ F ~

fabada Ⓕ **asturiana** fa·*ba*·da as·tou·*rya*·na potée à base de porc, de boudin noir et de haricots blancs
faisán Ⓜ fay·*sann* faisan
faves Ⓕ pl **a la catalana** *fa*·bés a la ka·ta·*la*·na fèves au lard et au boudin noir

fiambres ⓜ pl fi·*amm*·brés charcuterie
— surtidos sour·*ti*·dos assortiment de charcuteries
fideos ⓜ pl fi·*dé*·os vermicelles
fideua ⓕ fi·*dé*·wa riz ou pâtes au poisson et aux crustacés
fideus ⓜ pl **a la cassola** fi·*dé*·ous a la ka·so·la plat catalan à base de pâtes
filete ⓜ fi·*lé*·té bifteck • filet
— a la parrilla a la pa·*ri*·lya grillé
— de ternera dé tér·*né*·ra de veau
filloas ⓕ pl fi·*lyo*·as galettes galiciennes à la crème
flan ⓜ flann flan
flaó ⓕ fla·*o* flan au fromage sucré
flor manchega ⓕ flor mann·*tché*·ga gaufrettes sucrées frites
frambuesa ⓕ framm·*bwé*·sa framboise
frangellos ⓜ pl frann·*Rhé*·lyos sucrerie à base de maïs, de lait et de miel
fresa ⓕ *fré*·sa fraise
fricandó ⓜ **de langostinos** fri·kann·*do* dé lann·gos·*ti*·nos langoustines à la sauce aux amandes
frite ⓜ *fri*·té ragoût d'agneau, servi les jours de fête
fritos ⓜ pl *fri*·tos beignets
— con miel konn myél beignets au miel
fritura ⓕ fri·*tou*·ra friture
fruta ⓕ *frou*·ta fruit
frutas ⓕ pl **en almibar** *frou*·tas én al·*mi*·bar fruits au sirop
frutos ⓜ pl **secos** *frou*·tos sé·kos fruits secs
fuet ⓕ fou·*ét* saucisson de porc fin

~ G ~

gachas ⓕ pl **manchegas** *ga*·tchas mann·*tché*·gas bouillie parfumée
galleta ⓕ ga·*lyé*·ta biscuit
gambas ⓕ pl *gamm*·bas crevettes • gambas
— a la plancha a la *plann*·tcha grillées
— en gabardina én ga·bar·*di*·na beignets de crevette
Gamonedo ⓜ ga·mo·*né*·do fromage fort
garbanzos ⓜ pl gar·*bann*·Sos pois chiches
— con cebolla konn Sé·*bo*·lya aux oignons
— tostados tos·*ta*·dos grillés (vendus en en-cas)
garbure ⓕ gar·*bou*·ré soupe de légumes • plat au porc
garúm ⓜ ga·*roum* sauce aux olives et aux anchois
Gata-Hurdes ga·ta·*our*·dés fromage
gazpacho ⓜ gaS·*pa*·tcho soupe froide de tomates
— andaluz ann·da·*louz* gaspacho aux légumes divers
— pastoril pas·to·*ril* potée de lapin à la tomate et à l'ail
gazpachos ⓜ pl **manchegos** gaS·*pa*·tchos mann·*tché*·gos ragoût de gibier et de légumes
Gaztazarra ⓜ gaS·ta·*Sa*·ra fromage
gitano ⓜ Rhi·*ta*·no potée andalouse aux tripes et aux poix chiches
gofio ⓜ *go*·fyo maïs ou orge grillé
granadilla ⓕ gra·na·*di*·lya fruit de la passion
grano ⓜ *gra*·no céréale
— largo *lar*·go long grain (riz)
gratinado ⓜ **de berenjenas** gra·ti·*na*·do dé bé·rénn·*Rhé*·nas gratin d'aubergines
Grazalema ⓕ gra·Sa·*lé*·ma fromage de brebis demi-sec
guindilla ⓕ guinn·*di*·lya piment doux
guisado ⓜ gui·*sa*·do ragoût
— de cordero dé kor·*dé*·ro ragoût d'agneau
— de ternera dé tér·*né*·ra ragoût de veau
guisante ⓜ gui·*sann*·té petits pois

— **seco** *sé*·ko pois cassés
— **mollar** mo·*lyar* haricots mange-tout
guisantes ⓜ pl **con jamón a la española** gui·*sann*·tés konn Rha·*monn* a la és·pa·*nyo*·la plat à base de petits pois et de jambon
guisat ⓜ **de marisco** gui·*sat* dé ma·*ris*·ko ragoût de fruits de mer
guiso ⓜ **de conejo estilo canario** *gui*·so dé ko·*né*·Rho és·*ti*·lo ka·*na*·ryo ragoût de lapin
guiso ⓜ **de rabo de toro** *gui*·so dé *ra*·bo dé *to*·ro potée de queue de bœuf aux pommes de terre

~ H ~

habas ⓕ pl *a*·bas fèves
— **a la granadina** a la gra·na·*di*·na aux œufs et au jambon
— **fritas** *fri*·tas frites (vendues en en-cas)
habichuela ⓕ a·bi·*tchwé*·la haricot
hamburguesa ⓕ amm·bour·*gé*·sa hamburger
harina ⓕ a·*ri*·na farine
— **integral** inn·té·*gral* farine complète
helado ⓜ é·*la*·do glace
hígado ⓜ *i*·ga·do foie
higo ⓜ *i*·go figue
— **seco** *sé*·ko figue sèche
hogaza ⓕ o·*ga*·Sa pain compact à croûte épaisse
hoja ⓕ **de parra** o·Rha dé *pa*·ra feuille de vigne
hojaldres ⓜ pl o·*Rhal*·drés petites pâtisseries feuilletées
hojas ⓕ pl **verdes** o·Rhas *bér*·dés légumes verts
hornazo ⓜ or·*na*·So pain à la saucisse
hortalizas ⓕ pl or·ta·*li*·Sas légumes
huevo ⓜ *wé*·bo œuf
— **cocido** ko·*Si*·do œuf dur
— **de chocolate** dé tcho·ko·*la*·té œuf en chocolat
— **frito** *fri*·to œuf frit
huevos ⓜ pl *wé*·bos œufs
— **a la flamenca** a la fla·*mén*·ka légumes au four, avec œuf et jambon
— **al estilo Sóller** al és·*ti*·lo so·*lyér* œufs frits servis avec une sauce au lait et aux légumes
— **en salsa agria** én *sal*·sa *a*·grya œufs durs à la sauce au vin et au vinaigre
— **escalfados** és·kal·*fa*·dos œufs pochés
— **revueltos** ré·*bwél*·tos œufs brouillés

~ J ~

jabalí ⓜ Rha·ba·*li* sanglier
— **con salsa de castaños** konn *sal*·sa dé kas·*ta*·nyos sanglier aux châtaignes
jamón ⓜ Rha·*monn* jambon
— **cocido** ko·*Si*·do jambon blanc
— **ibérico** i·*bér*·ik·o jambon issu du cochon ibérique, réputé le meilleur d'Espagne
— **serrano** sé·*ra*·no jambon cru
jengibre ⓜ Rhén·*gi*·bré gingembre
jerez (al) Rhé·*réS* (al) au xérès
judía ⓕ Rhou·*di*·a haricot
judias ⓕ pl **del tío Lucas** Rhou·*di*·as dél *ti*·o *lou*·kas ragoût de haricots à l'ail et au lard
judias ⓕ pl **verdes a la castellana** Rhou·*di*·as *bér*·dés a la kas·té·*lya*·na haricots verts, poivrons frits et ail
judiones ⓜ pl **de la granja** Rhou·di·o·nés dé la *grann*·Rha ragoût de porc et de haricots verts

~ K ~

kiskilla kis·*ki*·lya crevette (s'écrit aussi quisquilla)

~ L ~

langosta ⓕ lann·*gos*·ta langouste
— **a la ibicenca** a la i·bi·*Sén*·ka langouste aux calmars

langostinos ⓜ pl lann·gos·*ti*·nos langoustines
— a la plancha a la *plann*·tcha grillées
lavanco ⓜ la·*bann*·ko canard sauvage
lechuga ⓕ lé·*tchou*·ga laitue
legumbres ⓕ pl lé·*goum*·brés légumes
— secas *sé*·kas légumes secs
leguminosas ⓕ pl lé·gou·mi·*no*·sas légumineuses
lengua ⓕ *lén*·gwa langue
— a la aragonesa a la a·ra·go·*né*·sa à la sauce aux tomates et aux poivrons
lenguado ⓜ lén·*gwa*·do sole
— al chacolí con hongos al tcha·ko·*li* konn *onn*·gos au vin et aux champignons
lenguados ⓜ pl **al plato** lén·*gwa*·dos al *pla*·to cocotte de sole et de champignons
lenguas ⓕ pl **con salsa de almendras** *lén*·gwas konn *sal*·sa dé al·*mén*·dras langue à la sauce aux amandes
lentejas ⓕ pl lén·*té*·Rhas lentilles
liebre ⓕ *lyé*·bré lièvre
— con castañas konn kas·*ta*·nyas lièvre aux châtaignes
— estofada és·to·*fa*·da lièvre à l'étouffée
lima ⓕ *li*·ma citron vert
limón ⓜ li·*monn* citron
lomo ⓜ *lo*·mo filet • échine
— curado kou·*ra*·do échine de porc (charcuterie)
— de cerdo dé *Sér*·do échine de porc
longaniza ⓕ lonn·ga·*ni*·Sa longue saucisse sèche
lubina ⓕ lou·*bi*·na bar, loup de mer
— a la marinera a la ma·ri·*né*·ra loup de mer à la sauce au persil
lucio ⓜ *lou*·Syo brochet

~ LL ~

llagostí ⓜ **a l'allioli** lyann·gos·*ti* a la·lyi·o·li bouquets (crevettes) grillés à l'aïoli
llenguado ⓜ **a la nyoca** lyén·*gwa*·do a la *nyo*·ka sole aux pignons de pin et aux raisins

~ M ~

macedonia ⓕ **de frutas** ma·Sé·*do*·nya dé *frou*·tas salade de fruits
macedonia ⓕ **de verduras** ma·Sé·*do*·nya dé bér·*dou*·ras macédoine de légumes
magdalena ⓕ mag·da·*lé*·na madeleine
magras ⓕ pl *ma*·gras œufs frits, jambon, fromage et tomate
maíz ⓜ ma·*iS* maïs
— tierno *tyér*·no maïs tendre
mandarina ⓕ mann·da·*ri*·na mandarine
mango ⓜ *mann*·go mangue
manitas ⓕ pl **de cerdo** ma·*ni*·tas dé *Sér*·do pieds de cochon
manitas ⓕ pl **de cordero** ma·*ni*·tas dé kor·*dé*·ro pieds d'agneau
manteca ⓕ mann·*té*·ka saindoux
mantecado ⓜ mann·té·*ka*·do gâteau au saindoux • crème glacée
mantequilla ⓕ mann·té·*ki*·lya beurre
— sin sal sinn sal beurre sans sel
manzana ⓕ mann·*Sa*·na pomme
manzanas ⓕ **asadas** mann·*Sa*·nas a·*sa*·das pommes au four
margarina ⓕ mar·ga·*ri*·na margarine
marinera (a la) ma·ri·*né*·ra (a la) marinière (à la)
mariscos ⓜ ma·*ris*·kos fruits de mer
marmitako mar·mi·*ta*·ko cocotte de thon aux pommes de terre
marrano ⓜ ma·*ra*·no porc
mar y cel ⓜ mar i sél plat à base de saucisses, de lapin, de crevettes et de lotte
masa ⓕ *ma*·sa pâte
mayonesa ⓕ ma·yo·*né*·sa mayonnaise
medallones ⓜ pl **de merluza** mé·da·*lyo*·nés dé mér·*lou*·Sa médaillons de merlu

mejillones ⓜ pl mé·Rhi·*lyo*·nés moules
— al vino blanco al *bi*·no *blann*·ko au vin blanc
— con salsa konn *sal*·sa moules à la sauce tomate
mel ⓕ **i mató** mél i ma·*to* lait caillé au miel
melocotón ⓜ mé·lo·ko·*tonn* pêche
melocotones ⓜ pl **al vino** mé·lo·ko·*to*·nés al *bi*·no pêches au vin
melón ⓜ mé·*lonn* melon
membrillo ⓜ mém·*bri*·lyo coing
menestra ⓕ mé·*nés*·tra jardinière de légumes
— de pollo dé *po*·lyo jardinière de légumes et poulet
merengue ⓜ mé·*rénn*·gé meringue
merluza ⓕ mér·*lou*·Sa merlu
mermelada ⓕ mér·mé·*la*·da confiture
mero ⓜ *mé*·ro mérou
miel ⓕ myél miel
— de azahar dé a·Sa·*ar* d'oranger
— de caña dé *ka*·nya mélasse
migas ⓕ pl *mi*·gas dés de pain frits
— a la aragonesa a la a·ra·go·*né*·sa pain frit aux lardons et sauce tomate
— mulatas mou·*la*·tas dés de pain trempés dans du chocolat puis frits
mojarra ⓕ mo·*Rha*·ra sorte de brème
moje ⓜ **manchego** *mo*·Rhé mann·*tché*·go "soupe" froide aux olives noires
mojete ⓜ mo·*Rhé*·té préparation à base de pommes de terre, d'ail, de tomates et de paprika
— murciano mour·*Sya*·no poisson et poivrons
mojo ⓜ *mo*·Rho sauce épicée aux poivrons
mollejas ⓕ pl mo·*lyé*·Rhas ris • gésier
mollete ⓜ mo·*lyé*·té pain rond et tendre
monas ⓕ pl **de Pascua** *mo*·nas dé *pas*·kwa gâteaux de Pâques • moulages en chocolat
mongetes ⓕ pl **seques i butifarra** monn·*Rhé*·tés *sé*·kés i bou·ti·*fa*·ra haricots et saucisse de porc
mora ⓕ *mo*·ra mûre
moraga ⓕ **de sardina** mo·*ra*·ga dé sar·*di*·na sardines grillées
morcilla ⓕ mor·*Si*·lya boudin noir
mortadela ⓕ mor·ta·*dé*·la mortadelle
morteruelo ⓜ mor·té·*rwé*·lo pâté de gibier très épicé
mostachones ⓜ pl mos·ta·*tcho*·nés petits gâteaux à tremper dans un café ou un chocolat chaud (s'écrit également mostatxones)
mostaza ⓕ mos·*ta*·Sa moutarde
— en grano én *gra*·no moutarde en grains
múgil ⓜ *mou*·Rhil mulet (poisson)
mujol ⓜ **guisado** mou·*Rhol* gi·*sa*·do rouget
mus ⓜ **de chocolate** mous dé tcho·ko·*la*·té mousse au chocolat
muslo ⓜ *mous*·lo cuisse (volaille)

~ N ~

nabo ⓜ *na*·bo navet
naranja ⓕ na·*rann*·Rha orange
nata ⓕ *na*·ta crème
— agria *a*·grya crème aigre
— montada monn·*ta*·da crème fouettée
natillas ⓕ pl na·*ti*·lyas crème renversée
— de chocolate dé tcho·ko·*la*·té crème au chocolat
navaja ⓕ na·*ba*·Rha couteau
nécora ⓕ *né*·ko·ra étrille
nueces ⓕ pl *néw*·Sés noix
nuez ⓕ nwéS noix
— de América dé a·*mé*·ri·ka noix de pécan

~ Ñ ~

ñora ⓕ *nyo*·ra poivron rouge doux (habituellement sec)

~ O ~

oca ⓕ o·ka oie
olla ⓕ o·lya ragoût • cocotte-minute
oreja ⓕ **de mar** o·ré·Rha dé mar ormeau
ostiones ⓜ pl **a la gaditana** os·tyo·nés a la ga·di·ta·na huîtres de Cadix à l'ail, au persil et à la panure
ostra ⓕ os·tra huître
oveja ⓕ o·bé·Rha mouton

~ P ~

pá ⓜ **amb oli** pa ammb o·li tartine de pain grillé à l'ail et à l'huile d'olive
pacana ⓕ pa·ka·na pécan
paella ⓕ pa·é·lya paella
— marinera ma·ri·né·ra paella au poisson et aux fruits de mer
— zamorana Sa·mo·ra·na paella à la viande
palitos ⓜ pl **de queso** pa·li·tos dé ké·so bâtonnets de fromage
palmera ⓕ pal·mé·ra palmier (gâteau)
palomitas ⓕ pl pa·lo·mi·tas pop corn
pan ⓜ pann pain
— aceite a·Séy·té pain rond et plat
— árabe a·ra·bé pita
— de Alá dé a·la "pain d'Allah" (dessert)
— de boda dé bo·da pain façonné, traditionnellement servi aux mariages
— de centeno dé Sén·té·no pain de seigle
— duro dou·ro pain dur, à manger grillé avec de l'huile d'olive
— integral inn·té·gral pain complet
panaché ⓜ pa·na·tché légumes mélangés
panallets ⓜ pl pa·na·lyéts sucreries à la pâte d'amandes
panceta ⓕ pann·Sé·ta poitrine de porc fumée
panchineta ⓕ pann·tchi·né·ta tarte aux amandes
panecillo ⓜ pa·né·Si·lyo petit pain
panojas ⓕ pl **malagueñas** pa·no·Rhas ma·la·gué·nyas plat à base de sardines
papas ⓕ pl **arrugadas** pa·pas a·rou·ga·das pommes de terre à l'eau servies avec la peau
pargo ⓜ par·go brème
parrillada ⓕ pa·ri·lya·da viande grillée
— de mariscos dé ma·ris·kos fruits de mer et poissons grillés
pastel ⓜ pas·tél gâteau
— de boda dé bo·da gâteau de mariage
— de chocolate dé tcho·ko·la·té gâteau au chocolat
— de cierva dé Syér·ba tourte à la viande
— de cumpleaños dé koum·plé·a·nyos gâteau d'anniversaire
pastelitos ⓜ pl **de miel** pas·té·li·tos dé myél petits gâteaux au miel
pataco ⓜ pa·ta·ko ragoût de thon et de pommes de terre
patatas ⓕ pl pa·ta·tas pommes de terre
— a la riojana a la ri·o·Rha·na pommes de terre, chorizo et paprika
— alioli a·li·o·li pommes de terre à l'aïoli
— bravas bra·bas pommes de terre à la sauce tomate épicée
— con chorizo konn tcho·ri·So pommes de terre au chorizo
— estofadas és·to·fa·das pommes de terre à l'eau
pato ⓜ pa·to canard
— a la sevillana a la sé·bi·lya·na canard à l'orange
— alcaparrada al·ka·pa·ra·da canard aux câpres et aux amandes
pavo ⓜ pa·bo dinde
pececillos ⓜ pl pé·Sé·Si·lyos petits poissons

pechina ⓕ pé·*tchi*·na coquille Saint-Jacques
pecho ⓜ *pé*·tcho poitrine
pechuga ⓕ pé·*tchou*·ga blanc de volaille
pepinillo ⓜ pé·pi·*ni*·lyo cornichon
pepino ⓜ pé·*pi*·no concombre
pepitoria ⓕ pé·pi·*to*·rya sauce aux œufs at aux amandes
pepitos ⓜ pl pé·*pi*·tos éclairs
pera ⓕ *pé*·ra poire
Peral, La ⓕ la pé·*ral* fromage
perca ⓕ *pér*·ka perche
perdices ⓕ pl pér·*di*·Sés perdrix
— a la manchega a la mann·*tché*·ga perdrix au vin rouge et aux câpres
— con chocolate konn tcho·ko·*la*·té perdrix au chocolat
perdiz ⓕ pér·*diS* perdrix
peregrina ⓕ pé·ré·*gri*·na coquille Saint-Jacques
pericana ⓕ pé·ri·*ka*·na olives, huile de morue, ail et câpres
perrito ⓜ **caliente** pé·*ri*·to ka·li·*én*·té hot dog
pescada ⓕ **á galega** pés·*ka*·da a ga·*lé*·ga colin frit à l'huile d'olive, servi avec une sauce à l'ail et au paprika
pescadilla ⓕ pés·ka·*di*·lya merlan
pescaditos ⓜ pl **rebozados** pés·ka·*di*·tos ré·bo·*Sa*·dos petits beignets de poisson
pescado ⓜ pés·*ka*·do poisson
— a l'all cremat a lal kré·*mat* poisson à l'ail brûlé
pescaíto ⓜ **frito** pés·ka·*i*·to *fri*·to petit poisson frit
pestiños ⓜ pl pés·*ti*·nyos pâtisserie anisée fourrée, frite
pez ⓕ **espada** péS és·*pa*·da espadon
— frito *fri*·to espadon frit à la broche
picada ⓕ pi·*ka*·da mélange d'ail, de persil, d'amandes grillées et de noix, souvent utilisé pour épaissir les sauces
picadillo ⓜ pi·ka·*di*·lyo salade de légumes
— de atún dé a·*toun* salade de thon et poivrons
— de ternera dé tér·*né*·ra viande de veau hachée
pichón ⓜ pi·*tchonn* pigeon
pichones ⓜ pl **asados** pi·*tcho*·nés a·*sa*·dos pigeons rôtis
pilotes ⓕ pl pi·*lo*·tés boulettes catalanes
pimiento ⓜ pi·*myén*·to poivron
— amarillo a·ma·*ri*·lyo jaune
— rojo *ro*·Rho rouge
— verde *bér*·dé vert
pimientos ⓜ pl pi·*myén*·tos poivrons (les poivrons d'El Bierzo sont particulièrement savoureux)
— a la riojana a la ri·o·*Rha*·na poivrons rouges rôtis à l'ail frit à l'huile d'olive
— al chilindrón al tchi·linn·*dronn* poivrons en cocotte
piña ⓕ *pi*·nya ananas
pinchito ⓜ **moruno** pinn·*tchi*·to mo·*rou*·no kebabs d'agneau et de poulet
piñón ⓜ pi·*nyonn* pignon de pin
pintada ⓕ pinn·*ta*·da pintade
piquillo ⓜ pi·*ki*·lyo petit piment doux
pistacho ⓜ pis·*ta*·tcho pistache
pisto ⓜ **manchego** *pis*·to mann·*tché*·go plat à base de courgettes, de poivrons et de tomates, frits ou cuits à l'étouffée
plátano ⓜ *pla*·ta·no banane
pochas ⓕ pl *po*·tchas haricots
— a la riojana a la ri·o·*Rha*·na haricots au chorizo dans une sauce épicée
— con almejas konn al·*mé*·Rhas haricots aux clams
pollo ⓜ *po*·lyo poulet
— asado a·*sa*·do poulet rôti

— con samfaina konn samm·*fay*·na poulet aux légumes
— en escabeche én és·ka·*bé*·tché poulet mariné
— en salsa de ajo én *sal*·sa dé *a*·Rho poulet à la sauce à l'ail
— granadina gra·na·*di*·na poulet au vin et au jambon
— y langosta i lann·*gos*·ta poulet et langouste
pulpo ⓜ **a feira** *poul*·po a *féy*·ra poulpe épicé
polvorón ⓜ pol·bo·*ronn* petit sablé, souvent dégusté pour Noël
pomelo ⓜ po·*mé*·lo pamplemousse
postre ⓜ *pos*·tré dessert
— de naranja dé na·*rann*·Rha oranges à la crème
potaje ⓜ po·*ta*·Rhé potage
— castellano kas·té·*lya*·no potée de haricots et de saucisses
— de garbanzos dé gar·*bann*·Sos potée aux pois chiches
— de lentejas dé lén·*té*·Rhas soupe de lentilles
pote ⓜ **gallego** *po*·té ga·*lyé*·go potée
potito ⓜ po·*ti*·to petit pot pour bébé
pringada ⓕ prinn·*ga*·da pain en sauce • sandwich mariné
productos ⓜ pl **biológicos** pro·*douk*·tos bi·o·*lo*·Rhi·kos produits bio
productos ⓜ pl **del mar** pro·*douk*·tos dél mar produits de la mer
productos ⓜ pl **lácteos** pro·*douk*·tos *lak*·té·os produits laitiers
puchero ⓜ pou·*tché*·ro marmite • pot-au-feu
pudin ⓜ *pou*·dinn pudding
puerco ⓜ *pwér*·ko porc
puerro ⓜ *pwé*·ro poireau
pulpo ⓜ *poul*·po poulpe
punta ⓕ **de diamante** *poun*·ta dé dya·*mann*·té friandise de Valence
porrusalda ⓕ po·rou·*sal*·da ragoût de morue et de pommes de terre

~ Q ~

queso ⓜ *ké*·so fromage
— azul a·*Soul* bleu
quisquilla ⓕ kis·*ki*·lya crevette (s'écrit aussi kiskilla)

~ R ~

rábano ⓜ *ra*·ba·no radis
rabas ⓕ **en salsa verde** *ra*·bas én *sal*·sa *bér*·dé calmars à la sauce verte
rabassola ⓕ ra·ba·*so*·la champignon
rape ⓜ *ra*·pé lotte
— a la gallega a la ga·*lyé*·ga lotte servie avec des pommes de terre et une sauce à l'ail
— a la Monistrol a la mo·nis·*trol* lotte à la béchamel
redondo ⓜ ré·*donn*·do noix (de bœuf)
— al horno al *or*·no rôti de bœuf
regañaos ⓜ pl ré·ga·*nya*·os chaussons aux sardines et poivrons rouges
relleno ⓜ ré·*lyé*·no farce
remolacha ⓕ ré·mo·*la*·tcha betterave
reo ⓜ *ré*·o truite saumonée
repollo ⓜ ré·*po*·lyo chou
repostería ⓕ ré·pos·té·*ri*·a pâtisserie
requesón ⓜ ré·ké·*sonn* fromage frais
riñón ⓜ ri·*nyonn* rognon
róbalo ⓜ *ro*·ba·lo bar • églefin
rodaballo ⓜ ro·da·*ba*·lyo turbot
romero ⓜ ro·*mé*·ro romarin
romesco ⓜ ro·*més*·ko sauce au piment doux rouge, aux amandes et à l'ail
rosca ⓕ **de carne** *ros*·ka dé *kar*·né tourte à la viande et au lard
rosco ⓜ *ros*·ko petit pain sucré
rossejat ⓜ ro·sé·*dyat* riz au poisson et aux fruits de mer

rovellons ⓜ pl **a la plancha** ro·bé·*lyonns* a la *plann*·tcha champignons à l'ail
ruibarbo ⓜ rou·i·*bar*·bo rhubarbe

~ S ~

salchicha ⓕ sal·*tchi*·tcha saucisse
salchichón ⓜ sal·tchi·*tchonn* saucisson
salmón ⓜ sal·*monn* saumon
— a la ribereña a la ri·bé·*ré*·nya saumon au cidre
— ahumado a·ou·*ma*·do saumon fumé
salmonete ⓜ sal·mo·*né*·té roussette, saumonette
salmorejo ⓜ sal·mo·*ré*·Rho gaspacho épais à base de tomate, de pain, d'huile d'olive, de vinaigre, d'ail et de poivrons verts
— de Córdoba dé *kor*·do·ba gaspacho très vinaigré
salpicón ⓜ sal·pi·*konn* salade de poisson ou de viande
salsa ⓕ *sal*·sa sauce
— alioli a·li·o·li vinaigrette à l'ail et à l'huile d'olive • aïoli
— de holandesa dé o·lann·*dé*·sa sauce hollandaise
— de mayonesa dé ma·yo·*né*·sa mayonnaise
— de tomate dé to·*ma*·té sauce tomate
— inglesa inn·*glé*·sa sauce Worcestershire
— tártara *tar*·ta·ra sauce tartare
— verde *bér*·dé sauce à l'ail et au persil
samfaina ⓕ samm·*fay*·na sauce aux légumes grillés
sancocho ⓜ sann·*ko*·tcho poisson aux pommes de terre
sandía ⓕ sann·*di*·a pastèque
sándwich ⓜ *sann*·witch sandwich
— mixto *miks*·to sandwich toasté jambon-fromage
sanocho ⓜ **canario** sa·*no*·tcho ka·*na*·ryo lotte au four et aux pommes de terre
sardinas ⓕ sar·*di*·nas sardines
— a la parrilla a la pa·*ri*·lya sardines grillées
— en cazuela én ka·*Swé*·la cassolette de sardines
sargo ⓜ *sar*·go brème
sepia ⓕ *sé*·pya seiche
sesos ⓜ pl *sé*·sos cervelle
setas ⓕ pl *sé*·tas champignons sauvages
— a la kashera a la ka·*ché*·ra sauté de champignons sauvages
— rellenas ré·*lyé*·nas champignons farcis
sofrit pagés ⓜ so·*frit* pa·*Rhés* potée de légumes
sofrito ⓜ so·*fri*·to sauce aux tomates frites
soja ⓕ *so*·Rha soja
soldaditos ⓜ pl **de Pavía** sol·da·*di*·tos dé pa·*bi*·a beignets de morue
solomillo ⓜ so·lo·*mi*·lyo filet
sopa ⓕ *so*·pa soupe
— del día dél *di*·a soupe du jour
sopas ⓕ pl **de leche** *so*·pas dé *lé*·tché soupe au lait (morceaux de pain trempés dans du lait et de la cannelle)
sopas ⓕ pl **engañadas** *so*·pas én·ga·*nya*·das soupe à base de poivrons, d'oignons, de figues et de vinaigre
sorbete ⓜ sor·*bé*·té sorbet
sorroputún ⓜ so·ro·pou·*toun* thon en cocotte
suizo ⓜ *swi*·So petit pain sucré
sukaldi sou·*kal*·di ragoût de bœuf
suquet ⓜ sou·*két* clams à la sauce aux amandes
suquet de peix ⓜ sou·*két* dé péych ragoût de poisson

suspiros ⓜ pl **de monja** sous·*pi*·ros dé *monn*·Rha bonbons (litt : soupirs de nonne)

~ T ~

tallarines ⓜ pl ta·lya·*ri*·nés nouilles
tarta ⓕ *tar*·ta tarte • gâteau
— de almendra dé al·*mén*·dra aux amandes
— de manzana dé mann·*Sa*·na tarte aux pommes
tartaleta ⓕ tar·ta·*lé*·ta tartelette
ternera ⓕ tér·*né*·ra veau
— a la sevillana a la sé·bi·*lya*·na veau au vin et aux olives
— en cazuela con berenjenas én ka·*Swé*·la konn bé·rénn·*Rhé*·nas aubergines et veau en cassolette
tocino ⓜ to·*Si*·no bacon • lard
— del cielo dél *Syé*·lo dessert crémeux, fait à partir de jaunes d'œufs et de sucre, et nappé de caramel
tocrudo ⓜ to·*krou*·do salade de viande, d'ail, d'oignon et de piment vert (litt : tout ce qui est cru)
tomate ⓜ to·*ma*·té tomate
tomates ⓜ pl to·*ma*·tés
— enteros y pelados én·*té*·ros i pé·*la*·dos entières et pelées
— rellenos de atún ré·*lyé*·nos dé a·*toun* tomates farcies au thon
toro ⓜ *to*·ro viande de taureau
torrefacto ⓜ to·ré·*fak*·to grains de café torréfié
torrija ⓕ to·*ri*·Rha pain perdu
torta ⓕ *tor*·ta tarte • pain plat
— de aceite dé a·*Séy*·té petit gâteau ou biscuit fabriqué avec de l'huile locale
— pascualina pas·kwa·*li*·na tarte aux épinards et aux œufs, souvent consommée à Pâques.
tortilla ⓕ tor·*ti*·lya omelette
— española és·pa·*nyo*·la omelette aux pommes de terre et aux oignons
— francesa frann·*Sé*·sa omelette nature
tortillas ⓕ pl **de camarones** tor·*ti*·lyas dé ka·ma·*ro*·nés beignets de crevettes
tortita ⓕ tor·*ti*·ta gaufre
tostada ⓕ tos·*ta*·da toast
tripas ⓕ pl *tri*·pas tripes
trucha ⓕ *trou*·tcha truite
— a la marinera a la ma·ri·*né*·ra truite sauce au vin blanc
truchas ⓕ pl *trou*·tchas truites
— a la navarra a la na·*ba*·ra truites au jambon
— con vino y romero konn *bi*·no i ro·*mé*·ro truites au vin rouge et au romarin
trufa ⓕ *trou*·fa truffe
— tarta *tar*·ta gâteau truffé au chocolat
tumbet (de peix) ⓜ toum·*bét* (dé péych) soufflé de légumes, parfois avec du poisson
turrón ⓜ tou·*ronn* nougat

~ U ~

uva ⓕ *ou*·ba raisin
— de corinto dé ko·*rinn*·to de Corinthe
— sultana soul·*ta*·na sultanine

~ V ~

vacuno ⓜ ba·*kou*·no bovin
venado ⓜ bé·*na*·do venaison
verduras ⓕ bér·*dou*·ras légumes
vieira ⓕ bi·*éy*·ra coquille Saint-Jacques
villagodio ⓜ bi·lya·*go*·dyo grand steak
vinagre ⓜ bi·*na*·gré vinaigre
visita ⓕ bi·*si*·ta gâteau aux amandes.

~ Y ~

yemas ⓕ pl *yé*·mas petits gâteaux ronds • jaunes d'œufs
yogur ⓜ yo·*gour* yaourt

~ Z ~

zanahoria ⓕ Sa·na·o·rya carotte
zarangollo ⓜ Sa·rann·*go*·lyo courgette frite
zarzamora ⓕ Sar·Sa·*mo*·ra mûre
zarzuela ⓕ **de mariscos** Sar·*Swé*·la dé ma·*ris*·kos ragoût épicé de fruits de mer
zarzuela ⓕ **de pescado** Sar·*Swé*·la dé pés·*ka*·do poisson sauce aux amandes
zurrukutano Sou·rou·kou·*ta*·no soupe à la morue et aux poivrons verts

Dictionnaire

FRANÇAIS - ESPAGNOL

francés–español

Le genre des noms du dictionnaire est indiqué par ⓜ ou ⓕ. Lorsque le nom est au pluriel, cela est signalé par le signe pl. Si un mot peut être à la fois un verbe et un nom et qu'aucun genre n'est indiqué, c'est qu'il s'agit du verbe.

A

abeille abeja ⓕ a·*bé*·Rha
abricot albaricoque ⓜ al·ba·ri·*ko*·ké
accepter aceptar a·Sép·*tar*
accident accidente ⓜ ak·Si·*dén*·té
accolade abrazo ⓜ a·*bra*·So
accord acuerdo ⓜ a·*kwér*·do
• **être d'accord** estar de acuerdo és·*tar* dé a·*kwér*·do
accueillir dar la bienvenida dar la byén·bé·*ni*·da
acheter comprar komm·*prar*
activiste activista ⓜ et ⓕ ak·ti·*bis*·ta
acupuncture acupuntura ⓕ a·kou·poun·*tou*·ra
adaptateur adaptador ⓜ a·dap·ta·*dor*
addition cuenta ⓕ *kwénn*·ta
admettre admitir ad·mi·*tir*
administration administración ⓕ ad·mi·nis·tra·*Syonn*
adoration adoración ⓕ a·do·ra·*Syonn*
adresse dirección ⓕ di·rék·*Syonn*
adulte adulto ⓜ a·*doul*·to
aérobic aeróbic ⓜ ay·*ro*·bik
aéroport aeropuerto ⓜ ay·ro·*pwér*·to
• **taxe d'aéroport** tasa ⓕ del aeropuerto *ta*·sa dél ay·ro·*pwér*·to
affaires negocios ⓜ pl né·*go*·Syos
• **classe affaires** clase ⓕ preferente *kla*·sé pré·fé·*rénn*·té
affamé(e) hambriento/a ⓜ/ⓕ amm·*bryén*·to/a
affranchissement franqueo ⓜ frann·*ké*·o
Afrique África ⓕ *a*·fri·ka
after-shave bálsamo de aftershave *bal*·sa·mo dé *af*·tér·chéb
âge edad ⓕ é·*da*
agence de voyages agencia ⓕ de viajes a·*Rhén*·Sya dé *bya*·Rhés
agenda agenda ⓕ a·*Rhén*·da
agent immobilier agente inmobiliario ⓜ a·*Rhén*·té inn·mo·bi·*lya*·ryo
agneau cordero ⓜ kor·*dé*·ro
agressif/agressive agresivo/a ⓜ/ⓕ a·gré·*si*·bo/a
agriculteur/agricultrice agricultor/agricultora ⓜ/ⓕ a·gri·koul·*tor*/a·gri·koul·*to*·ra
agriculture agricultura ⓕ a·gri·kul·*tou*·ra
aider ayudar a·you·*dar*
aiguille (couture) aguja ⓕ a·*gou*·Rha
aiguille (seringue) jeringa ⓕ Rhé·*rinn*·ga

ailes alas ⓕ pl a·las
aimable amable a·ma·blé
aimer querer ké·rér
air aire ⓜ ay·ré
alcool alcohol ⓜ al·col
Allemagne Alemania ⓕ a·lé·ma·nya
aller ir ir • **aller simple** billete ⓜ sencillo bi·lyé·té sén·Si·lyo • **aller-retour** billete ⓜ de ida y vuelta bi·lyé·té dé i·da i bwél·ta
allergie alergia ⓕ a·lér·Rhya • **allergie au pollen** alergia ⓕ al polen a·lér·Rhya al po·lén
allonger, s' tumbarse toum·bar·sé
allumettes cerillas ⓕ pl Sé·ri·lyas
alpinisme alpinismo ⓜ al·pi·nis·mo
altitude altura ⓕ al·tou·ra
amandes almendras ⓕ pl al·mén·dras
amant amante ⓜ et ⓕ a·mann·té
amateur amateur ⓜ et ⓕ a·ma·tér
ambassade embajada ⓕ ém·ba·Rha·da
ambassadeur/ambassadrice embajador/embajadora ⓜ/ⓕ ém·ba·Rha·dor/ém·ba·Rha·do·ra
amende multa ⓕ moul·ta
amener traer tra·ér
ami(e) amigo/a ⓜ/ⓕ a·mi·go/a • **petit(e) ami(e)** novio/a ⓜ/ⓕ no·byo/a
ampoule (électrique) bombilla ⓕ bomm·bi·lya • **ampoule (au pied)** ampolla ⓕ amm·po·lya
ananas piña ⓕ pi·nya
analgésiques analgésicos ⓜ pl a·nal·Rhé·si·kos
analyse sanguine análisis ⓜ de sangre a·na·li·sis dé sann·gré
anarchiste anarquista ⓜ et ⓕ a·nar·kis·ta
ancien(ne) antiguo/a ⓜ/ⓕ ann·ti·gwo/a
âne burro ⓜ bou·ro
anglais inglés ⓜ inn·glés
animal animal ⓜ a·ni·mal
anniversaire cumpleaños ⓜ koum·plé·a·nyos
annuler cancelar kann·Sé·lar
anthologie antología ⓕ ann·to·lo·Rhi·a
antibiotiques antibióticos ⓜ pl ann·ti·byo·ti·kos
antinucléaire antinuclear ann·ti·nou·klé·ar
antiquité antigüedad ⓕ ann·ti·gwé·da
antiseptique antiséptico ⓜ ann·ti·sép·ti·ko
appareil photo cámara ⓕ (fotográfica) ka·ma·ra (fo·to·gra·fi·ka)
appel llamada ⓕ lya·ma·da
appeler llamar por telefono lya·mar por té·lé·fo·no
appendice apéndice ⓜ a·pén·di·Sé
application (mobile) aplicación para móvil ⓕ a·pli·ka·syon para·mo·bil
apporter traer tra·ér
apprendre aprender a·prén·dér
après después de dés·pwés dé
après-demain pasado mañana pa·sa·do ma·nya·na
après-midi tarde ⓕ tar·dé
après-rasage bálsamo de aftershave bal·sa·mo dé af·tér·chéb
araignée araña ⓕ a·ra·nya
arbitre árbitro ⓜ ar·bi·tro
arbre árbol ⓜ ar·bol
archéologique arqueológico/a ⓜ/ⓕ ar·kéo·lo·Rhi·ko/a
architecte arquitecto/a ⓜ/ⓕ ar·ki·ték·to/a
architecture arquitectura ⓕ ar·ki·ték·tou·ra
arène plaza ⓕ de toros pla·Sa dé to·ros
argent dinero ⓜ di·né·ro • **(métal)** plata ⓕ pla·ta
— liquide dinero ⓜ en efectivo di·né·ro én é·fék·ti·bo
argenté(e) plateado/a ⓜ/ⓕ pla·té·a·do/a
armée ejército ⓜ é·Rhér·Si·to
armoire armario ⓜ ar·ma·ryo

arobase arroba ⓕ *a·ro·ba*
arrêt parada ⓕ *pa·ra·da*
— de bus parada ⓕ de autobús *pa·ra·da dé aou·to·bous*
arrêter detener *dé·té·nér* • **s'arrêter** parar *pa·rar*
arrivées llegadas ⓕ pl *lyé·ga·das*
arriver llegar *lyé·gar*
art arte ⓜ *ar·té*
— graphique arte ⓜ gráfico *ar·té gra·fi·ko*
arts martiaux artes ⓜ pl marciales *ar·tés mar·Sya·lés*
artichaut alcachofa ⓕ *al·ka·tcho·fa*
artisanat artesanía ⓕ *ar·té·sa·ni·a*
artiste artista ⓜ et ⓕ *ar·tis·ta*
— de rue artista callejero/a ⓜ/ⓕ *ar·tis·ta ka·lyé·Rhé·ro/a*
ascenseur ascensor ⓜ *as·Sén·sor*
Asie Asia ⓕ *a·sya*
aspirine aspirina ⓕ *as·pi·ri·na*
assaut asalto ⓜ *a·sal·to*
asseoir, s' sentarse *sén·tar·sé*
assez (de) suficiente ⓜ/ⓕ *sou·fi·Syén·té*
assiette plato ⓜ *pla·to*
assurance seguro ⓜ *sé·gou·ro*
asthme asma ⓜ *as·ma*
atelier taller ⓜ *ta·lyér*
athlétisme atletismo ⓜ *at·lé·tis·mo*
atmosphère atmósfera ⓕ *at·mos·fé·ra*
attendre esperar *és·pé·rar* • **salle d'attente** sala ⓕ de espera *sa·la dé és·pé·ra*
au-dessus arriba *a·ri·ba*
aube alba ⓕ *al·ba*
auberge de jeunesse albergue ⓜ juvenil *al·bér·gé Rhou·bé·nil*
aubergine berenjena ⓕ *bé·rénn·Rhé·na*
audiophone audífono ⓜ *aou·di·fo·no*
aujourd'hui hoy *oy*
aussi también *tamm·byén*
autel altar ⓜ *al·tar*
automne otoño ⓜ *o·to·nyo*
autoroute autovia ⓕ *aou·to·bi·a*
autre otro/a ⓜ/ⓕ *o·tro/a*
avant antes *ann·tés*
avant-hier anteayer *ann·té·a·yér*
avare tacaño/a ⓜ/ⓕ *ta·ka·nyo/a*
avec con *konn*
avenir futuro ⓜ *fou·tou·ro*
avenue avenida ⓕ *a·bé·ni·da*
avertir advertir *ad·bér·tir*
aveugle ciego/a ⓜ/ⓕ *Syé·go/a*
avion avión ⓜ *a·byonn* • **par avion** por vía aérea *por bi·a a·é·ré·a*
avocat (fruit) aguacate ⓜ *a·gwa·ka·té*
avocat(e) abogado/a ⓜ/ⓕ *a·bo·ga·do/a*
avoine avena ⓕ *a·bé·na*
avoir tener *té·nér*
avortement aborto ⓜ *a·bor·to*

B

baby-sitter canguros ⓜ *kann·gou·ros*
bagage equipaje ⓜ *é·ki·pa·Rhé*
• **enregistrement des bagages** facturación ⓕ de equipajes *fak·tou·ra·Syonn dé é·ki·pa·Rhés*
bagarre pelea ⓕ *pé·lé·a*
baignoire bañera ⓕ *ba·nyé·ra*
baiser (nom) beso ⓜ *bé·so*
balcon balcón ⓜ *bal·konn*
balle pelota ⓕ *pé·lo·ta*
ballet ballet ⓜ *ba·lé*
banane plátano ⓜ *pla·ta·no*
bandage vendaje ⓜ *bén·da·Rhé*
banque banco ⓜ *bann·ko* • **compte en banque** cuenta ⓕ bancaria *kwénn·ta bann·ka·rya*
baptême bautizo ⓜ *baou·ti·So*
bar bar ⓜ *bar*
bas (vêtement) medias ⓕ pl *mé·dyas*
bas, en abajo *a·ba·Rho*
bas(se) bajo/a ⓜ/ⓕ *ba·Rho/a*
base-ball béisbol ⓜ *béys·bol*
basket-ball baloncesto ⓜ *ba·lonn·Sés·to*
bateau barco ⓜ *bar·ko*
— bateau à moteur motora ⓕ *mo·to·ra*

bâtiment edificio ⓜ é·di·*fi*·Syo
batterie batería ⓕ ba·té·*ri*·a
baume pour les lèvres bálsamo ⓜ de labios *bal*·sa·mo dé *la*·byos
beau hermoso ⓜ ér·*mo*·so
— -père suegro ⓜ *swé*·gro
beauté belleza ⓕ bé·*lyé*·Sa • **salon de beauté** salón ⓜ de belleza sa·*lonn* dé bé·*lyé*·Sa
bébé bebé ⓜ bé·*bé* • **nourriture pour bébé** comida ⓕ de bebé ko·*mi*·da dé bé·*bé* • **siège de sécurité pour bébé** asiento ⓜ de seguridad para bebés a·*syén*·to dé sé·gou·ri·*da* pa·ra bé·*bés* • **couche (pour bébé)** pañal ⓜ pa·*nyal*
Belge Belga ⓜ et ⓕ *bél*·ga
Belgique Bélgica ⓕ *bél*·Rhi·ka
belle hermosa ⓕ ér·*mo*·sa
— -mère suegra ⓕ *swé*·gra
belvédère mirador ⓜ mi·ra·*dor*
bénéfice beneficio ⓜ bé·né·*fi*·Syo
betterave remolacha ⓕ ré·mo·*la*·tcha
beurre mantequilla ⓕ mann·té·*ki*·lya
bible biblia ⓕ *bi*·blya
bibliothèque biblioteca ⓕ bi·blyo·*té*·ka
bicyclette bicicleta ⓕ bi·Si·*klé*·ta
bien bien byén
— -être bienestar ⓜ byén·és·*tar*
bientôt pronto *pronn*·to
bienvenue bienvenida ⓕ byén·bé·*ni*·da
bière cerveza ⓕ Sér·*bé*·Sa
bifteck bistec ⓜ bis·*ték*
bijouterie joyería ⓕ Rho·yé·*ri*·a
bilan saldo ⓜ *sal*·do
billet billete ⓜ bi·*lyé*·té
— (de banque) billete ⓜ de banco bi·*lyé*·té dé *bann*·ko
biodégradable biodegradable bi·o·dé·gra·*da*·blé
biographie biografía ⓕ bi·o·gra·*fi*·a
biscuit ⓕ galleta ga·*lyé*·ta
bisou beso ⓜ *bé*·so
blague broma ⓕ *bro*·ma
blaguer bromear bro·mé·*ar*
blanc(he) blanco/a ⓜ/ⓕ *blann*·ko/a
blanc (de volaille) pechuga ⓕ pé·*tchou*·ga
blanchisserie lavandería ⓕ la·bann·dé·*ri*·a
blesser dañar da·*nyar*
blessure herida ⓕ é·*ri*·da
bleu azul a·*Soul* • **(hématome)** cardenal ⓜ kar·dé·*nal*
bœuf (viande) carne ⓕ de vaca *kar*·né dé *ba*·ka
bois madera ⓕ ma·*dé*·ra
boisson bebida ⓕ bé·*bi*·da
boîte caja ⓕ *ka*·Rha
— de conserve lata ⓕ *la*·ta
— aux lettres buzón ⓜ bou·*Sonn*
boire beber bé·*bér*
bois (pour faire du feu) leña ⓕ *lé*·nya
bol bol ⓜ bol
bon(ne) bueno/a ⓜ/ⓕ *bwé*·no/a
bon marché barato/a ⓜ/ⓕ ba·*ra*·to/a
bondé(e) abarrotado/a ⓜ/ⓕ a·ba·ro·*ta*·do/a
bord borde ⓜ *bor*·dé • **à bord** a bordo a *bor*·do
bosse bulto ⓜ *boul*·to
bottes botas ⓕ pl *bo*·tas
bouche boca ⓕ *bo*·ka
bouchée bocado ⓜ bo·*ka*·do
bouché(e) atascado/a ⓜ/ⓕ a·tas·*ka*·do/a
boucherie carnicería ⓕ kar·ni·Sé·*ri*·a
bouchons d'oreilles tapones ⓜ pl para los oídos ta·*po*·nés *pa*·ra los o·*i*·dos
boucles d'oreilles pendientes ⓜ pl pén·*dyén*·tés
bouddhiste budista ⓜ et ⓕ bou·*dis*·ta
boue lodo ⓜ *lo*·do
bougie vela ⓕ *bé*·la
bouillon caldo ⓜ *kal*·do
boulangerie panadería ⓕ pa·na·dé·*ri*·a
boussole brújula ⓕ *brou*·Rhou·la
bouteille botella ⓕ bo·*té*·lya

boutique tienda ⓕ *tyén*·da
boutons botónes ⓜ pl bo·*to*·nés
boxe boxeo ⓜ bo·*sé*·o
braille braille ⓜ *bray*·lyé
bras brazo ⓜ *bra*·So
brebis oveja ⓕ o·*bé*·Rha
briquet encendedor ⓜ én·Sén·dé·*dor*
• mechero ⓜ mé·*tché*·ro
brochure folleto ⓜ fo·*lyé*·to
bronchite bronquitis ⓜ bronn·*ki*·tis
brosse à dents cepillo ⓜ de dientes Sé·*pi*·lyo dé *dyén*·tés
brosse à cheveux cepillo ⓜ Sé·*pi*·lyo
brûlure quemadura ⓕ ké·ma·*dou*·ra
brumeux/brumeuse brumoso/a ⓜ/ⓕ brou·*mo*·so
bruyant(e) ruidoso/a ⓜ/ⓕ rwi·*do*·so/a
buffet buffet ⓜ bou·*fé*
buraliste estanquero ⓜ és·tann·*ké*·ro
bureau oficina ⓕ o·fi·*Si*·na
• **employé(e) de bureau** oficinista ⓜ et ⓕ o·fi·Si·*nis*·ta
— **des objets trouvés** oficina ⓕ de objetos perdidos o·fi·*Si*·na dé ob·*Rhé*·tos pér·*di*·dos
bus autobús ⓜ aou·to·*bous*
• **arrêt de bus** parada ⓕ de autobús pa·*ra*·da dé aou·to·*bous*
business class clase ⓕ preferente *kla*·sé pré·fé·*rénn*·té
but (football) gol ⓜ gol

C

cabine téléphonique cabina ⓕ telefónica ka·*bi*·ka té·lé·*fo*·ni·ka
câble cable ⓜ *ka*·blé
• **câbles de démarrage** cables ⓜ pl de arranque *ka*·blés dé a·*rann*·ké
cacahuètes cacahuetes ⓜ pl ka·ka·*wé*·tés
cacao cacao ⓜ ka·*kaou*
cadeau regalo ⓜ ré·*ga*·lo
— **de mariage** regalo ⓜ de bodas ré·*ga*·lo dé *bo*·das
cadenas candado ⓜ kann·*da*·do
cafard cucaracha ⓕ kou·ka·*ra*·tcha
café café ⓜ ka·*fé*
cahier cuaderno ⓜ kwa·*dér*·no
caisse caja ⓕ *ka*·Rha
— **enregistreuse** caja ⓕ registradora *ka*·Rha ré·Rhis·tra·*do*·ra
calculatrice calculadora ⓕ kal·kou·la·*do*·ra
caleçon calzones ⓜ pl kal·*So*·nés
calendrier calendario ⓜ ka·lén·*da*·ryo
câlin mimo ⓜ *mi*·mo
camion camión ⓜ ka·*myonn*
campagne campo ⓜ *kamm*·po
camper acampar a·kamm·*par*
camping cámping ⓜ *kamm*·pinn
Canada Canadá ⓕ ka·na·*da*
canard pato ⓜ *pa*·to
cancer cáncer ⓜ *kann*·Sér
canif navaja ⓕ na·*ba*·Rha
cantaloup cantalupo ⓜ kann·ta·*lou*·po
cape capote ⓜ ka·*po*·té
car autocar ⓜ aou·to·*kar*
carafe jarra ⓕ *Rha*·ra
caramels caramelos ⓜ pl ka·ra·*mé*·los
caravane caravana ⓕ ka·ra·*ba*·na
carême cuaresma ⓕ kwa·*rés*·ma
carotte zanahoria ⓕ Sa·na·*o*·rya
carré cuadrado ⓜ kwa·*dra*·do
carte carta ⓕ *kar*·ta
• **(géographique)** mapa ⓜ *ma*·pa
— **de crédit** tarjeta ⓕ de crédito tar·*Rhé*·ta dé *kré*·di·to
— **d'embarquement** tarjeta ⓕ de embarque tar·*Rhé*·ta dé ém·*bar*·ké
— **d'identité** carnet ⓜ de identidad kar·*nét* dé i·dén·ti·*da*
— **postale** postal ⓕ pos·*tal*
carton cartón ⓜ kar·*tonn*
cascade cascada ⓕ kas·*ka*·da
casher kosher *ko*·shér
casino casino ⓜ ka·*si*·no
casque casco ⓜ *kas*·ko
cassé(e) roto/a ⓜ/ⓕ *ro*·to/a
casser romper romm·*pér*

C

casserole cazuela Ⓕ ka·*Swé*·la
cassette casete Ⓜ ka·*sé*·té
cathédrale catedral Ⓕ ka·té·*dral*
catholique católico/a Ⓜ/Ⓕ ka·*to*·li·ko/a
cave à vin bodega Ⓕ bo·*dé*·ga
CD cómpact Ⓜ *komm*·pakt
ceinture de sécurité cinturón Ⓜ de seguridad Sinn·tou·*ronn* dé sé·gou·ri·*da*
célébration celebración Ⓕ Sé·lé·bra·*Syonn*
célèbre famoso/a Ⓜ/Ⓕ fa·*mo*·so/a
célébrer celebrar Sé·lé·*brar*
célibataire soltero/a Ⓜ/Ⓕ sol·*té*·ro/a
celui-ci/celle-ci éste/a Ⓜ/Ⓕ *és*·té/a
cendrier cenicero Ⓜ Sé·ni·*Sé*·ro
centime centavo Ⓜ Sén·*ta*·bo
centimètre centímetro Ⓜ Sén·*ti*·mé·tro
centre centro Ⓜ *Sén*·tro
— -ville centro Ⓜ de la ciudad *Sén*·tro dé la Siw·*da*
— commercial centro Ⓜ comercial *Sén*·tro ko·mér·*Syal*
céramique cerámica Ⓕ Sé·*ra*·mi·ka
céréales cereales Ⓜ pl Sé·ré·*a*·lés
certificat certificado Ⓜ Sér·ti·fi·*ka*·do
— de naissance partida Ⓕ de nacimiento par·*ti*·da dé na·Si·*myén*·to
chaîne cadena Ⓕ ka·*dé*·na
— de montagnes cordillera Ⓕ kor·di·*lyé*·ra
— hi-fi equipo Ⓜ de música é·*ki*·po dé *mou*·si·ka
chaise silla Ⓕ *si*·lya
chaleur calor Ⓜ ka·*lor*
chambre habitación Ⓕ a·bi·ta·*Syonn*
• **numéro de chambre** número Ⓜ de la habitación *nou*·mé·ro dé la a·bi·ta·*Syonn*
— à air cámara Ⓕ de aire *ka*·ma·ra dé *ay*·ré
— double habitación Ⓕ doble a·bi·ta·*Syonn do*·blé
— simple habitación Ⓕ individual a·bi·ta·*Syonn* inn·di·bi·*dwal*

champ campo Ⓜ *kamm*·po
champagne champán Ⓜ tchamm·*pann*
champignon Ⓜ champiñón tchamm·pi·*nyonn*
chance suerte Ⓕ *swér*·té
chanceux/chanceuse afortunado/a Ⓜ/Ⓕ a·for·tou·*na*·do/a
changement cambio Ⓜ *kamm*·byo
changer cambiar kamm·*byar*
changer de l'argent cambiar dinero kamm·*byar* di·*né*·ro
chanson canción Ⓕ kann·*Syonn*
chanter cantar kann·*tar*
chanteur/chanteuse cantante Ⓜ et Ⓕ kann·*tann*·té
chapeau sombrero Ⓜ somm·*bré*·ro
chapelle capilla Ⓕ ka·*pi*·lya
chaque cada *ka*·da
chargeur (pour portables) cargador para móvil Ⓜ kar·ga·*dor* pa·ra *mo*·bil
charmant(e) encantador/encantadora Ⓜ/Ⓕ én·kann·ta·*dor*/én·kann·ta·*do*·ra
charpentier carpintero/a Ⓜ/Ⓕ kar·pinn·*té*·ro/a
chasse caza Ⓕ *ka*·Sa
chat(te) gato/a Ⓜ/Ⓕ *ga*·to/a
château castillo Ⓜ kas·*ti*·lyo
chaton gatito/a Ⓜ/Ⓕ ga·*ti*·to/a
chaud(e) caliente ka·*lyén*·té
chauffage central calefacción Ⓕ central ka·lé·fak·*Syonn* Sén·*tral*
chaussettes calcetines Ⓜ pl kal·Sé·*ti*·nés
chaussures zapatos Ⓜ pl Sa·*pa*·tos
• **magasin de chaussures** zapatería Ⓕ Sa·pa·té·*ri*·a
— de randonnée botas Ⓕ pl de montaña *bo*·tas dé monn·*ta*·nya
chef jefe/a Ⓜ/Ⓕ *Rhé*·fé/a
chemin camino Ⓜ ka·*mi*·no
— de randonnée camino Ⓜ rural ka·*mi*·no rou·*ral*
chemise camisa Ⓕ ka·*mi*·sa
chèque cheque Ⓜ *tché*·ké
cher/chère caro/a Ⓜ/Ⓕ *ka*·ro/a

chercher buscar bous·*kar*
cheval caballo ⓜ ka·*ba*·lyo
chèvre cabra ⓕ *ka*·bra
cheveu pelo ⓜ *pé*·lo • **brosse à cheveux** cepillo ⓜ Sé·*pi*·lyo
cheville tobillo ⓜ to·*bi*·lyo
chewing-gum chicle ⓜ *tchi*·klé
chien(ne) perro/a ⓜ/ⓕ *pé*·ro/a
— -guide d'aveugle perro lazarillo ⓜ *pé*·ro la·Sa·*ri*·lyo
chiot cachorro ⓜ ka·*tcho*·ro
choc choque ⓜ *tcho*·ké
chocolat chocolate ⓜ tcho·ko·*la*·té
choisir escoger és·ko·*Rhér*
chômage paro ⓜ *pa*·ro
chou col kol
— -fleur coliflor ⓕ ko·li·*flor*
choux de Bruxelles cole ⓜ pl de Bruselas *ko*·lé dé brou·*sé*·las
chrétien cristiano/a ⓜ/ⓕ kris·*tya*·no/a
chute caída ⓕ ka·*i*·da
cidre sidra ⓕ *si*·dra
ciel cielo ⓜ *Syé*·lo
cigare cigarro ⓜ Si·*ga*·ro
cigarette cigarillo ⓜ Si·ga·*ri*·lyo • **distributeur de cigarettes** máquina ⓕ de tabaco *ma*·ki·na dé ta·*ba*·ko
cimetière cementerio ⓜ Sé·mén·*té*·ryo
cinéma cine ⓜ *Si*·né
cirque circo ⓜ *Sir*·ko
ciseaux tijeras ⓕ pl ti·*Rhé*·ras
citoyenneté ciudadanía ⓕ Siw·da·da·*ni*·a
citron limón ⓜ li·*monn*
citrouille calabaza ⓕ ka·la·*ba*·Sa
classique clásico/a ⓜ/ⓕ *kla*·si·ko/a
clavier teclado ⓜ té·*kla*·do
clé llave ⓕ *lya*·bé
clé USB memoria USB ⓕ mé·*mo*·ria *ou*·éssé·bé
client(e) cliente/a ⓜ/ⓕ kli·*én*·té/a
climatisation aire ⓜ acondicionado *ay*·ré a·konn·di·Syo·*na*·do
climatiseur acondicionador ⓜ a·konn·di·Syo·na·*dor*
clinique clínica ⓕ *kli*·ni·ka
clôture cerca ⓕ *Sér*·ka
clou clavo ⓜ *kla*·bo
code postal código postal ⓜ *ko*·di·go pos·*tal*
codéine codeína ⓕ ko·dé·*i*·na
cœur corazón ⓜ ko·ra·*Sonn*
coffre-fort caja ⓕ fuerte *ka*·Rha *fwér*·té
cognac coñac ⓜ ko·*nyak*
coin esquina ⓕ és·*ki*·na
coiffeur/coiffeuse peluquero/a ⓜ/ⓕ pé·lou·*ké*·ro/a
colis paquete ⓜ pa·*ké*·té
collants medias ⓕ pl *mé*·dyas
collègue colega ⓜ et ⓕ ko·*lé*·ga
collier collar ⓜ ko·*lyar*
colline colina ⓕ ko·*li*·na
collision choque ⓜ *tcho*·ké
combien cuánto *kwann*·to
comédie comedia ⓕ ko·*mé*·dya
commencer comenzar ko·mén·*Sar*
comment cómo *ko*·mo
commerçant(e) comerciante ⓜ et ⓕ ko·mér·*Syann*·té
commerce comercio ⓜ ko·*mér*·Syo
commissariat comisaría ⓕ ko·mi·sa·*ri*·a
communion comunión ⓕ ko·mou·*nyonn*
communiste comunista ⓜ et ⓕ ko·mou·*nis*·ta
compagnie compañía ⓕ komm·pa·*nyi*·a
compagnon/compagne compañero/a ⓜ/ⓕ komm·pa·*nyé*·ro/a
complet/complète lleno/a ⓜ/ⓕ *lyé*·no/a
comprendre comprender komm·prén·*dér*
compte cuenta ⓕ *kwénn*·ta
compte en banque cuenta ⓕ bancaria *kwénn*·ta bann·*ka*·rya

compteur de vitesse velocímetro ⓜ bé·lo·*Si*·mé·tro
comptoir mostrador ⓜ mos·tra·*dor*
concentration concentración ⓕ konn·Sén·tra·*Syonn*
concert concierto ⓜ konn·*Syér*·to
concombre pepino ⓜ pé·*pi*·no
conduire conducir konn·dou·*Sir*
• **permis de conduire** carnet ⓜ de conducir kar·*né* dé konn·dou·*Sir*
confession confesión ⓕ konn·fé·*syonn*
confiance confianza ⓕ konn·fi·*ann*·Sa
• **avoir confiance** confiar konn·fi·*ar*
confirmer confirmar konn·fir·*mar*
confiture mermelada ⓕ mér·mé·*la*·da
confortable cómodo/a ⓜ/ⓕ *ko*·mo·do/a
connaître conocer ko·no·*Sér*
connecter conectar ko·*nek*·tar
connexion conexión ⓕ ko·né·*ksyonn*
conseil consejo ⓜ konn·*sé*·Rho
conservateur/conservatrice conservador/conservadora ⓜ/ⓕ konn·sér·ba·*dor*/konn·sér·ba·*do*·ra
conserve, boîte de lata ⓕ *la*·ta
consigne consigna ⓕ konn·*sig*·na
— automatique consigna ⓕ automática konn·*sig*·na aou·to·*ma*·ti·ka
constipation estreñimiento ⓜ és·tré·nyi·*myén*·to
construire construir konns·trou·*ir*
consulat consulado ⓜ konn·sou·*la*·do
contact, lentilles de lentes ⓜ pl de contacto *lén*·tés dé konn·*tak*·to
conte cuento ⓜ *kwénn*·to
contraceptifs anticonceptivos ⓜ pl ann·ti·konn·Sép·*ti*·bos • **pilule contraceptive** píldora ⓕ *pil*·do·ra
contrat contrato ⓜ konn·*tra*·to
contrôle control ⓜ konn·*trol*
contrôleur/contrôleuse revisor/revisora ⓜ/ⓕ ré·bi·*sor*/ré·bi·*so*·ra
corde cuerda ⓕ *kwér*·da
— à linge cuerda ⓕ para tender la ropa *kwér*·da *pa*·ra *ténn*·dér la *ro*·pa
cornflakes copos ⓜ pl de maíz *ko*·pos dé ma·*iS*
correct(e) correcto/a ⓜ/ⓕ ko·*rék*·to/a
corrida corrida ⓕ ko·*ri*·da
corrompu(e) corrupto/a ⓜ/ⓕ ko·*roup*·to/a
côte costa ⓕ *kos*·ta
côté lado ⓜ *la*·do • **à côté de** al lado de al *la*·do dé
coton algodón ⓜ al·go·*donn*
cou cuello ⓜ *kwé*·lyo
couchage, sac de saco ⓜ de dormir *sa*·ko dé dor·*mir*
couche (pour bébé) pañal ⓜ pa·*nyal*
coudre coser ko·*sér*
couleur color ⓜ ko·*lor*
coup de soleil quemadura ⓕ de sol ké·ma·*dou*·ra dé sol
coupable culpable koul·*pa*·blé
Coupe du monde La Copa ⓕ Mundial la *ko*·pa moun·*dyal*
coupe-ongles cortauñas ⓜ pl kor·ta·*ou*·nyas
couper cortar kor·*tar*
couple pareja ⓕ pa·*ré*·Rha
coupon cupón ⓜ kou·*ponn*
courant (électricité) corriente ⓕ ko·*ryén*·té
courageux valiente ba·*lyén*·té
courgette calabacín ⓜ ka·la·ba·*Sinn*
courir correr ko·*rér*
courrier correo ⓜ ko·*ré*·o
— urgent correo ⓜ urgente ko·*ré*·o our·*Rhén*·té
— recommandé correo ⓜ certificado ko·*ré*·o Sér·ti·fi·*ka*·do
courroie du ventilateur correa ⓕ del ventilador ko·*ré*·a dél bén·ti·la·*dor*
course (sport) carrera ⓕ ka·*ré*·ra
courses, faire ses ir de compras ir dé *komm*·pras
court(e) corto/a ⓜ/ⓕ *kor*·to/a
court (tennis) pista ⓕ *pis*·ta
couscous cuscús ⓜ kous kous
couteau cuchillo ⓜ kou·*tchi*·lyo
— suisse navaja ⓕ na·*ba*·Rha

coûter costar kos·tar
couvent convento ⓜ konn·bén·to
couverts cubiertos ⓜ pl kou·byér·tos
couverture manta ⓕ mann·ta
couvrir tapar ta·par
crabe cangrejo ⓜ kann·gré·Rho
crayon lápiz ⓜ la·piS
crème crema ⓕ kré·ma
— hydratante crema ⓕ hidratante kré·ma i·dra·tann·té
— à raser espuma ⓕ de afeitar és·pou·ma dé a·féy·tar
— aigre nata ⓕ agria na·ta a·grya
— solaire crema ⓕ solar kré·ma so·lar
crèche guardería ⓕ gwar·dé·ri·a
crever pinchar pinn·tchar
crevettes gambas ⓕ pl gamm·bas
cricket críquet ⓜ kri·két
crier gritar gri·tar
critique crítica ⓕ kri·ti·ka
croisement cruce ⓜ crou·Sé
croître crecer kré·Sér
cru(e) crudo/a ⓜ/ⓕ krou·do/a
cueillette de fruits recolección ⓕ de fruta ré·ko·lék·Syonn dé frou·ta
cuillère cuchara ⓕ kou·tcha·ra
— à café cucharita ⓕ kou·tcha·ri·ta
cuir cuero ⓜ kwé·ro
cuisine cocina ⓕ ko·Si·na
cuisinier/cuisinière cocinero/a ⓜ/ⓕ ko·Si·né·ro/a
cuisinière (appareil) cocina ⓕ ko·Si·na
cuisse muslo mous·lo
cul culo ⓜ kou·lo
culotte (femme) bragas ⓕ pl bra·gas
cure-dents palillo ⓜ pa·li·lyo
curry curry ⓜ kou·ri
— en poudre curry ⓜ en polvo kou·ri én pol·bo
CV historial ⓜ profesional is·to·ryal pro·fé·syo·nal
cybercafé cibercafé Si·bér·ka·fé
cyclisme ciclismo ⓜ Si·klis·mo
cycliste ciclista ⓜ et ⓕ Si·klis·ta
cystite cistitis ⓕ Sis·ti·tis

D

dangereux/dangereuse inseguro/a ⓜ/ⓕ inn·sé·gou·ro/a
dans (une heure) dentro de (una hora) dén·tro dé (ou·na o·ra)
danser bailar bay·lar
date fecha ⓕ fé·tcha
— de naissance fecha ⓕ de nacimiento fé·tcha dé na·Si·myén·to
décapsuleur abrebotellas ⓜ a·bré·bo·té·lyas
déchets nucléaires desperdicios ⓜ pl nucleares dés·pér·di·Syos nou·klé·a·rés
déchets toxiques residuos ⓜ pl tóxicos ré·si·dwos tok·si·kos
décider decidir dé·Si·dir
découvrir descubrir dés·kou·brir
dedans adentro a·dén·tro
défectueux/défectueuse defectuoso/a ⓜ/ⓕ dé·fék·tou·o·so/a
déforestation deforestación ⓕ dé·fo·rés·ta·Syonn
déjà ya ya
déjeuner almuerzo ⓜ al·mwér·So
• **petit-déjeuner** desayuno ⓜ dés·a·you·no
délirant delirante dé·li·rann·té
délivrer entregar én·tré·gar
demain mañana ma·nya·na • **après-demain** pasado mañana pa·sa·do ma·nya·na
— après-midi mañana por la tarde ma·nya·na por la tar·dé
— soir mañana por la noche ma·nya·na por la no·tché
— matin mañana por la mañana ma·nya·na por la ma·nya·na
demander pedir pé·dir
— (poser une question) preguntar pré·goun·tar
démangeaison picazón ⓕ pi·ka·Sonn
demi(e) medio/a ⓜ/ⓕ mé·dyo/a
— -litre medio litro ⓜ mé·dyo li·tro

D

démocratie democracia ⓕ *dé·mo·kra·Sya*
dent diente ⓜ *dyén·té* • **brosse à dents** cepillo ⓜ de dientes *Sé·pi·lyo dé dyén·tés* • **dentifrice** pasta ⓕ dentífrica *pas·ta dén·ti·fri·ka* • **fil dentaire** hilo ⓜ dental *i·lo dén·tal* • **mal de dents** ⓜ de muelas *do·lor dé mwé·las* • **molaire** muela ⓕ *mwé·la*
dentelle encaje ⓜ *én·ka·Rhé*
dentiste dentista ⓜ et ⓕ *dén·tis·ta*
déodorant desodorante ⓜ *dé·so·do·rann·té*
départ salida ⓕ *sa·li·da*
dépôt depósito ⓜ *dé·po·si·to*
depuis (mai) desde (mayo) *dés·dé (ma·yo)*
derrière detrás de *dé·tras dé*
dés dados ⓜ pl *da·dos*
descendant descendiente ⓜ *dés·Sén·dyén·té*
désert desierto ⓜ *dé·syér·to*
design diseño ⓜ *di·sé·nyo*
désirer desear *dé·sé·ar*
dessiner dibujar *di·bou·Rhar*
dessus encima ⓕ *en·Si·ma* • **au-dessus** arriba *a·ri·ba*
destination destino ⓜ *dés·ti·no*
détail detalle ⓜ *dé·ta·lyé*
détaillé(e) detallado/a ⓜ/ⓕ *dé·ta·lya·do/a*
détendre, se relajarse *ré·la·Rhar·sé*
détruire destruir *dés·trou·ir*
deviner adivinar *a·di·bi·nar*
devoir deber *dé·bér*
devoirs (à faire à la maison) trabajo ⓜ de casa *tra·ba·Rho dé ka·sa*
diabète diabetes ⓕ *di·a·bé·tés*
diaphragme diafragma ⓜ *di·a·frag·ma*
diarrhée diarrea ⓕ *di·a·ré·a*
dictionnaire diccionario ⓜ *dik·Syo·na·ryo*
Dieu Dios ⓜ *dyos*
différent diferente ⓜ/ⓕ *di·fé·rénn·té*
difficile difícil ⓜ/ⓕ *di·fi·Sil*
dinde pavo ⓜ *pa·bo*
dîner cena ⓕ *Sé·na*
dire decir *dé·Sir*
direct(e) directo/a ⓜ/ⓕ *di·rék·to/a*
directeur/directrice director/directora ⓜ/ⓕ *di·rék·tor/di·rék·to·ra*
discothèque discoteca ⓕ *dis·ko·té·ka*
discrimination discriminación ⓕ *dis·kri·mi·na·Syonn*
discuter discutir *dis·kou·tir*
disque disco ⓜ *dis·ko*
disque dur disco duro ⓜ *dis·ko dou·ro*
distraction diversión ⓕ *di·bér·syonn*
distraire, se divertirse *di·bér·tir·sé*
distribuer (cartes) repartir *ré·par·tir*
distributeur automatique de billets cajero ⓜ automático *ka·Rhé·ro aou·to·ma·ti·ko*
distributeur de cigarettes máquina ⓕ de tabaco *ma·ki·na dé ta·ba·ko*
docteur doctor/doctora ⓜ/ⓕ *dok·tor/dok·to·ra*
documentaire documental ⓜ *do·kou·mén·tal*
doigt dedo ⓜ *dé·do*
dollar dólar ⓜ *do·lar*
donner dar *dar*
dormir dormir *dor·mir*
dos espalda ⓕ *és·pal·da*
dossier (d'une chaise) respaldo ⓜ *rés·pal·do*
douane aduana ⓕ *a·dwa·na*
double doble ⓜ/ⓕ *do·blé* • **chambre double** habitación ⓕ doble *a·bi·ta·Syonn do·blé*
douche ducha ⓕ *dou·tcha*
douleur dolor ⓜ *do·lor*
douleurs menstruelles dolor ⓜ menstrual *do·lor méns·trwal*
douloureux/douloureuse doloroso/a ⓜ/ⓕ *do·lo·ro·so/a*
douzaine docena ⓕ *do·Sé·na*
draguer ligar *li·gar*
drame drama ⓜ *dra·ma*
drap sábana ⓕ *sa·ba·na*
drapeau bandera ⓕ *bann·dé·ra*
droit(e) recto/a ⓜ/ⓕ *rék·to/a*

droite derecha dé·*ré*·tcha
droits de l'homme derechos ⓜ pl humanos dé·*ré*·tchos ou·*ma*·nos
drôle gracioso/a ⓜ/ⓕ gra·*Syo*·so/a
dur(e) duro/a ⓜ/ⓕ *dou*·ro/a

E

eau agua ⓜ *a*·gwa ka
— chaude agua caliente ⓜ *a*·gwa ka·*lyén*·té
— du robinet del grifo dél *gri*·fo
— en bouteille cantimplora ⓕ kann·timm·*plo*·ra
— minérale agua ⓜ mineral *a*·gwa mi·né·*ral*
écharpe bufanda ⓕ bou·*fann*·da
échecs (jeu) ajedrez ⓜ a·Rhé·*dréS*
échiquier tablero ⓜ de ajedrez ta·*blé*·ro dé a·Rhé·*dréS*
échographie ecografía ⓕ é·ko·gra·*fi*·a
école escuela ⓕ és·*kwé*·la
écouter escuchar és·kou·*tchar*
écran pantalla ⓕ pann·*ta*·lya
écrire escribir és·kri·*bir*
écrivain escritor/escritora ⓜ/ⓕ és·kri·*tor*/és·kri·*to*·ra
eczéma eczema ⓕ ék·*Sé*·ma
éditeur/éditrice editor/editora ⓜ/ⓕ é·di·*tor*/é·di·*to*·ra
éducation educación ⓕ é·dou·ka·*Syonn*
égalité igualdad ⓕ i·gwal·*da*
église iglesia ⓕ i·*glé*·sya
égoïste egoista é·go·*is*·ta
élections elecciones ⓕ pl é·lék·*Syo*·nés
électricité electricidad ⓕ é·lék·tri·Si·*da*
elle ella *é*·ya
éloigné(e) remoto/a ⓜ/ⓕ ré·*mo*·to/a
e-mail email (correo electrónico) ⓜ ko·*ré*·o é·lék·*tro*·ni·ko
embrasser besar bé·*sar*
embrayage embrague ⓕ ém·*bra*·gé
emploi empleo ⓜ ém·*plé*·o • **sans emploi** en el paro én él *pa*·ro
employé(e) empleado/a ⓜ/ⓕ ém·plé·*a*·do/a
émotionnel emocional é·mo·Syo·*nal*
emporter llevar lyé·*bar*
emprunter tomar prestado to·mar prés·*ta*·do
en-cas tentempié ⓜ *ténn*·tém·*pyé*
enceinte embarazada ⓕ ém·ba·ra·*Sa*·da
encore otra vez *o*·tra béS
(pas) encore (no) to·da·*bi*·a (no)
endolori(e) dolorido/a ⓜ/ⓕ do·lo·*ri*·do/a
énergie nucléaire energía ⓕ nuclear é·nér·*Rhi*·a nou·klé·*ar*
énerver, s' descomponerse dés·komm·po·*nér*·sé
enfant niño/a ⓜ/ⓕ *ni*·nyo/a
engagement compromiso ⓜ komm·pro·*mi*·so
ennuyeux(se) aburrido/a ⓜ/ⓕ a·bou·*ri*·do/a
énorme enorme é·*nor*·mé
entorse torcedura ⓕ tor·Sé·*dou*·ra
entre entre *én*·tré
enregistrement grabación ⓕ gra·ba·*Syonn*
— des bagages facturación ⓕ de equipajes fak·tou·ra·*Syonn* dé é·ki·*pa*·Rhés
enregistrer guardar gwar·*dar*
enrhumé(e), être estar constipado/a ⓜ/ⓕ és·*tar* konns·ti·*pa*·do
ensemble juntos/as ⓜ/ⓕ *Rhoun*·tos/as
entendre oír o·*ir*
enterrement funeral ⓜ fou·né·*ral*
entraînement entreno ⓜ én·*tré*·no
entraîneur/entraîneuse entrenador/entrenadora ⓜ/ⓕ én·tré·na·*dor*/én·tré·na·*do*·ra
entre entre *én*·tré
entrée, prix d' precio ⓜ de entrada *pré*·Syo dé én·*tra*·da

F

entrer entrar én·*trar*
enveloppe sobre ⓜ *so*·bré
environnement medio ⓜ ambiente mé·dyo amm·*byén*·té
environs, des de cercanías dé Sér·ka·*ni*·as
envoyer enviar én·bi·*ar*
épargner ahorrar a·o·*rar*
épaules hombros ⓜ pl *omm*·bros
épicerie tienda ⓕ de comestibles *tyén*·da dé ko·més·*ti*·blés
— de camping tienda ⓕ de provisiones de cámping *tyén*·da dé pro·bi·*syo*·nés dé *kamm*·pinn
épilepsie epilepsia ⓕ é·pi·*lép*·sya
épinards espinacas ⓕ pl és·pi·*na*·kas
équipe equipo ⓜ é·*ki*·po
équipement equipo ⓜ é·*ki*·po
équitation equitación ⓕ é·ki·ta·*Syonn*
erreur error ⓜ é·*ror*
escalade escalada ⓕ és·ka·*la*·da
escalator escaleras ⓕ pl mecánicas és·ka·*lé*·ras mé·*ka*·ni·kas
escalier escalera ⓕ és·ka·*lé*·ra
escargot caracol ⓜ ka·ra·*kol*
escarpé(e) escarpado/a ⓜ/ⓕ és·kar·*pa*·do/a
escrime esgrima ⓕ és·*gri*·ma
escroquerie estafa ⓕ és·*ta*·fa
espace espacio ⓜ és·*pa*·Syo
Espagne España ⓕ és·*pa*·nya
espèces en danger especies ⓕ pl en peligro de extinción és·*pé*·Syés én *pé*·li·gro dé éks·tinn·*Syonn*
essai prueba ⓕ *prwé*·ba
· essais nucléaires pruebas ⓕ pl nucleares *prwé*·bas nou·klé·a·rés
essayer probar pro·*bar* **• (de faire quelque chose)** intentar (hacer algo) inn·ténn·*tar* (a·*Sér* *al*·go)
essence gasolina ⓕ ga·so·*li*·na
est este *és*·té
estomac estómago ⓜ *és*·to·ma·go
et y i
étagère estante ⓜ és·*tann*·té
état-civil estado ⓜ civil és·*ta*·do Si·*bil*
États-Unis Estados ⓜ pl Unidos és·*ta*·dos ou·*ni*·dos
été verano ⓜ bé·*ra*·no
étoile estrella ⓕ és·*tré*·lya
étrange extraño/a ⓜ/ⓕ éks·*tra*·nyo/a
étranger/étrangère extranjero/a ⓜ/ⓕ éks·trann·*Rhé*·ro/a
étranger, à l' en el extranjero én él éks·trann·*Rhé*·ro
être ser *sér* • estar és·*tar*
étudiant(e) estudiante ⓜ et ⓕ és·tou·*dyann*·té
euro euro ⓜ *é*·ou·ro
Europe Europa ⓕ é·ou·*ro*·pa
euthanasie eutanasia ⓕ é·ou·ta·*na*·sya
eux/elles ellos/ellas ⓜ/ⓕ *é*·lyos/*é*·lyas
éventail abanico ⓜ a·ba·*ni*·ko
excellent excelente ⓜ/ⓕ éks·Sé·*lén*·té
excès de vitesse exceso ⓜ de velocidad éks·*Sé*·so dé bé·lo·Si·*da*
excursion excursión ⓕ éks·kour·*syonn*
exemple ejemplo ⓜ é·*Rhém*·plo
expérience experiencia ⓕ éks·pé·*ryén*·Sya
exposer exponer éks·po·*nér*
exposition exposición ⓕ éks·po·si·*Syonn*
express expreso/a ⓜ/ⓕ éks·*pré*·so/a
extension (visa) prolongación ⓕ pro·lonn·ga·*Syonn*
extérieur exterior ⓜ éks·té·*ryor*

F

face, en enfrente én·*frén*·té
fâché(e) enfadado/a ⓜ/ⓕ én·fa·*da*·do/a
facile fácil *fa*·Sil
faible débil *dé*·bil
faim, avoir tener hambre té·*nér* *amm*·bré
faire hacer a·*Sér*
fait main hecho a mano *é*·tcho a *ma*·no
falaise acantilado ⓜ a·kann·ti·*la*·do

DICTIONNAIRE

famille familia ⓕ fa·*mi*·lya • **nom de famille** apellido ⓜ a·pé·*lyi*·do
fantastique fantástico/a ⓜ/ⓕ fann·*tas*·ti·ko/a
farine harina ⓕ a·*ri*·na
fatigué(e) cansado/a ⓜ/ⓕ kann·*sa*·do/a
fausse couche aborto ⓜ natural a·*bor*·to na·tou·*ral*
faute falta ⓕ *fal*·ta
fauteuil roulant silla ⓕ de ruedas *si*·lya dé *rwé*·das
faux/fausse equivocado/a ⓜ/ⓕ é·ki·bo·*ka*·do/a
femme mujer ⓕ *mou*·Rhér
— (épouse) esposa ⓕ és·*po*·sa
— au foyer ama ⓕ de casa a·ma dé *ka*·sa
fenêtre ventana ⓕ bén·*ta*·na
fer à repasser plancha ⓕ *plann*·tcha
férié, jour día festivo ⓜ *di*·a fés·*ti*·bo
ferme granja ⓕ *grann*·Rha
fermé(e) cerrado/a ⓜ/ⓕ con llave Sé·*ra*·do/a konn *lya*·bé
fermer cerrar Sé·*rar*
festival festival ⓜ fés·ti·*bal*
fête fiesta ⓕ *fyés*·ta
feu fuego ⓜ *fwé*·go
feuille (de papier) hoja ⓕ *o*·Rha
feuilleton télévisé telenovela ⓕ té·lé·no·*bé*·la
feux de signalisation semáforos ⓜ pl sé·*ma*·fo·ros
fiancé prometido ⓜ pro·mé·*ti*·do
fiancée prometida ⓕ pro·mé·*ti*·da
fiction ficción ⓕ fik·*Syonn*
fièvre fiebre ⓕ *fyé*·bré
figue higo ⓜ *i*·go
fil de fer alambre ⓜ a·*lamm*·bré
filet filete ⓜ fi·*lé*·té
fille chica ⓕ *tchi*·ka
— (de) hija (de) ⓕ *i*·Rha (dé)
film película ⓕ pé·*li*·kou·la
fils hijo ⓜ *i*·Rho
filtre filtro *fil*·tro
fin fin ⓜ finn
finir terminar tér·mi·*nar*
finir de acabar de a·ka·*bar* dé
flanelle franela ⓕ fra·*né*·la
fleur flor ⓕ flor
fleuriste florista ⓜ et ⓕ flo·*ris*·ta
fleuve río ⓜ *ri*·o
foie hígado ⓜ *i*·ga·do
fois vez ⓕ béS • **deux fois** dos veces dos *bé*·Sés
folle loca ⓕ *lo*·ka
football fútbol ⓜ *fout*·bol
forêt bosque ⓜ *bos*·ké
forme forma ⓕ *for*·ma
fort(e) fuerte *fwér*·té
fou loco ⓜ *lo*·ko
four horno ⓜ *or*·no
fourchette tenedor ⓜ té·né·*dor*
fourmi hormiga ⓕ or·*mi*·ga
fragile frágil *fra*·Rhil
fraise fresa ⓕ *fré*·sa
framboise frambuesa ⓕ framm·*bwé*·sa
français francés ⓜ frann·*Sés*
Français(e) Francés/a ⓜ/ⓕ frann·*Sés/a*
France Francia ⓕ *frann*·Sya
freins frenos ⓜ pl *fré*·nos
frère hermano ⓜ ér·*ma*·no
frigo nevera ⓕ né·*bé*·ra • frigerífico ⓜ fri·gé·*ri*·fi·ko
frire freír fré·*ir* • **poêle à frire** sartén ⓕ sar·*tén*
froid(e) frío/a ⓜ/ⓕ *fri*·o/a
fromage queso ⓜ *ké*·so
— frais requesón ⓜ ré·ké·*sonn*
— de chèvre queso ⓜ de cabra *ké*·so dé *ka*·bra
frontière frontera ⓕ fronn·*té*·ra
frottis citología ⓕ Si·to·lo·*Rhi*·a
fruit fruta ⓕ *frou*·ta • **cueillette de fruits** recolección ⓕ de fruta ré·ko·lék·*Syonn* dé *frou*·ta
— sec fruto ⓜ seco *frou*·to *sé*·ko
fumer fumar fou·*mar*

F

FRANÇAIS - ESPAGNOL

fumeurs fumadores fou·ma·*do*·rés • **non-fumeurs** no fumadores no fou·ma·*do*·rés
funérailles funeral ⓜ fou·né·*ral*

G

gagnant/gagnante ganador/ganadora ⓜ/ⓕ ga·na·*dor*/ga·na·*do*·ra
gagner ganar ga·*nar*
gants guantes ⓜ pl *gwann*·tés
garçon chico ⓜ *tchi*·ko
garde-robe guardarropa ⓜ gwar·da·*ro*·pa
garderie guardería ⓕ gwar·dé·*ri*·a
gardien de but portero/a ⓜ/ⓕ por·*té*·ro/a
gare ferroviaire estación ⓕ de tren és·ta·*Syonn* dé trén
gare routière estación de autobuses/autocares ⓕ és·ta·*Syonn* dé aou·to·*bou*·sés/aou·to·*ka*·rés
garer (voiture) estacionar és·ta·Syo·*nar*
gâteau pastel ⓜ pas·*tél*
— de mariage tarta ⓕ nupcial *tar*·ta noup·*Syal*
gauche izquierda ⓕ iS·*kyér*·da
gay gay gay
geler helar é·*lar*
général general Rhé·né·*ral*
genou rodilla ⓕ ro·*di*·lya
gens gente ⓕ *Rhén*·té
gérant gerente ⓜ et ⓕ *Rhé*·rénn·té
germes de soja brotes ⓜ pl de soja *bro*·tés dé *so*·Rha
gilet de sauvetage chaleco ⓜ salvavidas tcha·*lé*·ko sal·ba·*bi*·das
gin ginebra ⓕ Rhi·*né*·bra
gingembre jengibre ⓜ Rhén·*Rhi*·bré
givre escarcha ⓕ és·*kar*·tcha
glace hielo ⓜ *yé*·lo • **(à manger)** helado ⓜ é·*la*·do
glacier (magasin) heladería ⓕ é·la·dé·*ri*·a
golf golf ⓜ golf • **parcours de golf** campo ⓜ de golf *kamm*·po dé golf
gorge garganta ⓕ gar·*gann*·ta
gousse (d'ail) diente ⓜ (de ajo) *dyén*·té (dé *a*·Rho)
gouttes pour les yeux gotas ⓕ pl para los ojos *go*·tas *pa*·ra los *o*·Rhos
gouvernement gobierno ⓜ go·*byér*·no
graisse manteca ⓕ mann·*té*·ka
gramme gramo ⓜ *gra*·mo
grand(e) grande ⓜ et ⓕ *grann*·dé
grand magasin grande almacen ⓜ *grann*·dé al·ma·*Sén*
grand-mère abuela ⓕ a·*bwé*·la
grand-père abuelo ⓜ a·*bwé*·lo
grandir crecer kré·*Sér*
gratuit gratis *gra*·tis
grille-pain tostadora ⓕ tos·ta·*do*·ra
grimper trepar tré·*par*
gris gris gris
grippe gripe ⓕ *gri*·pé
gros(se) (personne) gordo/a ⓜ/ⓕ *gor*·do/a
grossesse, test de prueba ⓕ del embarazo *prwé*·ba dél ém·ba·*ra*·So
grotte cueva ⓕ *kwé*·ba
groupe grupo ⓜ *grou*·po
— de rock grupo ⓜ de rock *grou*·po dé rok
— sanguin grupo ⓜ sanguíneo *grou*·po sann·*gi*·néo
guerre guerra ⓕ *gé*·ra
guichet taquilla ⓕ ta·*ki*·lya
guide guía ⓜ et ⓕ *gui*·a
— audio guía ⓕ audio *gui*·a *aou*·dyo
— de conversation libro ⓜ de frases *li*·bro dé *fra*·sés
guidon manillar ⓜ ma·ni·*lyar*
guitare guitarra ⓕ gi·*ta*·ra
gymnastique gimnasia ⓕ rítmica Rhimm·*na*·sya *rit*·mi·ka
gynécologue ginecólogo ⓜ Rhi·né·*ko*·lo·go

H

habiter ocupar o·kou·*par*
hachée, viande carne ⓜ molida *kar*·né mo·*li*·da

halal halal a·*lal*
halluciner alucinar a·lou·Si·*nar*
hamac hamaca ⓕ a·*ma*·ka
handicapé(e) minusválido/a ⓜ/ⓕ mi·nous·*ba*·li·do/a
harcèlement acoso ⓜ al a·*ko*·so
haricots judías ⓕ pl Rhou·*di*·as
haut(e) alto/a ⓜ/ⓕ *al*·to/a
hématome cardenal ⓜ kar·dé·*nal*
hépatite hepatitis ⓕ é·pa·*ti*·tis
herbe hierba ⓕ *yér*·ba
herboriste herbolario/a ⓜ/ⓕ ér·bo·*la*·ri·o/a
héroïne heroína ⓕ é·ro·*i*·na
heure hora ⓕ *o*·ra
heures d'ouverture horas ⓕ pl de abrir *o*·ras dé a·*brir*
heureux/heureuse feliz ⓜ et ⓕ fé·*liS*
hier ayer a·*yér*
hindou hindú inn·*dou*
historique histórico/a ⓜ/ⓕ is·*to*·ri·ko/a
hiver invierno ⓜ inn·*byér*·no
hockey hockey ⓜ *Rho*·ki
— sur glace hockey ⓜ sobre hielo *Rho*·ki *so*·bré *yé*·lo
Hollande Holanda ⓕ o·*lann*·da
homme hombre ⓜ *omm*·bré
homosexuel(le) homosexual ⓜ et ⓕ o·mo·sé·*kswal*
honteux/honteuse avergonzado/a ⓜ/ⓕ a·bér·gonn·*Sa*·do/a
hôpital hospital ⓜ os·pi·*tal*
horaire horario ⓜ o·*ra*·ryo
horloge reloj ⓜ ré·*loRh*
horoscope horóscopo ⓜ o·*ros*·ko·po
hors jeu fuera de juego *fwé*·ra dé *Rhwé*·go
hôtel hotel ⓜ o·*tél*
hôtellerie hosteleria ⓕ os·té·lé·*ri*·a
huile aceite ⓜ a·*Séy*·té
— d'olive aceite ⓜ de oliva a·*Séy*·té dé o·*li*·ba
— de tournesol aceite ⓜ de girasol a·*Séy*·té Rhi·ra·*sol*
huître ⓕ ostra *os*·tra
humanité humanidad ⓕ ou·ma·ni·*da*

I

ici aquí a·*ki*
identification identificación ⓕ i·dén·ti·fi·ka·*Syonn*
idiot(e) idiota ⓜ et ⓕ i·*dyo*·ta
île isla ⓕ *is*·la
immatriculation matrícula ⓕ ma·*tri*·kou·la
immigration inmigración ⓕ inn·mi·gra·*Syonn*
imperméable impermeable imm·pér·mé·*a*·blé
important importante imm·por·*tann*·té
impôt impuesto ⓜ imm·*pwés*·to
— sur le revenu impuesto ⓜ sobre la renta imm·*pwés*·to *so*·bré la *rénn*·ta
imprimante Impresora ⓕ imm·pré·*so*·ra
inclus incluido inn·klou·*i*·do
inconfortable incómodo/a ⓜ/ⓕ inn·*ko*·mo·do/a
Inde India ⓕ *inn*·dya
indicateur indicador ⓜ inn·di·ka·*dor*
indigestion indigestion ⓕ inn·di·Rhés·*tyonn*
industrie industria ⓕ inn·*dous*·trya
infection infección ⓕ inn·fék·*Syonn*
infirmier/infirmière enfermero/a ⓜ/ⓕ én·fér·*mé*·ro/a
inflammation inflamación ⓕ inn·fla·ma·*Syonn*
informatique informática ⓕ inn·for·*ma*·ti·ka
ingénierie ingeniería ⓕ inn·Rhé·nyé·*ri*·a
ingénieur ingeniero/a ⓜ/ⓕ inn·Rhé·*nyé*·ro/a
ingrédient ingrediente ⓜ inn·gré·*dyén*·té
injecter, s' inyectarse inn·yék·*tar*·sé
injection inyección ⓕ inn·yék·*Syonn*
injuste injusto inn·*Rhous*·to

innocent(e) inocente i·no·*Sén*·té
inondation inundación ⓕ i·noun·da·*Syonn*
inquiet/inquiète preocupado/a ⓜ/ⓕ pré·o·kou·*pa*·do/a
inquiéter, s' (de) preocuparse por pré·o·kou·*par*·sé por
insecte bicho ⓜ *bi*·tcho
institut instituto ⓜ inns·ti·*tou*·to
intéressant(e) interesante inn·té·ré·*sann*·té
international internacional inn·tér·na·Syo·*nal*
Internet Internet *inn*·tér·nét
interprète intérprete ⓜ et ⓕ inn·*tér*·pré·té
interroger cuestionar kwés·tyo·*nar*
intersection cruce ⓜ *crou*·Sé
interview entrevista ⓕ én·tré·*bis*·ta
inviter invitar inn·bi·*tar*
irritation irritación ⓕ i·ri·ta·*Syonn*
itinéraire itinerario ⓜ i·ti·né·*ra*·ryo

J

jaloux/jalouse celoso/a ⓜ/ⓕ Sé·*lo*·so/a
jamais nunca *noun*·ka
jambe pierna ⓕ *pyér*·na
jambon jamón ⓜ Rha·*monn*
Japon Japón ⓜ Rha·*ponn*
jardin jardín ⓜ Rhar·*dinn*
— botanique jardín ⓜ botánico Rhar·*dinn* bo·*ta*·ni·ko
jaune amarillo/a ⓜ/ⓕ a·ma·*ri*·lyo/a
jeans vaqueros ⓜ pl ba·*ké*·ros
Jeep yip ⓜ yip
jeune joven *Rho*·bén
Jeux olympiques juegos ⓜ pl olímpicos *Rhwé*·gos o·*limm*·pi·kos
jeux vidéo juegos ⓜ pl de ordenador *Rhwé*·gos dé or·dé·na·*dor*
jockey jockey ⓜ *dyo*·ki
jogging footing ⓜ *fou*·tinn
jouer (d'un instrument de musique) tocar to·*kar*
jouer (sport/jeux) jugar Rhou·*gar*
jour día ⓜ *di*·a
journal periódico ⓜ pé·*ryo*·di·ko
journaliste periodista ⓜ et ⓕ pé·ryo·*dis*·ta
juge juez ⓜ et ⓕ RhwéS
juif/juive judío/a ⓜ/ⓕ Rhou·*di*·o/a
jumeaux gemelos ⓜ pl Rhé·*mé*·los
jupe falda ⓕ *fal*·da
jus jugo ⓜ *Rhou*·go • zumo ⓜ *Sou*·mo
— d'orange zumo ⓜ de naranja *Sou*·mo dé na·*rann*·Rha
jusqu'à (juin) hasta (junio) *as*·ta (*Rhou*·nyo)

K

kilogramme kilogramo ⓜ *ki*·lo·gramm·o
kilomètre kilómetro ⓜ ki·*lo*·mé·tro
kiosque quiosco ⓜ *kyos*·ko
kiwi kiwi ⓜ *ki*·wi
kyste ovarien quiste ⓜ ovárico *kis*·té o·*ba*·ri·ko

L

lac lago ⓜ *la*·go
laine lana ⓕ *la*·na
laisser dejar dé·*Rhar*
lait leche ⓕ *lé*·tché
— écrémé leche ⓕ desnatada *lé*·tché dés·na·*ta*·da
— de soja leche ⓕ de soja *lé*·tché dé *so*·Rha
laitue lechuga ⓕ lé·*tchou*·ga
lames de rasoir cuchillas ⓕ pl de afeitar kou·*tchi*·lyas dé a·féy·*tar*
lampe de poche linterna ⓕ linn·*tér*·na
lancer disparar dis·pa·*rar*
langue idioma ⓜ i·*dyo*·ma
lapin conejo ⓜ ko·*né*·Rho
lard tocino ⓜ to·*Si*·no
large ancho/a ⓜ/ⓕ *ann*·tcho/a
laver lavar la·*bar* • **se laver** lavarse la·*bar*·sé

lavoir lavadero ⓜ la·ba·*dé*·ro
leader líder ⓜ et ⓕ *li*·dér
lèche-vitrines mirar los escaparates mi·*rar* los és·ka·pa·*ra*·tés
légal legal lé·*gal*
léger leve *lé*·bé
législation legislación ⓕ lé·Rhis·la·*Syonn*
légume verdura ⓕ bér·*dou*·ra
lent(e) lento/a ⓜ/ⓕ *lén*·to/a
lentement despacio dés·*pa*·Syo
lentilles lentejas ⓕ pl lén·*té*·Rhas
— de contact lentes ⓜ pl de contacto *lén*·tés dé konn·*tak*·to
lesbienne lesbiana ⓕ lés·bi·a·na
lettre carta ⓕ *kar*·ta • **boîte aux lettres** buzón ⓜ bou·*Sonn*
leur su sou
lèvres labios ⓜ pl *la*·byos • **baume pour les lèvres** bálsamo ⓜ de labios *bal*·sa·mo dé *la*·byos • **rouge à lèvres** pintalabios ⓜ *pinn*·ta *la*·byos
lézard lagartija ⓕ la·gar·*ti*·Rha
librairie librería ⓕ li·bré·*ri*·a
libre libre *li*·bré
lien Internet enlace ⓜ én·*la*·Sé
lieu lugar ⓜ lou·*gar*
— de naissance lugar ⓜ de nacimiento lou·*gar* dé na·Si·*myén*·to
ligne línea ⓕ *li*·néa
— aérienne aerolínea ⓕ aé·ro·*li*·néa
lilas lila *li*·la
lime lima ⓕ *li*·ma
limonade limonada ⓕ li·mo·*na*·da
linge, pinces à pinzas ⓕ pl *pinn*·Sas
lire leer lé·*ér*
lit cama ⓕ *ka*·ma
— double cama ⓕ de matrimonio *ka*·ma dé ma·tri·*mo*·nyo
— jumeaux dos camas ⓕ pl dos *ka*·mas
littoral costa ⓕ *kos*·ta
livre libro ⓜ *li*·bro
location de voiture alquiler ⓜ de coche al·ki·*lér* dé *ko*·tché
logement alojamiento ⓜ a·lo·Rha·*myén*·to
loi ley ⓕ léy
loin lejos *lé*·Rhos
long(ue) largo/a ⓜ/ⓕ *lar*·go/a
longue-distance a larga distancia a *lar*·ga dis·*tann*·Sya
louer alquilar al·ki·*lar*
lourd(e) pesado/a ⓜ/ⓕ pé·*sa*·do/a
loyer alquiler ⓜ al·ki·*lér*
lubrifiant lubricante ⓜ lou·bri·*kann*·té
lui él él
lumière luz ⓕ louS
lune luna ⓕ *lou*·na • **pleine lune** luna ⓕ llena *lou*·na *lyé*·na
— de miel luna ⓕ de miel *lou*·na dé myél
lunettes gafas ⓕ pl *ga*·fas
— de plongée gafas ⓕ pl de submarinismo *ga*·fas dé soub·ma·ri·*nis*·mo
— de soleil gafas ⓕ pl de sol *ga*·fas dé sol
lutte pelea ⓕ pé·*lé*·a
lutter contre luchar contra lou·*tchar* *konn*·tra
luxe lujo ⓜ *lou*·Rho

M

machine máquina ⓕ *ma*·ki·na
— à laver lavadora ⓕ la·ba·*do*·ra
machisme machismo ⓜ ma·*tchis*·mo
mâchoire mandíbula ⓕ mann·*di*·bou·la
magasin tienda ⓕ *tyén*·da • **grand magasin** grande almacen ⓜ *grann*·dé al·ma·*Sén* • **photographe (magasin)** tienda ⓕ de fotografía *tyén*·da dé fo·to·gra·*fi*·a
— de jouets juguetería ⓕ Rhou·gé·té·*ri*·a
— de sport tienda ⓕ deportiva *tyén*·da dé·por·*ti*·ba
— de souvenirs tienda ⓕ de recuerdos *tyén*·da dé ré·*kwér*·dos

FRANÇAIS - ESPAGNOL

— de vêtements tienda ⓕ de ropa *tyén*·da dé *ro*·pa
magazine revista ⓕ ré·*bis*·ta
magicien mago/a ⓜ/ⓕ *ma*·go/a
maillot de bain bañador ⓜ ba·nya·*dor*
maillot de corps camiseta ⓕ ka·mi·*sé*·ta
main mano ⓕ *ma*·no • **fait main** hecho a mano *é*·tcho a *ma*·no
maintenant ahora a·*o*·ra
maire alcalde ⓜ et ⓕ al·*kal*·dé
mais pero *pé*·ro
maïs maíz ⓜ ma·*iS*
maison casa ⓕ *ka*·sa
maîtresse amante ⓜ et ⓕ a·*mann*·té
mal de tête dolor ⓜ de cabeza do·*lor* dé ka·*bé*·Sa
mal des transports mareo ⓜ ma·*ré*·o
malade enfermo/a ⓜ/ⓕ én·*fér*·mo/a
maladie enfermedad ⓕ én·fér·mé·*da*
mallette maletín ⓜ ma·lé·*tinn*
maman mamá ⓕ ma·*ma*
mammographie mamograma ⓜ ma·mo·*gra*·ma
mandarine mandarina ⓕ mann·da·*ri*·na
manger comer ko·*mér*
mangue mango ⓜ *mann*·go
manifestation manifestación ⓕ ma·ni·fés·ta·*Syonn*
manquer (sentimental) echar de menos é·*tchar* dé *mé*·nos
manteau abrigo ⓜ a·*bri*·go
maquillage maquillaje ⓜ ma·ki·*lya*·Rhé
marchand de légumes (magasin) verdulería ⓕ bér·dou·lé·*ri*·a • **(personne)** verdulero/a ⓜ/ⓕ bér·dou·*lé*·ro/a
marché mercado ⓜ mér·*ka*·do
marcher caminar ka·mi·*nar*
marée marea ⓕ ma·*ré*·a
margarine margarina ⓕ mar·ga·*ri*·na
mari marido ⓜ ma·*ri*·do
mariage matrimonio ⓜ ma·tri·*mo*·nyo • **cadeau de mariage** regalo ⓜ de bodas ré·*ga*·lo dé *bo*·das
marier, se casarse ka·*sar*·sé
marmelade mermelada ⓕ mér·mé·*la*·da
marquer marcar mar·*kar*
marron marrón ma·*ronn*
marteau martillo ⓜ mar·*ti*·lyo
massage masaje ⓜ ma·*sa*·Rhé
masseur/masseuse masajista ⓜ et ⓕ ma·sa·*Rhis*·ta
matelas colchón ⓜ kol·*tchonn*
maternelle, école escuela ⓕ de párvulos és·*kwé*·la dé *par*·bou·los
matin (6h-13h) mañana ⓕ ma·*nya*·na
mauvais(e) malo/a ⓜ/ⓕ *ma*·lo/a
mayonnaise mayonesa ⓕ ma·yo·*né*·sa
mécanicien(ne) mecánico/a ⓜ/ⓕ mé·*ka*·ni·ko
médecine medicina ⓕ mé·di·*Si*·na
médias medios ⓜ pl de comunicación *mé*·dyos dé ko·mou·ni·ka·*Syonn*
mendiant(e) mendigo/a ⓜ/ⓕ mén·*di*·go/a
menuisier carpintero/a ⓜ/ⓕ kar·pinn·*té*·ro/a
meilleur mejor mé·*Rhor*
mélanger mezclar méS·*klar*
mélodie melodía ⓕ mé·lo·*di*·a
melon melón ⓜ mé·*lonn*
membre miembro ⓜ *myém*·bro
menstruation menstruación ⓕ méns·trwa·*Syonn*
menteur/menteuse mentiroso/a ⓜ/ⓕ mén·ti·*ro*·so/a
menthe menta ⓕ *mén*·ta
menu menú ⓜ mé·*nou*
mer mar ⓜ mar
mère madre ⓕ *ma*·dré • **belle-mère** suegra ⓕ *swé*·gra
merveilleux/merveilleuse maravilloso/a ⓜ/ⓕ ma·ra·bi·*lyo*·so/a
message mensaje ⓜ mén·*sa*·Rhé

messe misa ⓕ *mi*·sa
métal metal ⓜ mé·*tal*
mètre metro ⓜ *mé*·tro
métro metro ⓜ *mé*·tro • **station de métro** estación ⓕ de metro és·ta·*Syonn* dé *mé*·tro
meubles muebles ⓜ pl *mwé*·blés
micro-ondes microondas ⓜ mi·kro·*onn*·das
midi mediodía ⓜ mé·dyo·*di*·a
miel miel ⓕ myél • **lune de miel** luna ⓕ de miel *lou*·na dé myél
mieux mejor mé·*Rhor*
mignon(ne) bonito/a ⓜ/ⓕ bo·*ni*·to/a
migraine migraña ⓕ mi·*gra*·nya
millimètre milímetro ⓜ mi·*li*·mé·tro
million millón ⓜ mi·*lyonn*
mince delgado/a ⓜ/ⓕ dél·*ga*·do/a
minuscule pequeñito/a ⓜ/ⓕ pé·ké·*nyi*·to/a
minuit medianoche ⓕ mé·dya·*no*·tché
minute minuto ⓜ mi·*nou*·to
miroir espejo ⓜ és·*pé*·Rho
missel devocionario ⓜ dé·bo·Syo·*na*·ryo
moi yo yo
moins menos *mé*·nos
mois mes ⓜ més
molaire muela ⓕ *mwé*·la
mon/ma mi mi
monde mundo ⓜ *moun*·do
monnaie cambio ⓜ *kamm*·byo
monastère monasterio ⓜ mo·nas·*té*·ryo
mononucléose infectieuse fiebre ⓕ glandular *fyé*·bré glann·dou·*lar*
montagne montaña ⓕ monn·*ta*·nya • **chaîne de montagnes** cordillera ⓕ kor·di·*lyé*·ra
monter subir sou·*bir*
montre reloj ⓜ de pulsera ré·*loRh* dé poul·*sé*·ra
montrer mostrar mos·*trar* • enseñar én·sé·*nyar*
monument monumento ⓜ mo·nou·*mén*·to
moquer, se burlarse de bour·*lar*·sé dé
morceau pedazo ⓜ pé·*da*·So
morsure mordedura ⓕ mor·dé·*dou*·ra
mort(e) muerto/a ⓜ/ⓕ *mwér*·to/a
mosquée mezquita ⓕ méS·*ki*·ta
mot palabra ⓕ pa·*la*·bra
mot de passe contraseña ⓕ *konn*·tra·sé·*nya*
moteur motor ⓜ mo·*tor*
moteur de recherche buscador ⓜ *bous*·ka·dor
moto motocicleta ⓕ mo·to·Si·*klé*·ta
mouchoirs en papier pañuelos ⓜ pl de papel pa·*nywé*·los dé pa·*pél*
mouillé(e) mojado/a ⓜ/ⓕ mo·*Rha*·do/a
moules mejillones ⓜ pl mé·Rhi·*lyo*·nés
mourir morir mo·*rir*
moustique mosquito ⓜ mos·*ki*·to
moustiquaire mosquitera ⓕ mos·ki·*té*·ra
moutarde mostaza ⓕ mos·*ta*·Sa
muesli muesli ⓜ *mwés*·li
muet(te) mudo/a ⓜ/ⓕ *mou*·do/a
mur (intérieur) pared ⓕ pa·*ré*
murailles murallas ⓕ pl mou·*ra*·lyas
muscle músculo ⓜ *mous*·kou·lo
musée museo ⓜ mou·*sé*·o
musicien(ne) músico/a ⓜ/ⓕ *mou*·si·ko/a
musique música ⓕ *mou*·si·ka
musulman(e) musulmán/musulmána ⓜ/ⓕ mou·soul·*mann/*mou·soul·*ma*·na

N

nager nadar na·*dar*
nappe mantel ⓜ mann·*tél*
nationalité nacionalidad ⓕ na·Syo·na·li·*da*
natte (de plage) esterilla ⓕ és·té·*ri*·lya
nature naturaleza ⓕ na·tou·ra·*lé*·Sa

naturopathie naturopatia ⓕ *na·tou·ro·pa·tya*
nausée náusea ⓕ *naou·sé·a*
• **nausées de grossesse** náuseas ⓕ pl del embarazo *naou·sé·as dél ém·ba·ra·So*
navigateur (Internet) navegador ⓜ *na·bé·ga·dor*
nécessaire necesario/a ⓜ/ⓕ *né·Sé·sa·ryo/a*
nécessiter necesitar *né·Sé·si·tar*
neige nieve ⓕ *nyé·bé*
nez nariz ⓕ *na·riS*
nier negar *né·gar*
Noël Navidad ⓕ *na·bi·da* • **(nuit de)** Nochebuena ⓕ *no·tché·bwé·na*
noir(e) negro/a ⓜ/ⓕ *né·gro/a*
— et blanc blanco y negro *blann·ko i né·gro*
noix nueces ⓕ pl *nwé·Sés*
— de cajou anacardo ⓜ *a·na·kar·do*
— de coco coco ⓜ *ko·ko*
nom nombre ⓜ *nomm·bré*
— de famille apellido ⓜ *a·pé·lyi·do*
nombreux/nombreuses muchos/as ⓜ/ⓕ pl *mou·tchos/as*
non no *no*
— plus tampoco *tamm·po·ko*
nonne monja ⓕ *monn·Rha*
nord norte ⓜ *nor·té*
notre nuestro/a ⓜ/ⓕ *nwés·tro/a*
nous nosotros/nosotras ⓜ/ⓕ *no·so·tros/ no·so·tras*
nouveau/nouvelle nuevo/a ⓜ/ⓕ *nwé·bo/a*
Nouvel An Año Nuevo ⓜ *a·nyo nwé·bo* • **(réveillon du)** Nochevieja ⓕ *no·tché·byé·Rha*
nourrir dar de comer *dar dé ko·mér*
nourriture comida ⓕ *ko·mi·da*
— pour bébé comida ⓕ de bebé *ko·mi·da dé bé·bé*
nouvelles (informations) noticias ⓕ pl *no·ti·Syas*
nuage nube ⓕ *nou·bé*
nuageux nublado *nou·bla·do*
nucléaire nuclear *nou·klé·ar*
• **déchets nucléaires** desperdicios ⓜ pl nucleares *dés·pér·di·Syos nou·klé·a·rés* • **énergie nucléaire** energía ⓕ nuclear *é·nér·Rhi·a nou·klé·ar* • **essais nucléaires** pruebas ⓕ pl nucleares *prwé·bas nou·klé·a·rés*
nuit noche ⓕ *no·tché*
numéro número ⓜ *nou·mé·ro*
— de chambre número ⓜ de la habitación *nou·mé·ro dé la a·bi·ta·Syonn*

O

objectif objetivo ⓜ *ob·Rhé·ti·bo*
objets trouvés, bureau des oficina f de objetos perdidos *o·fi·Si·na dé ob·Rhé·tos pér·di·dos*
obscur(e) oscuro/a ⓜ/ⓕ *os·kou·ro/a*
occasion, d' de segunda mano *dé sé·goun·da ma·no*
occupé(e) ocupado/a ⓜ/ⓕ *o·kou·pa·do/a*
occuper, s' (de) cuidar de *kwi·dar dé*
océan océano ⓜ *o·Sé·a·no*
odeur olor ⓜ *o·lor*
œil ojo ⓜ *o·Rho* • **gouttes pour les yeux** gotas ⓕ pl para los ojos *go·tas pa·ra los o·Rhos*
œuf huevo ⓜ *wé·bo*
œuvre obra ⓕ *o·bra*
office du tourisme oficina ⓕ de turismo *o·fi·Si·na dé tou·ris·mo*
offrir regalar *ré·ga·lar*
oignon ⓕ cebolla *Sé·bo·lya*
oiseau pájaro ⓜ *pa·Rha·ro*
ombre sombra ⓕ *somm·bra*
opéra ópera ⓕ *o·pé·ra* • **(théâtre)** teatro ⓜ de la ópera *té·a·tro dé la o·pé·ra*
opérateur/opératrice operador/operadora ⓜ/ⓕ *o·pé·ra·dor/ o·pé·ra·do·ra*
opération operación ⓕ *o·pé·ra·Syonn*

opinion opinión ⓕ o·pi·*nyonn*
opportunité oportunidad ⓕ o·por·tou·ni·*da*
orage tormenta ⓕ tor·*mén*·ta
orange (fruit ou couleur) naranja ⓕ na·*rann*·Rha
orchestre orquesta ⓕ or·*kés*·ta
ordinaire corriente ko·*ryén*·té
ordinateur ordenador ⓜ or·dé·na·*dor*
— portable ⓜ portátil or·dé·na·*dor* por·*ta*·til
ordonner ordenar or·dé·*nar*
ordre orden ⓜ *or*·dén
oreille oreja ⓕ o·*ré*·Rha • **boucles d'oreilles** pendientes ⓜ pl pén·*dyén*·tés • **bouchons d'oreilles** tapones ⓜ pl para los oídos ta·*po*·nés *pa*·ra los o·*i*·dos
oreiller almohada ⓕ al·*mwa*·da
• **taie d'oreiller** funda ⓕ de almohada *foun*·da dé al·*mwa*·da
orgasme orgasmo ⓜ or·*gas*·mo
original original o·ri·Rhi·*nal*
orteil dedo ⓜ del pie *dé*·do dél pyé
os hueso ⓜ *wé*·so
ou o o
où donde *donn*·dé
oublier olvidar ol·bi·*dar*
ouest oeste ⓜ o·*és*·té
oui sí si
ouvert(e) abierto/a ⓜ/ⓕ a·*byér*·to/a
ouvre-boîte abrelatas ⓜ a·bré·*la*·tas
ouvrier/ouvrière obrero/a ⓜ/ⓕ o·*bré*·ro/a
ouvrir abrir a·*brir*
oxygène oxígeno ⓜ o·*ksi*·Rhé·no
ozone, couche d' capa ⓕ de ozono *ka*·pa dé o·*So*·no

P

pacemaker marcapasos ⓜ mar·ka·*pa*·sos
page página ⓕ *pa*·Rhi·na
paiement pago ⓜ *pa*·go
pain pan ⓜ pann • **petit pain** bollo *bo*·lyo
— au levain pan de masa fermentada pann dé *ma*·sa fér·mén·*ta*·da
— blanc pan blanco pann blann·ko
— complet integral inn·té·*gral*
— de seigle pan de centeno pann dé Sén·*té*·no
— noir pan moreno pann mo·*ré*·no
paix paz ⓕ paS
palais palacio ⓜ pa·*la*·Syo
pamplemousse pomelo ⓜ po·*mé*·lo
panier canasta ⓕ ka·*nas*·ta
pansements tiritas ⓕ pl ti·*ri*·tas
pantalon pantalones ⓜ pl pann·ta·*lo*·nés
papa papá ⓜ pa·*pa*
paperasse trabajo ⓜ administrativo tra·*ba*·Rho ad·mi·nis·tra·*ti*·bo
papier papel ⓜ pa·*pél*
— à cigarettes papel ⓜ de fumar pa·*pél* dé fou·*mar*
— toilettes papel ⓜ higiénico pa·*pél* i·*Rhyé*·ni·ko
papillon mariposa ⓕ ma·ri·*po*·sa
Pâques Pascua ⓕ *pas*·kwa
paquet paquete ⓜ pa·*ké*·té
par (jour) por (dia) por (*di*·a)
parachutisme paracaidismo ⓜ pa·ra·kay·*dis*·mo
— ascensionnel esqui ⓜ acuático con paracaídas és·*ki* a·*kwa*·ti·ko konn pa·ra·ka·*i*·das
paraplégique parapléjico/a ⓜ/ⓕ pa·ra·*plé*·Rhi·ko/a
parapluie paraguas ⓜ pa·*ra*·gwas
parc parque ⓜ *par*·ké
— national parque ⓜ nacional *par*·ké na·Syo·*nal*
parce que porque *por*·ké
pardonner perdonar pér·do·*nar*
pare-brise parabrisas ⓜ pa·ra·*bri*·sas
pareil igual i·*gwal*
parents padres ⓜ pl *pa*·drés
parfois de vez en cuando dé béS én *kwann*·do

P

FRANÇAIS - ESPAGNOL

parfum perfume ⓜ pér·*fou*·mé
pari apuesta ⓕ a·*pwés*·ta
parking aparcamiento ⓜ a·par·ka·*myén*·to
parlement parlamento ⓜ par·la·*mén*·to
parler hablar a·*blar*
part parte ⓕ *par*·té
partager (avec) compartir komm·par·*tir*
partager (un dortoir) compartir (un dormitorio) komm·par·*tir* (oun dor·mi·*to*·ryo)
parti partido ⓜ par·*ti*·do
partiel, à temps a tiempo parcial a *tyém*·po par·*Syal*
partir de salir de sa·*lir* dé
pas paso ⓜ *pa*·so
pass pase ⓜ *pa*·sé
passage pour piétons paso ⓜ de cebra pa·so dé *Sé*·bra
passager/passagère pasajero/a ⓜ/ⓕ pa·sa·*Rhé*·ro
passé pasado ⓜ pa·*sa*·do
passeport pasaporte ⓜ pa·sa·*por*·té
pastèque ⓕ sandía sann·*di*·a
pastilles (à la menthe) pastillas ⓕ pl (de menta) pas·*ti*·lyas (dé *mén*·ta)
pâte pasta ⓕ *pas*·ta
pâté paté ⓜ pa·*té*
patiner patinar pa·*ti*·nar
pâtisserie pastelería ⓕ pas·té·lé·*ri*·a
pauvre pobre *po*·bré
pauvreté pobreza ⓕ po·*bré*·Sa
payer pagar pa·*gar*
pays país ⓜ pa·*is*
peau piel ⓕ pyél
pêche (activité) pesca ⓕ *pés*·ka
pêche (fruit) melocotón ⓜ mé·lo·ko·*tonn*
pédale pedal ⓜ pé·*dal*
peigne peine ⓜ *péy*·né
peindre pintar pinn·*tar*
peintre pintor/pintora ⓜ/ⓕ pinn·*tor*/ pinn·*to*·ra
peinture pintura ⓕ pinn·*tou*·ra
penser pensar pén·*sar*
pension pensión ⓕ pén·*syonn*
pénurie escasez ⓕ és·ka·*séS*
perdre perder pér·*dér*
perdu(e) perdido/a ⓜ/ⓕ pér·*di*·do/a
père padre ⓜ *pa*·dré • **beau-père** suegro ⓜ *swé*·gro
périmé(e) pasado/a ⓜ/ⓕ pa·*sa*·do/a
permettre permitir pér·mi·*tir*
permis permiso ⓜ pér·*mi*·so
— de conduire carnet ⓜ de conducir kar·*né* dé konn·dou·*Sir*
— de travail permiso ⓜ de trabajo pér·*mi*·so dé tra·*ba*·Rho
permission permiso ⓜ pér·*mi*·so
persil perejil ⓜ pé·ré·*Rhil*
personne persona ⓕ pér·*so*·na
peser pesar pé·*sar*
petit(e) pequeño/a ⓜ/ⓕ pé·*ké*·nyo/a
— -ami(e) novio/a ⓜ/ⓕ *no*·byo/a
— -déjeuner desayuno ⓜ dés·a·*you*·no
— -fils/fille nieto/a ⓜ/ⓕ *nyé*·to/a
— pain bollo *bo*·lyo
pétition petición ⓕ pé·ti·*Syonn*
peu poco *po*·ko
peut-être quizás ki·*Sas*
phares faros ⓜ pl *fa*·ros
pharmacie farmacia ⓕ far·*ma*·Sya
pharmacien(ne) farmacéutico/a ⓜ/ⓕ far·ma·*Sé*·ou·ti·ko/a
photo foto ⓕ *fo*·to
photographe fotógrafo/a ⓜ/ⓕ fo·*to*·gra·fo/a • **(magasin)** tienda ⓕ de fotografía *tyén*·da dé fo·to·gra·*fi*·a
photographie fotografía ⓕ fo·to·gra·*fi*·a
pic piqueta ⓕ pi·*ké*·ta
pièces (de monnaie) monedas ⓕ pl mo·*né*·das
pied pie ⓜ pyé
pierre roca ⓕ *ro*·ka • piedra ⓕ *pyé*·dra
piéton(ne) peatón ⓜ et ⓕ pé·a·*tonn*
piolet piolet ⓜ pyo·*lé*

pile pila ⓕ *pi*·la
pilule pastilla ⓕ pas·*ti*·lya
• **contraceptif** píldora ⓕ *pil*·do·ra
• **pilules pour dormir** pastillas ⓕ pl para dormir pas·*ti*·lyas *pa*·ra dor·*mir*
piment guindilla ⓕ ginn·*di*·lya
pinces à linge pinzas ⓕ pl *pinn*·Sas
ping-pong ping pong ⓜ pinng ponng
pique-nique comida ⓕ en el campo ko·*mi*·da én él *kamm*·po
piqûre inyección ⓕ inn·yék·*Syonn*
• **(d'insecte)** picadura ⓕ pi·ka·*dou*·ra
piscine piscina ⓕ pis·*Si*·na
pistache pistacho ⓜ pis·*ta*·tcho
place (principale) plaza ⓕ (mayor) ⓕ pla·Sa ma·*yor*
plage playa ⓕ *pla*·ya
plaindre, se quejarse ké·*Rhar*·sé
plaire gustar(le) gous·*tar*(·lé)
planche à voile windsurf *winn*·sourf
planche de surf tabla de surf ⓕ *ta*·bla dé sourf
planète planeta ⓜ pla·*né*·ta
plante planta ⓕ *plann*·ta
planter sembrar sém·*brar*
plat(e) llano/a ⓜ/ⓕ *lya*·no/a
plate-forme plataforma ⓕ pla·ta·*for*·ma
plaisanter bromear bro·mé·*ar*
plastique plástico ⓜ *plas*·ti·ko
plateau meseta ⓕ mé·*sé*·ta
plein(e) lleno/a ⓜ/ⓕ *lyé*·no/a
plomb plomo ⓜ *plo*·mo • **sans plomb** sin plomo sinn *plo*·mo
plongée submarinismo ⓜ soub·ma·ri·*nis*·mo • **matériel de plongée** equipo ⓜ de inmersión ⓜ é·*ki*·po dé i·mér·*syonn*
plongée avec tuba buceo ⓜ bou·*Sé*·o
plonger bucear bou·Sé·*ar*
pluie lluvia ⓕ *lyou*·bya
plusieurs varias/os ⓜ/ⓕ *ba*·ryas/os
pneu neumático ⓜ né·ou·*ma*·ti·ko
poche bolsillo ⓜ bol·*si*·lyo
poêle (chauffage) estufa ⓕ és·*tou*·fa
poêle à frire sartén ⓕ sar·*tén*
poésie poesía ⓕ po·é·*si*·a
poids peso ⓜ *pé*·so
• **(sur une balance)** pesas ⓕ pl *pé*·sas
poignet muñeca ⓕ mou·*nyé*·ka
poil pelo ⓜ *pé*·lo
point punto ⓜ *poun*·to
pointer apuntar a·poun·*tar*
poire pera ⓕ *pé*·ra
poireau puerro ⓜ *pwé*·ro
pois guisantes ⓜ pl gi·*sann*·tés
— chiches garbanzos ⓜ pl gar·*bann*·Sos
poisson (animal) pez ⓜ péS
• **(à manger)** pescado ⓜ pés·*ka*·do
poissonnerie pescadería ⓕ pés·ka·dé·*ri*·a
poitrine pecho ⓜ *pé*·tcho
poivre pimienta ⓕ pi·*myén*·ta
poivron (rouge/vert) pimiento ⓜ rojo/verde pi·*myén*·to *ro*·Rho/*bér*·dé
poker póquer ⓜ *po*·kér
police policía ⓕ po·li·*Si*·a
police (d'assurance) póliza ⓕ *po*·li·Sa
politicien político ⓜ po·*li*·ti·ko
politique política ⓕ po·*li*·ti·ka
pollen polen ⓜ *po*·lén
pollution contaminación ⓕ konn·ta·mi·na·*Syonn*
pomme manzana ⓕ mann·*Sa*·na
— de terre patata ⓕ pa·*ta*·ta
pompe bomba ⓕ *bomm*·ba
pont puente ⓜ *pwén*·té
porc cerdo ⓜ *Sér*·do
port puerto ⓜ *pwér*·to
porte puerta ⓕ *pwér*·ta
portefeuille cartera ⓕ kar·*té*·ra
porter llevar lyé·*bar*
porto oporto ⓜ o·*por*·to
poser poner po·*nér*
possible posible po·*si*·blé
poste, bureau de correos ⓜ ko·*ré*·os
• **code postal** código postal ⓜ *ko*·di·go pos·*tal*
poster (décoration) póster ⓜ *pos*·tér

pot (pour une plante) tiesto ⓜ *tyés*·to
pot-de-vin soborno ⓜ so·*bor*·no
pot d'échappement tubo ⓜ de escape *tou*·bo dé és·*ka*·pé
poterie alfarería ⓕ al·fa·ré·*ri*·a
poubelle basura ⓕ ba·*sou*·ra
poulet pollo ⓜ *po*·lyo
poumons pulmones ⓜ pl poul·*mo*·nés
poupée muñeca ⓕ mou·*nyé*·ka
populaire popular po·pou·*lar*
pour cent por ciento por *Syén*·to
pourboire propina ⓕ pro·*pi*·na
pourquoi por qué por *ké*
pousser empujar ém·pou·*Rhar*
pouvoir poder ⓜ po·*dér*
poux piojos ⓜ pl *pyo*·Rhos
précieux/précieuse valioso/a ⓜ/ⓕ ba·*lyo*·so/a
préférer preferir pré·fé·*rir*
prémenstruel, syndrome tensión ⓕ premenstrual *ténn*·syonn pré·méns·*trwal*
premier/première primero/a ⓜ/ⓕ pri·*mé*·ro/a
Premier ministre primer ministro/ primera ministra ⓜ/ⓕ pri·*mér* mi·*nis*·tro/pri·*mé*·ra mi·*nis*·tra
prendre (le train) tomar to·*mar*
prendre (une photo) sacar sa·*kar*
prénom nombre ⓜ de pila *nomm*·bré dé *pi*·la
préparer preparar pré·pa·*rar*
près cerca *Sér*·ka
préservatifs condones ⓜ pl konn·*do*·nés
président(e) presidente/a ⓜ/ⓕ pré·si·*dén*·té/a
presque casi *ka*·si
pression presión ⓕ pré·*syonn*
— artérielle presión ⓕ arterial pré·*syonn* ar·té·*ryal*
prêt(e) listo/a ⓜ/ⓕ *lis*·to/a
prêtre sacerdote ⓜ sa·Sér·*do*·té
prévenir prevenir pré·bé·*nir*
prière oración ⓕ o·ra·*Syonn*
principal principal prinn·Si·*pal*
printemps primavera ⓕ pri·ma·*bé*·ra
prison cárcel ⓕ *kar*·Sél
prisonnier/prisonnière prisionero/a ⓜ/ⓕ pri·syonn·*né*·ro/a
privé(e) privado/a ⓜ/ⓕ pri·*ba*·do/a
prix precio ⓜ *pré*·Syo
prochain próximo *prok*·si·mo
proche cerca *Sér*·ka
produire producir pro·dou·*Sir*
professeur profesor/profesora ⓜ/ⓕ pro·fé·*sor*/pro·fé·*so*·ra
profond(e) profundo/a ⓜ/ⓕ pro·*foun*·do/a
programme programa ⓜ pro·*gra*·ma
projecteur proyector ⓜ pro·yék·*tor*
prolongation (visa) prolongación ⓕ pro·lonn·ga·*Syonn*
promenade paseo ⓜ pa·*sé*·o
promesse promesa ⓕ pro·*mé*·sa
propre limpio/a ⓜ/ⓕ *limm*·pyo/a
propreté limpieza ⓕ limm·*pyé*·Sa
propriétaire propietario/propietaria ⓜ/ⓕ pro·pyé·*ta*·ryo/pro·pyé·*ta*·rya
• dueño/a ⓜ/ⓕ *dwé*·nyo/a
protège-slip salvaeslip ⓜ sal·ba·é·*slip*
protégée (espèce) protegido/a ⓜ/ⓕ pro·té·*Rhi*·do/a
protéger proteger pro·té·*Rhér*
protestation protesta ⓕ pro·*tés*·ta
protester protestar pro·tés·*tar*
provisions provisiones ⓕ pl pro·bi·*syo*·nés
prudent prudente prou·*dén*·té
prune ciruela Si·*rwé*·la
pruneau ciruela ⓕ pasa Si·*rwé*·la *pa*·sa
pub pub ⓜ poub
publicité anuncio ⓜ a·*noun*·Syo
puce pulga ⓕ *poul*·ga
puits pozo ⓜ *po*·So
pull-over jersey ⓜ Rhér·*say*
punir castigar kas·ti·*gar*
pur(e) puro/a ⓜ/ⓕ *pou*·ro/a

Q

qualifications cualificaciones ⓕ pl kwa·li·fi·ka·Syo·nés
qualité calidad ⓕ ka·li·da
quand cuando kwann·do
quarantaine cuarentena ⓕ kwa·rénn·té·na
quart cuarto ⓜ kwar·to
quartier barrio ⓜ ba·ryo
quelque alguno/a ⓜ/ⓕ al·gou·no/a
— chose algo al·go
quelqu'un alguien al·gyén
querelle pelea ⓕ pé·lé·a
question pregunta ⓕ pré·goun·ta
queue rabo ⓜ ra·bo • cola ⓕ ko·la
qui quien kyén
quincaillerie ferretería ⓕ fé·ré·té·ri·a
quinzaine quincena ⓕ kinn·Sé·na
quitter dejar dé·Rhar
quotidiennement diariamente dya·rya·mén·té

R

race raza ⓕ ra·Sa
raconter contar konn·tar
radiateur radiador ⓜ ra·dya·dor
radin tacaño/a ⓜ/ⓕ ta·ka·nyo/a
radis rábano ⓜ ra·ba·no
rafraîchissement refresco ⓜ ré·frés·ko
rafting rafting ⓜ rahf·tinn
raifort rábano ⓜ picante ra·ba·no pi·kann·té
raisin uva ⓕ ou·ba
— sec uva ⓕ pasa ou·ba pa·sa
raison razón ⓕ ra·Sonn
rame remo ⓜ ré·mo
randonnée excursionismo ⓜ éks·kour·syo·nis·mo • **chaussures de randonnée** botas ⓕ pl de montaña bo·tas dé monn·ta·nya • **chemins de randonnée** caminos ⓜ pl rurales ka·mi·nos rou·ra·lés
rapide rápido/a ⓜ/ⓕ ra·pi·do/a
raquette raqueta ⓕ ra·ké·ta
rare raro/a ⓜ/ⓕ ra·ro/a
raser, se afeitarse a·féy·tar·sé
rasoir afeitadora ⓕ a·féy·ta·do·ra
• **lames de rasoir** cuchillas ⓕ pl de afeitar kou·tchi·lyas dé a·féy·tar
rat rata ⓕ ra·ta
réaliser (se rendre compte) darse cuenta de dar·sé kwénn·ta dé
réaliste realista ré·a·lis·ta
récemment recientemente ré·Syén·té·mén·té
recevoir recibir ré·Si·bir
recommander recomendar ré·ko·mén·dar
reconnaître reconocer ré·ko·no·Sér
récolte cosecha ⓕ ko·sé·tcha
reçu recibo ⓜ ré·Si·bo
recyclable reciclable ré·Si·kla·blé
recycler reciclar ré·Si·klar
références referencias ⓕ pl ré·fé·rénn·Syas
réfrigérateur nevera ⓕ né·bé·ra • frigerífico ⓜ fri·gé·ri·fi·ko
réfugié(e) refugiado/a ⓜ/ⓕ ré·fou·Rhya·do/a
refuser negar né·gar
regarder mirar mi·rar
régime régimen ⓜ ré·Rhi·mén
règles reglas ⓕ pl ré·glas • **douleurs menstruelles** dolor ⓜ menstrual do·lor méns·trwal
regretter lamentar la·mén·tar
reine reina ⓕ réy·na
relation relación ⓕ ré·la·Syonn
religieux/religieuse religioso/a ⓜ/ⓕ ré·li·Rhyo·so/a
religion religión ⓕ ré·li·Rhyonn
relique reliquia ⓕ ré·li·kya
remboursement reembolso ⓜ ré·ém·bol·so
rembourser reembolsar ré·ém·bol·sar
remercier dar gracias dar gra·Syas
remise descuento ⓜ dés·kwénn·to
remplir llenar lyé·nar
rencontrer encontrar én·konn·trar

rendez-vous cita ⓕ *Si*·ta
rendre compte de, se darse cuenta de *dar*·sé *kwénn*·ta dé
réparer reparar ré·pa·*rar*
répéter repetir ré·pé·*tir*
répondeur téléphonique contestador ⓜ automático konn·tés·ta·*dor* aou·to·*ma*·ti·ko
réponse respuesta ⓕ rés·*pwés*·ta
repos descanso ⓜ dés·*kann*·so
reposer, se descansar dés·kann·*sar*
république república ⓕ ré·*pou*·bli·ka
réseau red ⓕ réd
— social red social réd *so*·Syal
— téléphonique red telefónica réd té·lé·*fo*·ni·ka
réservation reserva ⓕ ré·*sér*·ba
réserver reservar ré·sér·*bar*
résider alojarse a·lo·*Rhar*·sé
respirer respirar rés·pi·*rar*
ressort muelle ⓜ *mwé*·lyé
restaurant restaurante ⓜ rés·taou·*rann*·té
rester quedar ké·*dar*
retard demora ⓕ dé·*mo*·ra
retraité(e) pensionista ⓜ et ⓕ pén·syo·*nis*·ta • jubilado/a ⓜ/ⓕ Rhou·bi·*la*·do/a
réveille-matin despertador ⓜ dés·pér·ta·*dor*
rêver soñar so·*nyar*
revenir volver bol·*bér*
réviser revisar ré·bi·*sar*
rhum ron ronn
rhume resfriado ⓜ rés·fri·*a*·do
riche rico/a ⓜ/ⓕ *ri*·ko/a
rien nada *na*·da
rire reírse ré·*ir*·sé
risque riesgo ⓜ *ryés*·go
rivière río ⓜ *ri*·o
riz arroz ⓜ a·*roS*
robe vestido ⓜ bés·*ti*·do
robinet grifo ⓜ *gri*·fo
rock rock ⓜ rok
roi rey ⓜ réy
romantique romántico/a ⓜ/ⓕ ro·*mann*·ti·ko/a
rond(e) redondo/a ⓜ/ⓕ ré·*donn*·do/a
rond-point glorieta ⓕ glo·*ryé*·ta
rose rosa *ro*·sa
roue rueda ⓕ *rwé*·da
rouge rojo/a ⓜ/ⓕ *ro*·Rho/a
— à lèvres pintalabios ⓜ *pinn*·ta *la*·byos
rougeole sarampión ⓜ sa·ramm·*pyonn*
route carretera ⓕ ka·ré·*té*·ra
rue calle ⓕ *ka*·lyé
rugby rugby ⓜ *roug*·bi
ruines ruinas ⓕ pl *rwi*·nas
ruisseau arroyo ⓜ a·*ro*·yo
rythme ritmo ⓜ *rit*·mo

S

sable arena ⓕ a·*ré*·na
sac bolso ⓜ *bol*·so
— à dos mochila ⓕ mo·*tchi*·la
— de couchage saco ⓜ de dormir *sa*·ko dé dor·*mir*
saigner sangrar sann·*grar*
saillie saliente ⓜ sa·*lyén*·té
saint(e) santo/a ⓜ/ⓕ *sann*·to/a
saison estación ⓕ és·ta·*Syonn*
• **(en sport)** temporada ⓕ tém·po·*ra*·da
salaire salario ⓜ sa·*la*·ryo • sueldo ⓜ *swél*·do
sale sucio/a ⓜ/ⓕ *sou*·Syo/a
salle d'attente sala ⓕ de espera *sa*·la dé és·*pé*·ra
salle de bains baño ⓜ *ba*·nyo
salle de transit sala ⓕ de tránsito *sa*·la dé *trann*·si·to
salon de beauté salón ⓜ de belleza sa·*lonn* dé bé·*lyé*·Sa
sandales sandalias ⓕ pl sann·*da*·lyas
sang sangre ⓕ *sann*·gré
sans sin sinn
— -abri sin hogar sinn o·*gar*
— emploi en el paro én él *pa*·ro
— plomb sin plomo sinn *plo*·mo

santé salud ⓕ sa·*lou*
sardines (pour une tente) piquetas ⓕ pl pi·*ké*·tas
sauce salsa ⓕ *sal*·sa
— soja salsa ⓕ de soja *sal*·sa dé so·Rha
— tomate salsa ⓕ de tomate *sal*·sa dé to·*ma*·té
saucisse salchicha ⓕ sal·*tchi*·tcha
saumon salmón ⓜ sal·*monn*
sauna sauna ⓕ *saou*·na
sauter saltar sal·*tar*
sauver salvar sal·*bar*
savoir saber sa·*bér*
savon jabón ⓜ Rha·*bonn*
savoureux/savoureuse sabroso/a ⓜ/ⓕ sa·*bro*·so/a
scène escenario ⓜ és·Sé·*na*·ryo
science ciencia ⓕ *Syén*·Sya
scientifique científico/a ⓜ/ⓕ Syén·*ti*·fi·ko/a
salad(e) ensalada ⓕ én·sa·*la*·da
scanner escanear és·ka·né·*ar*
script guión ⓜ gi·*onn*
sculpture escultura ⓕ és·koul·*tou*·ra
seau cubo ⓜ *kou*·bo
sécher secar sé·*kar*
second(e) segundo/a ⓜ/ⓕ sé·*goun*·do/a
secrétaire secretario/a ⓜ/ⓕ sé·kré·*ta*·ryo/a
seins senos ⓜ pl *sé*·nos
sel sal ⓕ sal
self-service autoservicio ⓜ aou·to·sér·*bi*·Syo
selle sillín ⓜ si·*lyinn*
Semaine sainte Semana ⓕ Santa sé·*ma*·na *sann*·ta
sensibilité sensibilidad ⓕ sén·si·bi·li·*da*
sensuel(le) sensual sén·*swal*
sentier sendero ⓜ sén·*dé*·ro
sentiments sentimientos ⓜ pl sén·ti·*myén*·tos
sentir (un sentiment) sentir sén·*tir* • **(une odeur)** oler o·*lér*
séparé(e) separado/a ⓜ/ⓕ sé·pa·*ra*·do/a
séparer separar sé·pa·*rar*
série télévisée serie ⓕ *sé*·ryé
sérieux/sérieuse serio/a ⓜ/ⓕ *sé*·ryo/a
seringue jeringa ⓕ Rhé·*rinn*·ga
séropositif/séropositive seropositivo/a ⓜ/ⓕ sé·ro·po·si·*ti*·bo/a
serpent serpiente ⓕ sér·*pyén*·té
serré(e) apretado/a ⓜ/ⓕ a·pré·*ta*·do/a
serrure cerradura ⓕ Sé·ra·*dou*·ra
serveur/serveuse camarero/a ⓜ/ⓕ ka·ma·*ré*·ro/a
service militaire servicio ⓜ militar sér·*bi*·Syo mi·li·*tar*
serviette (table) servilleta ⓕ sér·bi·*lyé*·ta • **(salle de bains)** toalla ⓕ to·*a*·lya
— hygiénique compresa ⓕ komm·*pré*·sa
seul(e) solo/a ⓜ/ⓕ *so*·lo/a
seulement sólo *so*·lo
sexe sexo ⓜ *sé*·kso
sexy sexy *sé*·ksi
shampoing champú ⓜ tchamm·*pou*
shooter dar una patada dar *ou*·na pa·*ta*·da
shorts pantalones ⓜ pl cortos pann·ta·*lo*·nés
si si si
sida sida ⓜ *si*·da
siège asiento ⓜ a·*syén*·to
— de sécurité pour bébé asiento ⓜ de seguridad para bebés a·*syén*·to dé sé·gou·ri·*da* *pa*·ra bé·*bés*
signal señal ⓕ sé·*nyal*
signature firma ⓕ *fir*·ma
signer firmar fir·*mar*
similaire similar si·mi·*lar*
simple sencillo/a ⓜ/ⓕ sén·*Si*·lyo/a
sirop jarabe ⓜ Rha·*ra*·bé
skate-board monopatinaje ⓜ mo·no·pa·ti·*na*·Rhé

ski esquí ⓜ és·*ki*
— nautique esquí ⓜ acuático és·*ki* a·*kwa*·ti·ko
skier esquiar és·ki·*ar*
slip (homme) calzoncillos ⓜ pl kal·Sonn·*Si*·lyos
smartphone Smartphone (teléfono inteligente) ⓜ *smart*·fonn (té·*lé*·fo·no inn·té·li·*Rhén*·té)
snorkeling buceo ⓜ bou·*Sé*·o
snow-board surf ⓜ sobre la nieve sourf *so*·bré la *nyé*·bé
socialiste socialista ⓜ et ⓕ so·Sya·*lis*·ta
sœur hermana ⓕ ér·*ma*·na
soie seda ⓕ *sé*·da
soif sed ⓕ sé
soir noche ⓕ *no*·tché
soja, sauce salsa ⓕ de soja *sal*·sa dé *so*·Rha
sol suelo ⓜ *swé*·lo
soldat soldado ⓜ sol·*da*·do
soleil sol ⓜ sol • **lever du soleil** amanecer ⓜ a·ma·né·*Sér* • **coucher du soleil** puesta ⓕ del sol *pwés*·ta dél sol • **crème solaire** crema ⓕ solar *kré*·ma so·*lar* • **coup de soleil** quemadura ⓕ de sol ké·ma·*dou*·ra dé sol
sombre oscuro/a ⓜ/ⓕ os·*kou*·ro/a
sommeil, (avoir) (tener) sueño (té·*nér*) *swé*·nyo
sommet cumbre ⓕ *koum*·bré
son su sou
sondage sondeo ⓜ sonn·*dé*·o
sortie salida ⓕ sa·*li*·da
sortir avec (quelqu'un) salir con sa·*lir* konn
soûl borracho/a ⓜ/ⓕ bo·*ra*·tcho/a
soudoyer sobornar so·bor·*nar*
souffrir sufrir sou·*frir*
soupe sopa ⓕ *so*·pa
sourd(e) sordo/a ⓜ/ⓕ *sor*·do/a
sourire sonreír sonn·ré·*ir*
souris ratón ⓜ ra·*tonn*
sous abajo a·*ba*·Rho
— -titres subtítulos ⓜ pl soub·*ti*·tou·los
— -vêtements ropa interior ⓕ *ro*·pa inn·té·*ryor*
soutien-gorge sujetador ⓜ sou·Rhé·ta·*dor*
souvenir recuerdo ⓜ ré·*kwér*·do
souvenir, se recordar ré·kor·*dar*
souvent a menudo a mé·*nou*·do
spécial especial és·pé·*Syal*
spécialiste especialista ⓜ et ⓕ és·pé·Sya·*lis*·ta
spectacle espectáculo ⓜ és·pék·*ta*·kou·lo
sport deporte ⓜ dé·*por*·té
sportif deportista ⓜ et ⓕ dé·por·*tis*·ta
stade estadio ⓜ és·*ta*·dyo
station estación ⓕ és·ta·*Syonn*
— -service gasolinera ⓕ ga·so·li·*né*·ra
— de métro estación ⓕ de metro és·ta·*Syonn* dé *mé*·tro
— de taxis parada ⓕ de taxis pa·*ra*·da dé *tak*·sis
statue estatua ⓕ és·*ta*·twa
stérilet DIU ⓜ dé i ou
stop, faire du hacer dedo a·*Sér* *dé*·do
studio estudio ⓜ és·*tou*·dyo
stupide estúpido/a ⓜ/ⓕ és·*tou*·pi·do/a
style estilo ⓜ és·*ti*·lo
stylo bolígrafo ⓜ bo·*li*·gra·fo
succursale sucursal ⓕ sou·kour·*sal*
sucre azúcar ⓜ a·*Sou*·kar
sucré dulce *doul*·Sé
sucreries dulces ⓜ pl *doul*·Sés
sud sur ⓜ sour
suer sudar sou·*dar*
suffisant(e) suficiente ⓜ/ⓕ sou·fi·*Syén*·té
Suisse (pays) Suiza ⓕ *soui*·Sa
• (nationalité)
suivre seguir sé·*gir*
super cojonudo/a ⓜ/ⓕ ko·Rho·*nou*·do/a

supermarché supermercado ⓜ *sou·pér·mér·ka·do*
superstition superstición ⓕ *sou·pérs·ti·Syonn*
supporters hinchas ⓜ et ⓕ pl *inn·tchas*
sur sobre *so·bré* • en *én*
sûr(e) seguro/a ⓜ/ⓕ *sé·gou·ro/a*
surf, planche de tabla de surf ⓕ *ta·bla dé sourf*
surfer hacer surf *a·Sér sourf*
surgelés productos congelados ⓜ pl *pro·douk·tos konn·Rhé·la·dos*
surnom apodo ⓜ *a·po·do* • apellido ⓜ *a·pé·lyi·do*
surprise sorpresa ⓕ *sor·pré·sa*
survivre sobrevivir *so·bré·bi·bir*
sympathique simpático/a ⓜ/ⓕ *simm·pa·ti·ko/a*
synagogue sinagoga ⓕ *si·na·go·ga*
synthétique sintético/a ⓜ/ⓕ *sinn·té·ti·ko/a*

T

ta fam sg tu *tou*
tabac tabaco ⓜ *ta·ba·ko*
table mesa ⓕ *mé·sa*
tableau d'affichage (sport) marcador ⓜ *mar·ka·dor*
tablette tablet ⓕ *ta·blèt*
taie d'oreiller funda ⓕ de almohada *foun·da dé al·mwa·da*
taille (vêtements) talla ⓕ *ta·lya*
tailleur sastre ⓜ *sas·tré*
talc talco ⓜ *tal·ko*
tampons tampones ⓜ pl *tamm·po·nés*
tante tía ⓕ *ti·a*
taper (à la machine) escribir a máquina *és·kri·bir a ma·ki·na*
tapis alfombra ⓕ *al·fomm·bra*
tard tarde *tar·dé*
tasse taza ⓕ *ta·Sa*
taureau toro ⓜ *to·ro*
taux de change tipo ⓜ de cambio *ti·po dé kamm·byo*
taxe d'aéroport tasa ⓕ del aeropuerto *ta·sa dél ay·ro·pwér·to*
taxi taxi ⓜ *tak·si* • **station de taxis** parada ⓕ de taxis *pa·ra·da dé tak·sis*
technique técnica ⓕ *ték·ni·ka*
tee-shirt camiseta ⓕ *ka·mi·sé·ta*
télécharger descargar *dès·kar·gar*
télécommande mando ⓜ a distancia *mann·do a dis·tann·Sya*
téléphérique teleférico ⓜ *té·lé·fé·ri·ko*
téléphone teléfono ⓜ *té·lé·fo·no*
cabine téléphonique cabina ⓕ • telefónica *ka·bi·ka té·lé·fo·ni·ka*
— portable teléfono ⓜ móvil *té·lé·fo·no mo·bil*
— public teléfono ⓜ público *té·lé·fo·no pou·bli·ko*
téléphoner llamar (por teléfono) *lya·mar (por té·lé·fo·no)*
télescope telescopio ⓜ *té·lés·ko·pyo*
télévision televisión ⓕ *té·lé·bi·syonn*
• **série télé** serie ⓕ *sé·ryé*
température temperatura ⓕ *tém·pé·ra·tou·ra*
temple templo ⓜ *tém·plo*
temps (horaire et météo) tiempo ⓜ *tyém·po*
temps plein, à a tiempo completo *a tyém·po komm·plé·to*
tennis tenis ⓜ *té·nis*
tente tienda ⓕ (de campaña) *tyén·da (dé kamm·pa·nya)*
tenter (de faire quelque chose) intentar (hacer algo) *inn·ténn·tar (a·Sér al·go)*
terre (élément) tierra ⓕ *tyé·ra*
Terre Tierra ⓕ *tyé·ra* • **tremblement de terre** terremoto ⓜ *té·ré·mo·to*
terrible terrible *té·ri·blé*
tête cabeza ⓕ *ka·bé·Sa* • **mal de tête** dolor ⓜ de cabeza *do·lor dé ka·bé·Sa*
tétine chupete ⓜ *tchou·pé·té*
têtu(e) testarudo/a ⓜ/ⓕ *tés·ta·rou·do/a*

V

thé té ⓜ té
théâtre teatro ⓜ té·a·tro
thon atún ⓜ a·toun
tiède templado/a ⓜ/ⓕ tém·pla·do/a
tiers tercio ⓜ tér·Syo
timbre sello ⓜ sé·lyo
timide tímido/a ⓜ/ⓕ ti·mi·do/a
tirer tirar ti·rar
titre título ⓜ ti·tou·lo
toast tostada ⓕ tos·ta·da
tofu tofú ⓜ to·fou
toi fam sg tú tou
toile tela ⓕ té·la
toilettes servicio ⓜ sér·bi·Syo
tomate tomate ⓜ to·ma·té • **sauce tomate** salsa ⓕ de tomate sal·sa dé to·ma·té
— séchée au soleil tomate ⓜ secado al sol to·ma·té sé·ka·do al sol
tombe tumba ⓕ toum·ba
ton tono ⓜ to·no
ton/ta fam sg tu tou
torche linterna ⓕ linn·tér·na
tôt temprano tém·pra·no
toucher tocar to·kar
toujours siempre syém·pré
tour torre ⓕ to·ré
tourner doblar do·blar
tourisme turismo ⓜ tou·ris·mo • **office du tourisme** oficina ⓕ de turismo o·fi·Si·na dé tou·ris·mo
touriste turista ⓜ et ⓕ tou·ris·ta • **(argot)** guiri ⓜ gi·ri
tout todo to·do
toux tos ⓕ tos
traduire traducir tra·dou·Sir
tranquille tranquilo/a ⓜ/ⓕ trann·ki·lo/a
tranquilité tranquilidad ⓕ trann·ki·li·da
trace (pas) rastro ⓜ ras·tro
trafic tráfico ⓜ tra·fi·ko
train tren ⓜ trén
tramway tranvía ⓜ trann·bi·a
transit, salle de sala ⓕ de tránsito sa·la dé trann·si·to
transports medios ⓜ pl de transporte mé·dyos dé tranns·por·té
travail trabajo ⓜ tra·ba·Rho • **permis de travail** permiso ⓜ de trabajo pér·mi·so dé tra·ba·Rho
travailler trabajar tra·ba·Rhar
travers, à a través a tra·bés
tremblement de terre terremoto ⓜ té·ré·mo·to
très muy moui
tricheur/tricheuse tramposo/a ⓜ/ⓕ tramm·po·so/a**vestiaires** vestuarios ⓜ pl bés·twa·ryos
triste triste tris·té
trop (cher) demasiado (caro/a) ⓜ/ⓕ dé·ma·sya·do (ka·ro/a)
trottoir acera ⓕ a·Sé·ra
trousse de premiers secours maletín ⓜ de primeros auxilios ma·lé·tinn dé pri·mé·ros aou·ksi·lyos
trouver encontrar én·konn·trar
TVA IVA ⓜ i·ba
tuer matar ma·tar
type tipo ⓜ ti·po
typique típico/a ⓜ/ⓕ ti·pi·ko/a

U

uniforme uniforme ⓜ ou·ni·for·mé
univers universo ⓜ ou·ni·bér·so
université universidad ⓕ ou·ni·bér·si·da
urgence emergencia ⓕ é·mér·Rhén·Sya
urgent urgente our·Rhén·té
usine fábrica ⓕ fa·bri·ka
utile útil ou·til

V

vacances vacaciones ⓕ pl ba·ka·Syo·nés
vacant(e) vacante ba·kann·té
vaccination vacuna ⓕ ba·kou·na
vache vaca ⓕ ba·ka
vagin vagina ⓕ ba·Rhi·na

vague ola ⓕ o·la
valeur valor ⓜ ba·lor
valider validar ba·li·dar
valise maleta ⓕ ma·lé·ta
vallée valle ⓜ ba·lyé
veau ternero ⓜ tér·né·ro • ternera ⓕ tér·né·ra
végétarien vegetariano/a ⓜ/ⓕ bé·Rhé·ta·rya·no/a
veine vena ⓕ bé·na
vélo bici ⓕ bi·Si
— de course bicicleta ⓕ de carreras bi·Si·klé·ta dé ka·ré·ras
— tout terrain bicicleta ⓕ de montaña bi·Si·klé·ta dé monn·ta·nya
vendre vender bén·dér
vénéneux/vénéneuse venenoso/a ⓜ/ⓕ bé·né·no·so/a
vénérienne, maladie enfermedad ⓕ venérea én·fér·mé·da bé·né·ré·a
venimeux/venimeuse venenoso/a ⓜ/ⓕ bé·né·no·so/a
venir venir bé·nir
vent viento ⓜ byén·to
ventilateur ventilador ⓜ bén·ti·la·dor • **courroie du ventilateur** correa ⓕ del ventilador ko·ré·a dél bén·ti·la·dor
ventre, douleurs de dolor ⓜ de estómago do·lor dé és·to·ma·go
ver de terre lombriz ⓕ lomm·briS
vermicelles fideos ⓜ pl fi·dé·os
verre (matière) vidrio ⓜ bi·dryo
verre (pour boire) vaso ⓜ ba·so
— à vin copa ⓕ de vino co·pa dé bi·no
vers (direction) hacia a·Sya
vert verde bér·dé
veste chaqueta ⓕ tcha·ké·ta
vestibule vestíbulo ⓜ bés·ti·bou·lo
vestiaire vestuario ⓜ bés·twa·ryo
vêtements ropa ⓕ sg ro·pa • **magasin de vêtements** tienda ⓕ de ropa tyén·da dé ro·pa • **sous-vêtements** ropa interior ⓕ ro·pa inn·té·ryor
viande carne ⓕ kar·né
vide vacío/a ⓜ/ⓕ ba·Si·o/a
vie vida ⓕ bi·da
vieux/vieille viejo/a ⓜ/ⓕ byé·Rho/a
vigne vid ⓕ bid
vignoble viñedo ⓜ bi·nyé·do
village pueblo ⓜ pwé·blo
ville ciudad ⓕ Siw·da
vin vino ⓜ bi·no • **cave à vin** bodega ⓕ bo·dé·ga • **verre à vin** copa ⓕ de vino co·pa dé bi·no
vinaigre vinagre ⓜ bi·na·gré
violer violar byo·lar
virus virus ⓜ bi·rous
visa visado ⓜ bi·sa·do
visage cara ⓕ ka·ra
visite visita ⓕ bi·si·ta
— guidée recorrido ⓜ guiado ré·ko·ri·do gui·a·do
visiter visitar bi·si·tar
vitamines vitaminas ⓕ pl bi·ta·mi·nas
vite de prisa dé pri·sa
vitesse velocidad ⓕ bé·lo·Si·da • **excès de vitesse** exceso ⓜ de velocidad éks·Sé·so dé bé·lo·Si·da
vivre vivir bi·bir
vivres víveres ⓜ pl bi·bé·rés
vodka vodka ⓕ bod·ka
voile, planche à windsurf winn·sourf
voir ver bér
voiture coche ⓜ ko·tché • **location de voiture** alquiler ⓜ de coche al·ki·lér dé ko·tché
voix voz ⓕ boS
vol à l'étalage ratería ⓕ ra·té·ri·a
vol intérieur vuelo ⓜ doméstico bwé·lo do·més·ti·ko
voler (dans les airs) volar bo·lar • **(quelque chose)** robar ro·bar
voleur/voleuse ladrón/ladrona ⓜ/ⓕ la·dronn/la·dro·na
volume volumen ⓜ bo·lou·mén
voter votar bo·tar
votre pol sg su sou
vouloir querer ké·rér
vous pol sg Usted ous·té

voyage viaje ⓜ *bya*·Rhé • **agence de voyages** agencia ⓕ de viajes a·*Rhén*·Sya dé *bya*·Rhés
voyager viajar bya·*Rhar*
VTT bicicleta ⓕ de montaña bi·Si·*klé*·ta dé monn·*ta*·nya
vue vista ⓕ *bis*·ta

W

wagon-lit coche cama ⓜ *ko*·tché *ka*·ma
wagon-restaurant vagón ⓜ restaurante ba·*gonn* rés·taou·*rann*·té
week-end fin de semana ⓜ finn dé sé·*ma*·na
whisky güisqui ⓜ *gwis*·ki

Y

yaourt yogur ⓜ yo·*gour*
yoga yoga ⓜ *yo*·ga

Z

zodiaque zodíaco ⓜ So·*di*·a·ko
zoo zoológico ⓜ zo·o·*lo*·Rhi·ko

Dictionnaire

ESPAGNOL - FRANÇAIS

español–francés

Le genre des noms du dictionnaire est indiqué par ⓜ ou ⓕ. Lorsque le nom est au pluriel, cela est signalé par le signe pl. Si un mot peut être à la fois un verbe et un nom et qu'aucun genre n'est indiqué, c'est qu'il s'agit du verbe.

A

abajo a·*ba*·Rho dessous
abanico ⓜ a·ba·*ni*·ko éventail
abarrotado a·ba·ro·*ta*·do bondé, plein à craquer
abeja ⓕ a·*bé*·Rha abeille
abierto/a ⓜ/ⓕ a·*byér*·to/a ouvert(e)
abogado/a ⓜ/ⓕ a·bo·*ga*·do/a avocat(e)
aborto ⓜ a·*bor*·to avortement
abrazo ⓜ a·*bra*·So accolade
abrebotellas ⓜ a·bré·bo·*té*·lyas décapsuleur
abrelatas ⓜ a·bré·*la*·tas ouvre-boîte
abrigo ⓜ a·*bri*·go manteau
abrir a·*brir* ouvrir
abuela ⓕ a·*bwé*·la grand-mère
abuelo ⓜ a·*bwé*·lo grand-père
aburrido/a ⓜ/ⓕ a·bou·*ri*·do/a ennuyeux/ennuyeuse • qui s'ennuie
acabar a·ka·*bar* finir
acampar a·kamm·*par* camper
acantilado ⓜ a·kann·ti·*la*·do falaise
accidente ⓜ ak·Si·*dén*·té accident
aceite ⓜ a·*Séy*·té huile
aceptar a·Sép·*tar* accepter
acera ⓕ a·*Sé*·ra trottoir
acondicionador ⓜ a·konn·di·Syo·na·*dor* climatiseur • après-shampooing
acoso ⓜ a·*ko*·so harcèlement
activista ⓜ et ⓕ ak·ti·*bis*·ta activiste
actuación ⓕ ak·twa·*Syonn* jeu (interprétation)
acupuntura ⓕ a·kou·poun·*tou*·ra acupuncture
adaptador ⓜ a·dap·ta·*dor* adaptateur
adentro a·*dén*·tro à l'intérieur
adivinar a·di·bi·*nar* deviner
administración ⓕ ad·mi·nis·tra·*Syonn* administration
admitir ad·mi·*tir* admettre
adoración ⓕ a·do·ra·*Syonn* adoration
aduana ⓕ a·*dwa*·na douane
adulto/a ⓜ/ⓕ a·*doul*·to/a adulte
aeróbic ⓜ aé·*ro*·bik aérobic
aerolínea ⓕ aé·ro·*li*·nya ligne aérienne
aeropuerto ⓜ aé·ro·*pwér*·to aéroport
afeitadora ⓕ a·féy·ta·*do*·ra rasoir
afeitarse a·féy·*tar*·sé se raser
afortunado/a ⓜ/ⓕ a·for·tou·*na*·do/a chanceux/chanceuse
África ⓕ a·fri·ka Afrique

A

agencia ⓕ de viajes a·Rhén·Sya dé bya·Rhés agence de voyages
agenda ⓕ a·Rhén·da agenda
agente ⓜ inmobiliario a·Rhén·té inn·mo·bi·lya·ryo agent immobilier
agresivo/a ⓜ/ⓕ a·gré·si·bo/a agressif/agressive
agricultor(a) ⓜ/ⓕ a·gri·koul·tor/a·gri·koul·to·ra agriculteur/agricultrice
agricultura ⓕ a·gri·koul·tou·ra agriculture
agua ⓕ a·gwa eau
— caliente ka·lyén·té eau chaude
— mineral mi·né·ral eau minérale
aguacate ⓜ a·gwa·ka·té avocat (fruit)
aguja ⓕ a·gou·Rha aiguille (couture)
ahora a·o·ra maintenant
ahorrar a·o·rar épargner
aire ⓜ ay·ré air
— acondicionado a·konn·di·Syo·na·do climatisation
ajedrez ⓜ a·Rhé·dréS échecs
al lado de al la·do dé à côté de
alambre ⓜ a·lamm·bré fil de fer
alba ⓕ al·ba aube
albaricoque ⓜ al·ba·ri·ko·ké abricot
albergue ⓜ juvenil al·bér·gé Rhou·bé·nil auberge de jeunesse
alcachofa ⓕ al·ka·tcho·fa artichaut
alcohol ⓜ al·col alcool
Alemania ⓕ a·lé·ma·nya Allemagne
alérgia ⓕ a·lér·Rhya allergie
alérgia ⓕ al polen a·lér·Rhya al po·lén allergie au pollen
alfarería ⓕ al·fa·ré·ri·a poterie
alfombra ⓕ al·fomm·bra tapis
algo al·go quelque chose
algodón ⓜ al·go·donn coton
alguien al·gyén quelqu'un
algún al·goun quelque
alguno/a ⓜ/ⓕ al·gou·no/a un, une, quelque
almendra ⓕ al·mén·dra amande
almohada ⓕ al·mwa·da oreiller
almuerzo ⓜ al·mwér·So déjeuner
alojamiento ⓜ a·lo·Rha·myén·to logement
alojarse a·lo·Rhar·sé loger
alpinismo ⓜ al·pi·nis·mo alpinisme
alquilar al·ki·lar louer
alquiler ⓜ al·ki·lér location
— de coche dé ko·tché de voiture
altar ⓜ al·tar autel
alto/a ⓜ/ⓕ al·to/a haut(e)
altura ⓕ al·tou·ra altitude
ama ⓕ de casa a·ma dé ka·sa femme au foyer
amable a·ma·blé aimable
amanecer ⓜ a·ma·né·Sér lever du soleil
amante ⓜ et ⓕ a·mann·té amant, maîtresse
amarillo/a ⓜ/ⓕ a·ma·ri·lyo/a jaune
amigo/a ⓜ/ⓕ a·mi·go/a ami(e)
ampolla ⓕ amm·po·lya ampoule (au pied)
anacardo a·na·kar·do noix de cajou
analgésico ⓜ a·nal·Rhé·si·ko analgésique
análisis de sangre ⓜ a·na·li·sis dé sann·gré analyse sanguine
anarquista ⓜ/ⓕ a·nar·kis·ta anarchiste
ancho/a ⓜ/ⓕ ann·tcho/a large
andar ann·dar marcher
animal ⓜ a·ni·mal animal
Año ⓜ Nuevo a·nyo nwé·bo Nouvel An
antes ann·tés avant
antibiótico ⓜ ann·ti·byo·ti·ko antibiotique
anticonceptivos ⓜ pl ann·ti·konn·Sép·ti·bos contraceptifs
antigüedad ⓕ ann·ti·gwé·da antiquité
antiguo/a ⓜ/ⓕ ann·ti·gwo/a ancien(ne)
antiséptico ⓜ ann·ti·sép·ti·ko antiseptique
antología ⓕ ann·to·lo·Rhi·a anthologie
anuncio ⓜ a·noun·Syo publicité

aparcamiento ⓜ a·par·ka·*myén*·to parking
apellido ⓜ a·pé·*lyi*·do nom de famille
apéndice ⓜ a·*pén*·di·Sé appendice
aplicación para móvil ⓕ a·pli·ka·*syon* para·*mo*·bil application (mobile)
apodo ⓜ a·*po*·do surnom
aprender a·prén·*dér* apprendre
apretado/a ⓜ/ⓕ a·pré·*ta*·do/a serré(e)
apuesta ⓕ a·*pwés*·ta pari
apuntar a·poun·*tar* pointer
aquí a·*ki* ici
araña ⓕ a·*ra*·nya araignée
árbitro ⓜ *ar*·bi·tro arbitre
árbol ⓜ *ar*·bol arbre
arena ⓕ a·*ré*·na sable
armario ⓜ ar·*ma*·ryo armoire
arqueológico/a ⓜ/ⓕ ar·ké·o·*lo*·Rhi·ko/a archéologique
arquitecto/a ⓜ/ⓕ ar·ki·*ték*·to/a architecte
arquitectura ⓕ ar·ki·ték·*tou*·ra architecture
arriba a·*ri*·ba au-dessus • en haut
arroba ⓕ a·*ro*·ba arobase
arroyo ⓜ a·*ro*·yo ruisseau
arroz ⓜ a·*roS* riz
arte ⓜ *ar*·té art
— gráfico *gra*·fi·ko graphique
artes ⓜ pl **marciales** ar·tés mar·*Sya*·lés arts martiaux
artesanía ⓕ ar·té·sa·*ni*·a artisanat
artista ⓜ et ⓕ ar·*tis*·ta artiste
ascensor ⓜ as·Sén·*sor* ascenseur
Asia ⓕ *a*·sya Asie
asiento ⓜ a·*syén*·to siège
— de seguridad para bebés dé sé·gou·ri·*da* pa·ra bé·*bés* de sécurité pour bébé
asma ⓜ *as*·ma asthme
aspirina ⓕ as·pi·*ri*·na aspirine
atascado/a ⓜ/ⓕ a·tas·*ka*·do/a bouché(e)
atletismo ⓜ at·lé·*tis*·mo athlétisme
atmósfera ⓕ at·*mos*·fé·ra atmosphère
atún ⓜ a·*toun* thon
audífono ⓜ aou·*di*·fo·no audiophone
Australia ⓕ aou·*stra*·lya Australie
autobús ⓜ aou·to·*bous* bus
autocar ⓜ aou·to·*kar* car
autódromo ⓜ aou·*to*·dro·mo autodrome
autoservicio ⓜ aou·to·sér·*bi*·Syo self-service
autovia ⓕ aou·to·*bi*·a autoroute
avenida ⓕ a·bé·*ni*·da avenue
avergonzado/a ⓜ/ⓕ a·bér·gonn·*Sa*·do/a honteux/honteuse
avión ⓜ a·*byonn* avion
ayer a·*yér* hier
ayudar a·you·*dar* aider
azúcar ⓜ a·*Sou*·kar sucre
azul a·*Soul* bleu

B

bailar bay·*lar* danser
bajo/a ⓜ/ⓕ *ba*·Rho/a bas(se)
balcón ⓜ bal·*konn* balcon
ballet ⓜ ba·*lé* ballet
baloncesto ⓜ ba·lonn·*Sés*·to basket-ball
bálsamo ⓜ **de aftershave** *bal*·sa·mo dé af·tér·*sha*·ib après-rasage
bálsamo ⓜ **de labios** *bal*·sa·mo dé *la*·byos baume à lèvres
bañador ⓜ ba·nya·*dor* maillot de bain
banco ⓜ *bann*·ko banque
bandera ⓕ bann·*dé*·ra drapeau
bañera ⓕ ba·*nyé*·ra baignoire
baño ⓜ *ba*·nyo salle de bains
bar ⓜ bar bar
barato/a ⓜ/ⓕ ba·*ra*·to/a bon marché
barco ⓜ *bar*·ko bateau
barrio ⓜ *ba*·ryo quartier
basura ⓕ ba·*sou*·ra poubelle
batería ⓕ ba·té·*ri*·a batterie
bebé ⓜ bé·*bé* bébé
béisbol ⓜ *béys*·bol base-ball

Bélgica ⓕ *bél*·Rhi·ka Belgique
beneficio ⓜ bé·né·*fi*·Syo bénéfice
berenjena ⓕ bé·rénn·*Rhé*·na aubergine
besar bé·*sar* embrasser
beso ⓜ *bé*·so baiser (nom)
biblia ⓕ *bi*·blya bible
biblioteca ⓕ bi·blyo·*té*·ka bibliothèque
bicho ⓜ *bi*·tcho insecte
bici ⓕ *bi*·Si vélo
bicicleta ⓕ bi·Si·*klé*·ta bicyclette
— de carreras dé ka·*ré*·ras vélo de course
— de montaña dé monn·*ta*·nya VTT
bien byén bien
bienestar ⓜ byén·és·*tar* bien-être
bienvenida ⓕ byén·bé·*ni*·da bienvenue
billete ⓜ bi·*lyé*·té billet
— de ida y vuelta dé *i*·da i *bwél*·ta aller-retour
— de lista de espera dé *lis*·ta dé és·*pé*·ra sur liste d'attente
billete ⓜ **de banco** bi·*lyé*·té dé *bann*·ko billet de banque
biografía ⓕ bi·o·gra·*fi*·a biographie
bistec ⓜ bis·*ték* bifteck
blanco y negro *blann*·ko i *né*·gro noir et blanc
blanco/a ⓜ/ⓕ *blann*·ko/a blanc(he)
boca ⓕ *bo*·ka bouche
bocado ⓜ bo·*ka*·do bouchée (morceau)
boda ⓕ *bo*·da mariage
bodega ⓕ bo·*dé*·ga cave à vin • magasin d'alcool
bol ⓜ bol bol
bolas ⓕ pl **de algodón** *bo*·las dé al·go·*donn* boules de coton
bolígrafo ⓜ bo·*li*·gra·fo stylo
bollos ⓜ pl *bo*·lyos petits pains
bolsillo ⓜ bol·*si*·lyo poche
bolso ⓜ *bol*·so sac • sac à main
bomba ⓕ *bomm*·ba pompe • bombe
bombilla ⓕ bomm·*bi*·lya ampoule (lumière)
bondadoso/a ⓜ/ⓕ bonn·da·*do*·so/a bon(ne)
bonito/a ⓜ/ⓕ bo·*ni*·to/a joli(e)
bordo ⓜ *bor*·do bord • **a bordo** a *bor*·do à bord
borracho/a ⓜ/ⓕ bo·*ra*·tcho/a soûl(e)
bosque ⓜ *bos*·ké forêt
botas ⓕ pl *bo*·tas bottes
— de montaña dé monn·*ta*·nya chaussures de randonnée
botella ⓕ bo·*té*·lya bouteille
botón ⓜ bo·*ton* bouton (sur un vêtement)
boxeo ⓜ bo·*ksé*·o boxe
bragas ⓕ pl *bra*·gas culotte
brazo ⓜ *bra*·So bras
broma ⓕ *bro*·ma blague
bronceador ⓜ bronn·Sé·a·*dor* crème solaire
bronquitis ⓜ bronn·*ki*·tis bronchite
brotes ⓜ pl **de soja** *bro*·tés dé *so*·Rha germes de soja
brújula ⓕ *brou*·Rhou·la boussole
brumoso brou·*mo*·so brumeux
buceo ⓜ bou·*Sé*·o plongée avec tuba
budista ⓜ et ⓕ bou·*dis*·ta bouddhiste
bueno/a ⓜ/ⓕ *bwé*·no/a bon(ne)
bufanda ⓕ bou·*fann*·da écharpe
buffet ⓜ bou·*fé* buffet
bulto ⓜ *boul*·to bosse
burlarse de bour·*lar*·sé dé se moquer de
burro ⓜ *bou*·ro âne
buscador ⓜ bous·ka·*dor* moteur de recherche
buscar bous·*kar* chercher
buzón ⓜ bou·*Sonn* boîte aux lettres

C

caballo ⓜ ka·*ba*·lyo cheval
cabeza ⓕ ka·*bé*·Sa tête
cabina ⓕ **telefónica** ka·*bi*·na té·lé·*fo*·ni·ka cabine téléphonique
cable ⓜ *ka*·blé câble
cables ⓜ pl **de arranque** *ka*·blés dé a·*rann*·ké câbles de démarrage
cabra ⓕ *ka*·bra chèvre

cacahues ⓜ pl ka·ka·*wé*·tés cacahuètes
cacao ⓜ ka·*kaou* cacao
cachorro ⓜ ka·*tcho*·ro chiot
cada *ka*·da chaque
cadena ⓕ **de bici** ka·*dé*·na dé *bi*·Si chaîne de vélo
café ⓜ ka·*fé* café
caída ⓕ ka·*i*·da chute
caja ⓕ *ka*·Rha boîte • caisse
— fuerte *fwér*·té coffre-fort
— registradora ré·Rhis·tra·*do*·ra caisse enregistreuse
cajero ⓜ **automático** ka·*Rhé*·ro aou·to·*ma*·ti·ko distributeur automatique
calabacín ⓜ ka·la·ba·*Sinn* courgette
calabaza ⓕ ka·la·*ba*·Sa citrouille
calcetines ⓜ pl kal·Sé·*ti*·nés chaussettes
calculadora ⓕ kal·kou·la·*do*·ra calculatrice
caldo ⓜ *kal*·do bouillon
calefacción ⓕ **central** ka·lé·fak·*Syonn* Sén·*tral* chauffage central
calendario ⓜ ka·lén·*da*·ryo calendrier
calidad ⓕ ka·li·*da* qualité
caliente ka·*lyén*·té chaud(e)
calle ⓕ *ka*·lyé rue
calor ⓜ ka·*lor* chaleur
calzoncillos ⓜ pl kal·Sonn·*Si*·lyos caleçon (homme)
calzones ⓜ pl kal·*So*·nés caleçon
cama ⓕ *ka*·ma lit
— de matrimonio dé ma·tri·*mo*·nyo lit double
cámara ⓕ **(fotográfica)** *ka*·ma·ra (fo·to·*gra*·fi·ka) appareil photo
cámara ⓕ **de aire** *ka*·ma·ra dé *ay*·ré chambre à air
camarero/a ⓜ/ⓕ ka·ma·*ré*·ro/a serveur/serveuse
cambiar kamm·*byar* changer
cambio *kamm*·byo ⓜ monnaie (pièces)
— de dinero dé di·*né*·ro change de devises

caminar ka·mi·*nar* marcher
camino ⓜ ka·*mi*·no chemin
— rural ka·*mi*·nos rou·*ral* chemin de randonnée
camión ⓜ ka·*myonn* camion
camisa ⓕ ka·*mi*·sa chemise
camiseta ⓕ ka·mi·*sé*·ta débardeur • T-shirt
cámping ⓜ *kamm*·pinn camping
campo ⓜ *kamm*·po campagne • champ
Canadá ⓕ ka·na·*da* Canada
canasta ⓕ ka·*nas*·ta panier
cancelar kann·Sé·*lar* annuler
cáncer ⓜ *kann*·Sér cancer
canción ⓕ kann·*Syonn* chanson
candado ⓜ kann·*da*·do cadenas
cangrejo ⓜ kann·*gré*·Rho crabe
cansado/a ⓜ/ⓕ kann·*sa*·do/a fatigué(e)
cantalupo ⓜ kann·ta·*lou*·po cantaloup
cantante ⓜ et ⓕ kann·*tann*·té chanteur/chanteuse
cantar kann·*tar* chanter
cantimplora ⓕ kann·timm·*plo*·ra gourde (pour boire)
capa ⓕ **de ozono** *ka*·pa dé o·*So*·no couche d'ozone
capilla ⓕ ka·*pi*·lya chapelle
capote ⓜ ka·*po*·té cape
cara ⓕ *ka*·ra visage
caracol ⓜ ka·ra·*kol* escargot
caramelo ⓜ ka·ra·*mé*·lo caramel
caravana ⓕ ka·ra·*ba*·na caravane • embouteillage
cárcel ⓕ *kar*·Sél prison
cardenal ⓜ kar·dé·*nal* bleu (hématome)
cargador para móvil ⓜ kar·ga·*dor* pa·ra *mo*·bil chargeur (pour portables)
carne ⓕ *kar*·né viande
— de vaca dé *ba*·ka de bœuf
— molida mo·*li*·da viande hachée
carnet ⓜ kar·*né* carte
— de identidad dé i·dén·ti·*da* carte d'identité

C

— **de conducir** dé konn·dou·*Sir* permis de conduire
carnicería ⓕ kar·ni·Sé·*ri*·a boucherie
caro/a ⓜ/ⓕ *ka*·ro/a cher/chère
carpintero ⓜ kar·pinn·*té*·ro charpentier • ébéniste
carrera ⓕ ka·*ré*·ra course (sport)
carta ⓕ *kar*·ta lettre
carta ⓕ *kar*·ta carte
cartón ⓜ kar·*tonn* carton
casa ⓕ *ka*·sa maison
(en) casa (én) *ka*·sa (à la) maison
casarse ka·*sar*·sé se marier
cascada ⓕ kas·*ka*·da cascade
casco ⓜ *kas*·ko casque
casete ⓜ ka·*sé*·té cassette
casi *ka*·si presque • quasi
casino ⓜ ka·*si*·no casino
castigar kas·ti·*gar* punir
castillo ⓜ kas·*ti*·lyo château
catedral ⓕ ka·té·*dral* cathédrale
católico/a ⓜ/ⓕ ka·*to*·li·ko/a catholique
caza ⓕ *ka*·Sa chasse
cazuela ⓕ ka·*Swé*·la casserole
cebolla ⓕ Sé·*bo*·lya oignon
celebración ⓕ Sé·lé·bra·*Syonn* célébration
celebrar Sé·lé·*brar* célébrer
celoso/a ⓜ/ⓕ Sé·*lo*·so/a jaloux/jalouse
cementerio ⓜ Sé·mén·*té*·ryo cimetière
cena ⓕ *Sé*·na dîner
cenicero ⓜ Sé·ni·*Sé*·ro cendrier
centavo ⓜ Sén·*ta*·bo centime
centímetro ⓜ Sén·*ti*·mé·tro centimètre
centro ⓜ *Sén*·tro centre
— **comercial** ko·mér·*Syal* commercial
— **de la ciudad** dé la Siw·*da* centre-ville
cepillo ⓜ Sé·*pi*·lyo brosse à cheveux
— **de dientes** dé *dyén*·tés brosse à dents
cerámica ⓕ Sé·*ra*·mi·ka céramique
cerca ⓕ *Sér*·ka clôture
cerca *Sér*·ka proche • près
cerdo ⓜ *Sér*·do porc
cereales ⓜ pl Sé·ré·a·lés céréales
cerillas ⓕ pl las Sé·*ri*·lyas allumettes
cerrado/a ⓜ/ⓕ Sé·*ra*·do/a fermé(e)
— **con llave** konn *lya*·bé à clé
cerradura ⓕ Sé·ra·*dou*·ra serrure
cerrar Sé·*rar* fermer
certificado ⓜ Sér·ti·fi·*ka*·do certificat
cerveza ⓕ Sér·*bé*·Sa bière
— **rubia** *rou*·bya blonde
cibercafé ⓜ Si·bér·ka·*fé* cybercafé
ciclismo ⓜ Si·*klis*·mo cyclisme
ciclista ⓜ et ⓕ Si·*klis*·ta cycliste
ciego/a ⓜ/ⓕ *Syé*·go/a aveugle
cielo ⓜ *Syé*·lo ciel
ciencia ⓕ *Syén*·Sya science
científico/a ⓜ/ⓕ Syén·*ti*·fi·ko/a scientifique
cigarillo ⓜ Si·ga·*ri*·lyo cigarette
cigarro ⓜ Si·*ga*·ro cigarette
cine ⓜ *Si*·né cinéma
cinturón ⓜ **de seguridad** Sinn·tou·*ronn* dé sé·gou·ri·*da* ceinture de sécurité
circuito ⓜ **de carreras** Sir·*kwi*·to dé ka·*ré*·ras circuit automobile
ciruela ⓕ Si·*rwé*·la prune
— **pasa** *pa*·sa pruneau
cistitis ⓕ Sis·*ti*·tis cystite
cita ⓕ *Si*·ta rendez-vous
citarse Si·*tar*·sé se donner rendez-vous
citología ⓕ Si·to·lo·*Rhi*·a frottis
ciudad ⓕ Siw·*da* ville
ciudadanía ⓕ Siw·da·da·*ni*·a citoyenneté
clase ⓕ **preferente** *kla*·sé pré·fé·*rénn*·té classe affaires
clase ⓕ **turística** *kla*·sé tou·*ris*·ti·ka classe tourisme
clásico/a ⓜ/ⓕ *kla*·si·ko/a classique
clienta/e ⓜ/ⓕ kli·*én*·ta/é client(e)
clínica ⓕ *kli*·ni·ka clinique
cobrar (un cheque) ko·*brar* (oun *tché*·ké) encaisser (un chèque)
coche ⓜ *ko*·tché voiture

DICTIONNAIRE

— cama *ka*·ma wagon-lit
cocina ⓕ ko·*Si*·na cuisine • cuisinière (appareil)
cocinar ko·Si·*nar* cuisiner
cocinero/a ⓜ/ⓕ ko·Si·*né*·ro/a cuisinier/cuisinière
coco ⓜ *ko*·ko noix de coco
codeína ⓕ ko·dé·*i*·na codéine
código ⓜ **postal** *ko*·di·go pos·*tal* code postal
cojonudo/a ⓜ/ⓕ ko·Rho·*nou*·do/a génial(e)
col ⓜ kol chou
cola ⓕ *ko*·la queue
colchón ⓜ kol·*tchonn* matelas
colega ⓜ et ⓕ ko·*lé*·ga collègue • pote
coles ⓜ pl **de Bruselas** *ko*·lés dé brou·*sé*·las choux de Bruxelles
coliflor ⓜ ko·li·*flor* chou-fleur
colina ⓕ ko·*li*·na colline
collar ⓜ ko·*lyar* collier
color ⓜ ko·*lor* couleur
comedia ⓕ ko·*mé*·dya comédie
comenzar ko·mén·*Sar* commencer
comer ko·*mér* manger
comerciante ⓜ et ⓕ ko·mér·*Syann*·té commerçant(e)
comercio ⓜ ko·*mér*·Syo commerce
comezón ⓜ ko·mé·*Sonn* démangeaison
comida ⓕ ko·*mi*·da nourriture
— de bebé dé bé·*bé* pour bébé
— en el campo én él *kamm*·po pique-nique
comisaría ⓕ ko·mi·sa·*ri*·a commissariat
cómo *ko*·mo comme
cómodo/a ⓜ/ⓕ *ko*·mo·do/a confortable
cómpact ⓜ *komm*·pak CD
compañero/a ⓜ/ⓕ komm·pa·*nyé*·ro/a compagnon/compagne
compañía ⓕ komm·pa·*nyi*·a compagnie
compartir komm·par·*tir* partager
comprar komm·*prar* acheter
comprender komm·prén·*dér* comprendre
compresas ⓕ pl komm·*pré*·sas serviettes hygiéniques
compromiso ⓜ komm·pro·*mi*·so engagement
comunión ⓕ ko·mou·*nyonn* communion
comunista ⓜ et ⓕ ko·mou·*nis*·ta communiste
con konn avec
coñac ⓜ ko·*nyak* cognac
concentración ⓕ konn·Sén·tra·*Syonn* concentration
concierto ⓜ konn·*Syér*·to concert
condición ⓕ **cardíaca** konn·di·*Syonn* kar·*di*·a·ka condition cardiaque
condón ⓜ konn·*don* préservatif
conducir konn·dou·*Sir* conduire
conectar ko·*nek*·tar connecter
conejo ⓜ ko·*né*·Rho lapin
conexión ⓕ ko·né·*ksyonn* connexion
confesión ⓕ konn·fé·*syonn* confession
confianza ⓕ konn·fi·*ann*·Sa confiance
confiar konn·fi·*ar* faire confiance • confier
confirmar konn·fir·*mar* confirmer
conocer ko·no·*Sér* connaître (quelqu'un)
conocido/a ⓜ/ⓕ ko·no·*Si*·do/a célèbre
consejo ⓜ konn·*sé*·Rho conseil
conservador(a) ⓜ/ⓕ konn·sér·ba·*dor*/ konn·sér·ba·*do*·ra conservateur/ conservatrice
consigna ⓕ konn·*sig*·na consigne
— automática aou·to·*ma*·ti·ka automatique
construir konns·trou·*ir* construire
consulado ⓜ konn·sou·*la*·do consulat
contaminación ⓕ konn·ta·mi·na·*Syonn* pollution
contar konn·*tar* conter
contestador ⓜ **automático** konn·tés·ta·*dor* aou·to·*ma*·ti·ko répondeur téléphonique

C

contraseña ⓕ *konn·tra·sé·nya* mot de passe
contrato ⓜ *konn·tra·to* contrat
control ⓜ *konn·trol* contrôle
convento ⓜ *konn·bén·to* couvent
copa ⓕ *ko·pa* verre
— de vino *dé bi·no* à vin
copos de maíz *ko·pos dé ma·iS* corn flakes
corazón ⓜ *ko·ra·Sonn* cœur
cordero ⓜ *kor·dé·ro* agneau
cordillera ⓕ *kor·di·lyé·ra* chaîne de montagnes
correcto/a ⓜ/ⓕ *ko·rék·to/a* correct(e)
correo ⓜ *ko·ré·o* courrier
— urgente *our·Rhén·té* urgent
correos *ko·ré·os* bureau de poste
correr *ko·rér* courir
corrida ⓕ **de toros** *ko·ri·da dé to·ros* corrida
corriente ⓕ *ko·ryén·té* courant (électricité)
corriente *ko·ryén·té* ordinaire
corrupto/a ⓜ/ⓕ *ko·roup·to/a* corrompu(e)
cortar *kor·tar* couper
cortauñas ⓜ pl *kor·ta·ou·nyas* coupe-ongles
corto/a ⓜ/ⓕ *kor·to/a* court(e)
cosecha ⓕ *ko·sé·tcha* récolte
coser *ko·sér* coudre
costa ⓕ *kos·ta* côte • littoral
costar *kos·tar* coûter
crecer *kré·Sér* croître
crema ⓕ *kré·ma* crème
— hidratante *i·dra·tann·té* hydratante
— solar *so·lar* solaire
críquet ⓜ *kri·két* cricket
cristiano/a ⓜ/ⓕ *kris·tya·no/a* chrétien(ne)
crítica ⓕ *kri·ti·ka* critique
cruce ⓜ *krou·Sé* croisement
crudo/a ⓜ/ⓕ *krou·do/a* cru(e)

cuaderno ⓜ *kwa·dér·no* cahier
cualificaciones ⓕ pl *kwa·li·fi·ka·Syo·nés* qualifications
cuando *kwann·do* quand
cuánto *kwann·to* combien
cuarentena ⓕ *kwa·rénn·té·na* quarantaine
cuaresma ⓕ *kwa·rés·ma* carême
cuarto ⓜ *kwar·to* quart
cubiertos ⓜ pl *kou·byér·tos* couverts
cubo ⓜ *kou·bo* seau
cucaracha ⓕ *kou·ka·ra·tcha* cafard
cuchara ⓕ *kou·tcha·ra* cuillère
cucharita ⓕ *kou·tcha·ri·ta* cuillère à café
cuchillas ⓕ pl **de afeitar** *kou·tchi·lyas dé a·féy·tar* lames de rasoir
cuchillo ⓜ *kou·tchi·lyo* couteau
cuenta ⓕ *kwénn·ta* compte
cuenta ⓕ *kwénn·ta* addition
— bancaria *bann·ka·rya* compte bancaire
cuento ⓜ *kwénn·to* conte
cuerda ⓕ *kwér·da* corde
— para tender la ropa *pa·ra ténn·dér la ro·pa* corde à linge
cuero ⓜ *kwé·ro* cuir
cuerpo ⓜ *kwér·po* corps
cuesta abajo *kwés·ta a·ba·Rho* en bas de la côte
cuesta arriba *kwés·ta a·ri·ba* en haut de la côte
cuestionar *kwés·tyo·nar* questionner
cueva ⓕ *kwé·ba* grotte
cuidar *kwi·dar* soigner
cuidar de *kwi·dar dé* prendre soin de
culo ⓜ *kou·lo* cul
culpable *koul·pa·blé* coupable
cumbre ⓕ *koum·bré* sommet
cumpleaños ⓜ *koum·plé·a·nyos* anniversaire
currículum ⓜ *kou·ri·kou·loum* cv
curry ⓜ *kou·ri* curry
cuscús ⓜ *kous kous* couscous

DICTIONNAIRE

CH

chaleco ⓜ **salvavidas** tcha·*lé*·ko sal·ba·*bi*·das gilet de sauvetage
champán ⓜ tchamm·*pann* champagne
champiñón ⓜ tchamm·pi·*nyonn* champignon
champú ⓜ tchamm·*pou* shampooing
chaqueta ⓕ tcha·*ké*·ta gilet
cheque ⓜ *tché*·ké chèque
cheque ⓜ **de viajero** *tché*·ké dé bya·*Rhé*·ro chèque de voyage
chica ⓕ *tchi*·ka fille
chicle ⓜ *tchi*·klé chewing-gum
chico ⓜ *tchi*·ko garçon
chocolate ⓜ tcho·ko·*la*·té chocolat
choque ⓜ *tcho*·ké choc • collision
chorizo ⓜ tcho·*ri*·So chorizo
chupete ⓜ tchou·*pé*·té tétine

D

dados ⓜ pl *da*·dos dés
dañar da·*nyar* blesser
dar dar donner
— de comer dé ko·*mér* nourrir
— gracias *gra*·Syas remercier
— la bienvenida la byén·bé·*ni*·da accueillir
— una patada *ou*·na pa·*ta*·da donner un coup de pied
darse cuenta de *dar*·sé *kwénn*·ta dé réaliser, se rendre compte
de dé de
— (cuatro) estrellas dé (*kwa*·tro) és·*tré*·lyas (quatre) étoiles
— izquierda dé iS·*kyér*·da de gauche
— pena dé *pé*·na terrible
— primera clase dé pri·*mé*·ra *kla*·sé de première classe
— segunda mano dé sé·*goun*·da *ma*·no de seconde main
— vez en cuando dé béS én *kwann*·do parfois
deber dé·*bér* devoir
débil *dé*·bil faible
decidir dé·Si·*dir* décider
decir dé·*Sir* dire
dedo ⓜ *dé*·do doigt
— del pie dél pyé orteil
defectuoso/a ⓜ/ⓕ dé·fék·tou·*o*·so/a défectueux/défectueuse
deforestación ⓕ dé·fo·rés·ta·*Syonn* déforestation
dejar dé·*Rhar* laisser • abandonner
delgado/a ⓜ/ⓕ dél·*ga*·do/a mince
delirante dé·li·*rann*·té délirant(e)
demasiado caro/a ⓜ/ⓕ dé·ma·*sya*·do *ka*·ro/a trop (cher)
democracia ⓕ dé·mo·*kra*·Sya démocratie
demora ⓕ dé·*mo*·ra retard
dentista ⓜ et ⓕ dén·*tis*·ta dentiste
dentro de (una hora) *dén*·tro dé (*ou*·na *o*·ra) dans (une heure)
deporte ⓜ dé·*por*·té sport
deportista ⓜ et ⓕ dé·por·*tis*·ta sportif/sportive
depósito ⓜ dé·*po*·si·to dépôt
derecha ⓕ dé·*ré*·tcha droite (opposé de gauche)
derechista dé·ré·*tchis*·ta de droite
derechos ⓜ pl **civiles** dé·*ré*·tchos Si·*bi*·lés droits civils
derechos ⓜ pl **humanos** dé·*ré*·tchos ou·*ma*·nos droits de l'homme
desayuno ⓜ dés·a·*you*·no petit-déjeuner
descansar dés·kann·*sar* se reposer
descanso ⓜ dés·*kann*·so repos • entracte
descargar dès·kar·*gar* télécharger
descendiente ⓜ dés·Sén·*dyén*·té descendant
descomponerse dés·komm·po·*nér*·sé se décomposer
descubrir dés·kou·*brir* découvrir
descuento ⓜ dés·*kwénn*·to remise, rabais

desde (mayo) dés·dé (ma·yo) depuis (mai)
desear dé·sé·ar désirer
desierto ⓜ dé·syér·to désert
desodorante ⓜ dé·so·do·rann·té déodorant
despacio dés·pa·Syo lentement
desperdicios ⓜ pl **nucleares** dés·pér·di·Syos nou·klé·a·rés déchets nucléaires
despertador ⓜ dés·pér·ta·dor réveille-matin
después de dés·pwés dé après
destino ⓜ dés·ti·no destination
destruir dés·trou·ir détruire
detallado/a ⓜ/ⓕ dé·ta·lya·do/a détaillé(e)
detalle ⓜ dé·ta·lyé détail
detener dé·té·nér arrêter
detrás de dé·tras dé derrière
devocionario ⓜ dé·bo·Syo·na·ryo missel
día ⓜ di·a jour
— festivo fés·ti·bo jour férié
diabetes ⓕ di·a·bé·tés diabète
diafragma ⓜ di·a·frag·ma diaphragme
diapositiva ⓕ dya·po·si·ti·ba diapositive
diariamente dya·rya·mén·té quotidien
diarrea ⓕ di·a·ré·a diarrhée
dieta ⓕ di·é·ta régime
dibujar di·bou·Rhar dessiner
diccionario ⓜ dik·Syo·na·ryo dictionnaire
diente (de ajo) dyén·té (dé a·Rho) gousse (d'ail)
dientes ⓜ pl dyén·tés dents
diferencia ⓕ **de horas** di·fé·rénn·Sya dé o·ras décalage horaire
diferente di·fé·rénn·té différent
difícil di·fi·Sil difficile
dinero ⓜ di·né·ro argent
— en efectivo én é·fék·ti·bo liquide
Dios dyos Dieu
dirección ⓕ di·rék·Syonn adresse
directo/a ⓜ/ⓕ di·rék·to/a direct(e)
director(a) ⓜ/ⓕ di·rék·tor/di·rék·to·ra directeur/directrice
disco ⓜ dis·ko disque
— duro ⓜ dis·ko dou·ro disque dur
discoteca ⓕ dis·ko·té·ka discothèque
discriminación ⓕ dis·kri·mi·na·Syonn discrimination
discutir dis·kou·tir discuter
diseño ⓜ di·sé·nyo design
disparar dis·pa·rar tirer
DIU ⓜ dé i ou stérilet
diversión ⓕ di·bér·syonn distraction
divertirse di·bér·tir·sé se divertir
doblar do·blar tourner • plier
doble do·blé double
docena ⓕ do·Sé·na douzaine
doctor(a) ⓜ/ⓕ dok·tor/dok·to·ra docteur
dólar ⓜ do·lar dollar
dolor ⓜ do·lor douleur
— de cabeza dé ka·bé·Sa mal de tête
— de estómago dé és·to·ma·go mal de ventre
— de muelas dé mwé·las mal de dents
— menstrual méns·trwal douleurs menstruelles
dolorido/a ⓜ/ⓕ do·lo·ri·do/a endolori(e)
doloroso/a ⓜ/ⓕ do·lo·ro·so/a douloureux/douloureuse
donde donn·dé où
dormir dor·mir dormir
dos ⓜ/ⓕ pl dos deux
— camas ka·mas lits jumeaux
— veces bé·Sés deux fois
drama ⓜ dra·ma drame
droga ⓕ dro·ga drogue
drogadicción ⓕ dro·ga·dik·Syonn toxicomanie
ducha ⓕ dou·tcha douche
dueño/a ⓜ/ⓕ dwé·nyo/a propriétaire
dulce doul·Sé doux

dulces ⓜ pl *doul*·Sés bonbons
duro/a ⓜ/ⓕ *dou*·ro/a dur(e)

E

eczema ⓕ ék·*Sé*·ma eczéma
edad ⓕ é·*da* âge
edificio ⓜ é·di·*fi*·Syo bâtiment
editor(a) ⓜ/ⓕ é·di·*tor*/é·di·*to*·ra éditeur/éditrice
educación ⓕ é·dou·ka·*Syonn* éducation
egoista ⓜ et ⓕ é·go·*is*·ta égoïste
ejemplo ⓜ é·*Rhém*·plo exemple
ejército ⓜ é·*Rhér*·Si·to armée
él ⓜ él il
elecciones ⓕ pl é·lék·*Syo*·nés élections
electricidad ⓕ é·lék·tri·Si·*da* électricité
elegir é·lé·*Rhir* choisir
ella ⓕ *é*·lya elle
ellos/ellas ⓜ/ⓕ *é*·lyos/*é*·lyas ils/elles
email (correo electrónico) ⓜ ko·*ré*·o é·lék·*tro*·ni·ko e-mail
embajada ⓕ ém·ba·*Rha*·da ambassade
embajador(a) ⓜ/ⓕ ém·ba·Rha·*dor*/ém·ba·Rha·*do*·ra ambassadeur/ambassadrice
embarazada ém·ba·ra·*Sa*·da enceinte
embarcarse ém·bar·*kar*·sé embarquer
embrague ⓜ ém·*bra*·gé embrayage
emergencia ⓕ é·mér·*Rhén*·Sya urgence
emocional é·mo·Syo·*nal* émotionnel
empleado/a ⓜ/ⓕ ém·plé·*a*·do/a employé(e)
empujar ém·pou·*Rhar* pousser
en én sur • en • à
— el extranjero él éks·trann·*Rhé*·ro à l'étranger
— el paro él *pa*·ro au chômage
encaje ⓜ én·*ka*·Rhé dentelle
encantador(a) ⓜ/ⓕ én·kann·ta·*dor*/én·kann·ta·*do*·ra enchanteur/enchanteresse
encendedor ⓜ én·Sén·dé·*dor* briquet
encontrar én·konn·*trar* rencontrer • trouver
encurtidos ⓜ pl én·kour·*ti*·dos conserves
energía ⓕ **nuclear** é·nér·*Rhi*·a nou·klé·*ar* énergie nucléaire
enfadado/a ⓜ/ⓕ én·fa·*da*·do/a en colère
enfermedad ⓕ én·fér·mé·*da* maladie
— venérea bé·*né*·ré·a maladie vénérienne
enfermero/a ⓜ/ⓕ én·fér·*mé*·ro/a infirmier/infirmière
enfermo/a ⓜ/ⓕ én·*fér*·mo/a malade
enfrente de én·*frén*·té dé en face de
enlace ⓜ én·*la*·Sé lien Internet
enorme é·*nor*·mé énorme
ensalada én·sa·*la*·da salade
enseñar én·sé·*nyar* montrer • apprendre
entrar én·*trar* entrer
entre *én*·tré entre • parmi
entregar én·tré·*gar* délivrer
entrenador(a) ⓜ/ⓕ én·tré·na·*dor*/én·tré·na·*do*·ra entraîneur/entraîneuse
entreno ⓜ én·*tré*·no entraînement
entrevista ⓕ én·tré·*bis*·ta interview
enviar én·bi·*ar* envoyer
epilepsia ⓕ é·pi·*lép*·sya épilepsie
equipaje ⓜ é·ki·*pa*·Rhé bagage
equipo ⓜ é·*ki*·po équipement • équipe
— de inmersión dé inn·mér·*syonn* matériel de plongée
— de música ⓜ dé *mou*·si·ka chaîne stéréo
equitación ⓕ é·ki·ta·*Syonn* équitation
equivocado/a ⓜ/ⓕ é·ki·bo·*ka*·do/a erroné(e)
error ⓜ é·*ror* erreur
escalada ⓕ és·ka·*la*·da escalade
escalera ⓕ és·ka·*lé*·ra escalier
escaleras ⓕ pl **mecánicas** és·ka·*lé*·ras mé·*kann*·icas escalator
escanear és·ka·né·*ar* scanner
escarcha ⓕ és·*kar*·tcha givre
escarpado/a ⓜ/ⓕ és·kar·*pa*·do/a escarpé(e)

E

escasez ⓕ és·ka·séS pénurie
escenario ⓜ és·Sé·na·ryo scène
escoger és·ko·Rhér choisir
escribir és·kri·bir écrire
— a máquina a ma·ki·na taper à la machine
escritor(a) ⓜ/ⓕ és·kri·tor/és·kri·to·ra écrivain
escuchar és·kou·tchar écouter
escuela ⓕ és·kwé·la école
— de párvulos dé par·bou·los école maternelle
escultura ⓕ és·koul·tou·ra sculpture
espacio ⓜ és·pa·Syo espace
espalda ⓕ és·pal·da dos (corps)
España ⓕ és·pa·nya Espagne
especial és·pé·Syal spécial
especialista ⓜ et ⓕ és·pé·Sya·lis·ta spécialiste
especie ⓕ **en peligro de extinción** és·pé·Syé én pé·li·gro dé éks·tinn·Syonn espèce menacée
espectáculo ⓜ és·pék·ta·kou·lo spectacle
espejo ⓜ és·pé·Rho miroir
esperar és·pé·rar attendre
espinaca ⓕ és·pi·na·ka épinards
esposa ⓕ és·po·sa épouse
espuma ⓕ **de afeitar** és·pou·ma dé a·féy·tar crème à raser
espumoso/a ⓜ/ⓕ és·pou·mo·so/a pétillant(e) • mousseux/mousseuse
esquí ⓜ és·ki ski
— acuático a·kwa·ti·ko ski nautique
esquiar és·ki·ar skier
esquina ⓕ és·ki·na angle
esta noche és·ta no·tché ce soir
Estados ⓜ pl **Unidos** és·ta·dos ou·ni·dos États-Unis
éste/a ⓜ/ⓕ és·té/a celui-ci, celle-ci
estación ⓕ és·ta·Syonn saison • station
— de autobuses dé aou·to·bou·sés gare routière
— de metro dé mé·tro station de métro
— de tren dé trén gare ferroviaire
estacionar és·ta·Syo·nar se garer
estadio ⓜ és·ta·dyo stade
estado ⓜ **civil** és·ta·do Si·bil état civil
estado ⓜ **del bienestar** és·ta·do dél byén·és·tar bien-être
estafa ⓕ és·ta·fa escroquerie
estanquero ⓜ és·tann·ké·ro buraliste
estante ⓜ és·tann·té étagère
estar és·tar être
— constipado/a ⓜ/ⓕ konns·ti·pa·do/a être enrhumé(e)
— de acuerdo dé a·kwér·do être d'accord
estatua ⓕ és·ta·twa statue
este és·té est
esterilla ⓕ és·té·ri·lya natte (de plage)
estilo ⓜ és·ti·lo style
estómago ⓜ és·to·ma·go estomac
estrella ⓕ és·tré·lya étoile
estreñimiento ⓜ és·tré·nyi·myén·to constipation
estudiante ⓜ et ⓕ és·tou·dyann·té étudiant(e)
estudio ⓜ és·tou·dyo studio
estufa ⓕ és·tou·fa poêle (chauffage)
estúpido/a ⓜ/ⓕ és·tou·pi·do/a stupide
etiqueta ⓕ **de equipaje** é·ti·ké·ta dé é·ki·pa·Rhé étiquette de bagage
euro ⓜ é·ou·ro euro
Europa ⓕ é·ou·ro·pa Europe
eutanasia ⓕ é·ou·ta·na·sya euthanasie
excelente éks·Sé·lén·té excellent(e)
excursión ⓕ éks·kour·syonn excursion
excursionismo ⓜ éks·kour·syo·nis·mo randonnée
experiencia ⓕ éks·pé·ryén·Sya expérience
exponer éks·po·nér exposer
exposición ⓕ éks·po·si·Syonn exposition
expreso éks·pré·so express
exterior ⓜ éks·té·ryor extérieur

extrañar éks·tra·*nyar* manquer (se sentir triste)
extranjero/a ⓜ/ⓕ éks·trann·*Rhé*·ro/a étranger/étrangère

F

fábrica ⓕ *fa*·bri·ka usine
fácil *fa*·Sil facile
facturación ⓕ **de equipajes** fak·tou·ra·*Syonn* dé é·ki·*pa*·Rhés enregistrement des bagages
falda ⓕ *fal*·da jupe
falta ⓕ *fal*·ta faute
familia ⓕ fa·*mi*·lya famille
fantástico/a ⓜ/ⓕ fann·*tas*·ti·ko/a fantastique
farmacia ⓕ far·*ma*·Sya pharmacie
farmacéutico ⓜ far·ma·Si·*ou*·ti·ko pharmacien
faros ⓜ pl *fa*·ros phares
fecha ⓕ *fé*·tcha date
— de nacimiento dé na·Si·*myén*·to date de naissance
feliz fé·*liS* heureux/heureuse
ferretería ⓕ fé·ré·té·*ri*·a quincaillerie
festival ⓜ fés·ti·*bal* festival
ficción ⓕ fik·*Syonn* fiction
fideos ⓜ pl fi·*dé*·os vermicelles
fiebre ⓕ *fyé*·bré fièvre
— glandular glann·dou·*lar* mononucléose infectieuse
fiesta ⓕ *fyés*·ta fête
filete ⓜ fi·*lé*·té filet
film ⓜ film film
fin ⓜ finn fin
— de semana dé sé·*ma*·na week-end
final ⓜ fi·*nal* final
firma ⓕ *fir*·ma signature
firmar fir·*mar* signer
flor ⓕ flor fleur
florista ⓜ et ⓕ flo·*ris*·ta fleuriste
follar fo·*lyar* baiser (verbe, sexe)
folleto ⓜ fo·*lyé*·to brochure
footing ⓜ *fou*·tinn jogging
forma ⓕ *for*·ma forme
fotografía ⓕ fo·to·gra·*fi*·a photographie
fotógrafo/a ⓜ/ⓕ fo·*to*·gra·fo/a photographe
frágil *fra*·Rhil fragile
frambuesa ⓕ framm·*bwé*·sa framboise
francés ⓜ frann·*Sés* français
Francia ⓕ *frann*·Sya France
franela ⓕ fra·*né*·la flanelle
franqueo ⓜ frann·*ké*·o affranchissement
freír fré·*ir* frire
frenos ⓜ pl *fré*·nos freins
frente a *frén*·té a en face de
fresa ⓕ *fré*·sa fraise
frío/a ⓜ/ⓕ *fri*·o/a froid(e)
frontera ⓕ fronn·*té*·ra frontière
fruta ⓕ *frou*·ta fruit
fruto ⓜ **seco** *frou*·to *sé*·ko fruit sec
fuego ⓜ *fwé*·go feu
fuera de juego *fwé*·ra dé *Rhwé*·go hors jeu
fuerte *fwér*·té fort(e)
fumar fou·*mar* fumer
funda ⓕ **de almohada** *foun*·da dé al·*mwa*·da taie d'oreiller
funeral ⓜ fou·né·*ral* funérailles
fútbol ⓜ *fout*·bol football
— australiano aou·stra·*lya*·no Australian Rules football
futuro ⓜ fou·*tou*·ro avenir

G

gafas ⓕ pl *ga*·fas lunettes
— de sol dé sol lunettes de soleil
— de submarinismo dé soub·ma·ri·*nis*·mo lunettes de plongée
galleta ⓕ ga·*lyé*·ta biscuit
galletas ⓕ pl **saladas** ga·*lyé*·tas sa·*la*·das biscuits salés
gambas ⓕ pl *gamm*·bas crevettes • gambas
ganador(a) ⓜ/ⓕ ga·na·*dor*/ga·na·*do*·ra gagnant(e)

ganar ga·*nar* gagner
garbanzos Ⓜ pl gar·*bann*·Sos pois chiches
garganta Ⓕ gar·*gann*·ta gorge
gasolina Ⓕ ga·so·*li*·na essence
gasolinera Ⓕ ga·so·li·*né*·ra station-service
gatito/a Ⓜ/Ⓕ ga·*ti*·to/a chaton
gato/a Ⓜ/Ⓕ *ga*·to/a chat(te)
gay *gay* gay
gemelos Ⓜ pl Rhé·*mé*·los jumeaux/jumelles
general Rhé·né·*ral* général
gente Ⓕ *Rhén*·té gens
gimnasia Ⓕ **rítmica** Rhimm·*na*·sya *rit*·mi·ka gymnastique rythmique
ginebra Ⓕ Rhi·*né*·bra gin
ginecólogo Ⓜ Rhi·né·*ko*·lo·go gynécologue
gobierno Ⓜ go·*byér*·no gouvernement
gol Ⓜ *gol* but (football)
goma Ⓕ *go*·ma préservatif • gomme, caoutchouc
gordo/a Ⓜ/Ⓕ *gor*·do/a gros(se) (personne)
grabación Ⓕ gra·ba·*Syonn* enregistrement
gracioso/a Ⓜ/Ⓕ gra·*Syo*·so/a drôle
gramo Ⓜ *gra*·mo gramme
grande *grann*·dé grand(e)
grande almacene Ⓜ *grann*·dé al·ma·*Sé*·né grand magasin
granja Ⓕ *grann*·Rha ferme
gratis *gra*·tis gratuit
grifo Ⓜ *gri*·fo robinet
gripe Ⓕ *gri*·pé grippe
gris/e Ⓜ/Ⓕ *gris/e* gris(e)
gritar gri·*tar* crier
grupo Ⓜ *grou*·po groupe
— de rock dé *rok* groupe de rock
— sanguíneo sann·*gi*·né·o groupe sanguin
guantes Ⓜ pl *gwann*·tés gants
guardar gwar·*dar* enregistrer
guardarropa Ⓜ gwar·da·*ro*·pa garde-robe
guardería Ⓕ gwar·dé·*ri*·a crèche
guerra Ⓕ *gé*·ra guerre
guía Ⓜ et Ⓕ *gui*·a guide (personne)
guía Ⓕ *gui*·a guide (livre)
— audio *aou*·dyo audioguide
guindilla Ⓕ ginn·*di*·lya piment
guión Ⓜ gi·*onn* script
guiri Ⓜ *gi*·ri touriste (argot)
guisantes gi·*sann*·tés pois
güisqui *gwis*·ki whisky
guitarra Ⓕ gi·*ta*·ra guitare
gustar(le) gous·*tar*(·*lé*) aimer • plaire

H

habitación Ⓕ a·bi·ta·*Syonn* chambre • salle
— doble *do*·blé chambre double
— individual inn·di·bi·*dwal* chambre simple
hablar a·*blar* parler
hace sol a·*Sé sol* il y a du soleil
hacer a·*Sér* faire
— dedo *dé*·do faire du stop
— surf *sourf* faire du surf
— windsurf *winn*·sourf faire de la planche à voile
hacia *a*·Sya vers
— abajo a·*ba*·Rho en bas
halal a·*lal* halal
hamaca Ⓕ a·*ma*·ka hamac
hambriento/a Ⓜ/Ⓕ amm·*bryén*·to/a affamé(e)
harina Ⓕ a·*ri*·na farine
hasta (junio) *as*·ta (*Rhou*·nyo) jusqu'à (juin)
hecho/a Ⓜ/Ⓕ *é*·tcho/a fait(e)
— a mano a *ma*·no fait main
— de (algodón) dé (al·go·*donn*) en (coton)
heladería Ⓕ é·la·dé·*ri*·a glacier (magasin)
helado Ⓜ é·*la*·do glace

helar é·lar geler
hepatitis ⓕ é·pa·ti·tis hépatite
herbolario ⓜ ér·bo·la·ryo herboristerie
herida ⓕ é·ri·da blessure
hermana ⓕ ér·ma·na sœur
hermano ⓜ ér·ma·no frère
hermoso/a ⓜ/ⓕ ér·mo·so/a beau/belle
hielo ⓜ yé·lo glace (verglas)
hierba ⓕ yér·ba herbe
hígado ⓜ i·ga·do foie
higo ⓜ i·go figue
hija ⓕ i·Rha fille (de quelqu'un)
hijo ⓜ i·Rho fils (de quelqu'un)
hijos ⓜ pl i·Rhos enfants (de quelqu'un)
hilo ⓜ **dental** i·lo dén·tal fil dentaire
hinchas ⓜ et ⓕ pl inn·tchas supporters
hindú inn·dou hindou
hipódromo ⓜ i·po·dro·mo hippodrome
historial ⓜ **profesional** is·to·ryal pro·fé·syo·nal CV
histórico/a ⓜ/ⓕ is·to·ri·ko/a historique
hockey ⓜ Rho·ki hockey
— sobre hielo so·bré yé·lo hockey sur glace
hoja ⓕ o·Rha feuille
hojalata ⓕ o·Rha·la·ta fer blanc
Holanda ⓕ o·lann·da Hollande
hombre ⓜ omm·bré homme
hombros ⓜ pl omm·bros épaules
homosexual ⓜ et ⓕ o·mo·sé·kswal homosexuel(le)
hora ⓕ o·ra heure
horario ⓜ o·ra·ryo horaire
horas ⓕ pl **de abrir** o·ras dé a·brir heures d'ouverture
hormiga ⓕ or·mi·ga fourmi
horno ⓜ or·no four
horóscopo ⓜ o·ros·ko·po horoscope
hospital ⓜ os·pi·tal hôpital
hosteleria ⓕ os·té·lé·ri·a hôtellerie
hotel ⓜ o·tél hôtel
hoy oy aujourd'hui
hueso ⓜ wé·so os
huevo ⓜ wé·bo œuf
humanidad ⓕ ou·ma·ni·da humanité

I

identificación ⓕ i·dén·ti·fi·ka·Syonn identification
idioma ⓜ i·dyo·ma langue
idiota ⓜ/ⓕ i·dyo·ta idiot(e)
iglesia ⓕ i·glé·sya église
igual i·gwal égal • identique
igualdad ⓕ i·gwal·da égalité
impermeable ⓜ imm·pér·mé·a·blé imperméable
importante imm·por·tann·té important
impresora ⓕ imm·pré·so·ra imprimante
impuesto ⓜ imm·pwés·to impôt
— sobre la renta so·bré la rénn·ta impôt sur le revenu
incluido inn·klou·i·do inclus
incómodo/a ⓜ/ⓕ inn·ko·mo·do/a inconfortable
India ⓕ inn·dya Inde
indicador ⓜ inn·di·ka·dor indicateur
indigestion ⓕ inn·di·Rhés·tyonn indigestion
industria ⓕ inn·dous·trya industrie
infección ⓕ inn·fék·Syonn infection
inflamación ⓕ inn·fla·ma·Syonn inflammation
informática ⓕ inn·for·ma·ti·ka informatique
ingeniería ⓕ inn·Rhé·nyé·ri·a ingénierie
ingeniero/a ⓜ/ⓕ inn·Rhé·nyé·ro/a ingénieur
Inglaterra ⓕ inn·gla·té·ra Angleterre
inglés ⓜ inn·glés anglais
ingrediente ⓜ inn·gré·dyén·té ingrédient
injusto/a ⓜ/ⓕ inn·Rhous·to/a injuste
inmigración ⓕ inn·mi·gra·Syonn immigration
inocente i·no·Sén·té innocent
inseguro/a ⓜ/ⓕ inn·sé·gou·ro/a dangereux/dangereuse
instituto ⓜ inns·ti·tou·to institut

intentar (hacer algo) inn·ténn·tar (a·Sér al·go) essayer
interesante inn·té·ré·sann·té intéressant
internacional inn·tér·na·Syo·nal international
Internet ⓜ inn·tér·nét Internet
intérprete ⓜ et ⓕ inn·tér·pré·té interprète
inundación ⓕ i·noun·da·Syonn inondation
invierno ⓜ inn·byér·no hiver
invitar inn·bi·tar inviter
inyección ⓕ inn·yék·Syonn injection
ir ir aller
— de compras dé komm·pras faire les courses
— de excursión dé éks·kour·syonn faire de la randonnée
— en tobogán én to·bo·gann faire du toboggan
Irlanda ⓕ ir·lann·da Irlande
irritación ⓕ i·ri·ta·Syonn irritation
— de pañal dé pa·nyal irritation due aux couches
isla ⓕ is·la île
itinerario ⓜ i·ti·né·ra·ryo itinéraire
IVA ⓜ i·ba TVA
izquierda ⓕ iS·kyér·da gauche

J

jabón ⓜ Rha·bonn savon
jamón ⓜ Rha·monn jambon
Japón ⓜ Rha·ponn Japon
jarabe ⓜ Rha·ra·bé sirop
jardín ⓜ **botánico** Rhar·dinn bo·ta·ni·ko jardin botanique
jarra ⓕ Rha·ra jarre
jefe/a ⓜ/ⓕ Rhé·fé/a chef
— de sección dé sék·Syonn chef de section
jengibre ⓜ Rhén·Rhi·bré gingembre
jeringa ⓕ Rhé·rinn·ga seringue
jersey ⓜ Rhér·séy pull-over
jet lag ⓜ dyét lag jet lag
jockey ⓜ dyo·ki jockey
joven Rho·bén jeune
joyería ⓕ Rho·yé·ri·a bijouterie
jubilado/a ⓜ/ⓕ Rhou·bi·la·do/a retraité(e)
judías ⓕ pl Rhou·di·as haricots
judío/a ⓜ/ⓕ Rhou·di·o/a juif/juive
juegos ⓜ pl **de ordenador** Rhwé·gos dé or·dé·na·dor jeux vidéo
juegos ⓜ pl **olímpicos** Rhwé·gos o·limm·pi·kos Jeux olympiques
juez ⓜ et ⓕ RhwéS juge
jugar Rhou·gar jouer (sport • jeux)
jugo ⓜ Rhou·go jus
juguetería ⓕ Rhou·gé·té·ri·a magasin de jouets
juntos/as ⓜ/ⓕ pl Rhoun·tos/as ensemble

K

kilo ⓜ ki·lo kilogramme
kilómetro ⓜ ki·lo·mé·tro kilomètre
kiwi ⓜ ki·wi kiwi
kosher ko·shér casher

L

La Copa ⓕ **Mundial** la ko·pa moun·dyal Coupe de monde
labios ⓜ pl la·byos lèvres
lado ⓜ la·do côté
ladrón ⓜ la·dronn voleur
lagartija ⓕ la·gar·ti·Rha lézard
lago ⓜ la·go lac
lamentar la·mén·tar regretter
lana ⓕ la·na laine
lápiz ⓜ la·piS crayon
— de labios dé la·byos rouge à lèvres
largo/a ⓜ/ⓕ lar·go/a long(ue)
lata ⓕ la·ta boîte de conserve
lavadero ⓜ la·ba·dé·ro lavoir
lavadora ⓕ la·ba·do·ra machine à laver

lavandería ⓕ *la·bann·dé·ri·a* blanchisserie
lavar *la·bar* laver
lavarse *la·bar·sé* se laver
leche ⓕ *lé·tché* lait
— de soja *dé so·Rha* lait de soja
— desnatada *dés·na·ta·da* lait écrémé
lechuga ⓕ *lé·tchou·ga* laitue
leer *lé·ér* lire
legal *lé·gal* légal
legislación ⓕ *lé·Rhis·la·Syonn* législation
legumbre ⓕ *lé·goum·bré* légume
lejos *lé·Rhos* loin
leña ⓕ *lé·nya* bois de chauffage
lentejas ⓕ pl *lén·té·Rhas* lentilles
lentes ⓜ pl **de contacto** *lén·tés dé konn·tak·to* lentilles de contact
lento/a ⓜ/ⓕ *lén·to/a* lent(e)
lesbiana ⓕ *lés·bi·a·na* lesbienne
leve *lé·bé* léger/légère
ley ⓕ *léy* loi
libre *li·bré* libre
librería ⓕ *li·bré·ri·a* librairie
libro ⓜ *li·bro* livre
— de frases *dé fra·sés* guide de conversation
líder ⓜ *li·dér* leader
ligar *li·gar* draguer
lila *li·la* lilas
lima *li·ma* lime
limón ⓜ *li·monn* citron
limonada ⓕ *li·mo·na·da* limonade
limpio/a ⓜ/ⓕ *limm·pyo/a* propre
línea ⓕ *li·né·a* ligne
linterna ⓕ *linn·tér·na* torche électrique
listo/a ⓜ/ⓕ *lis·to/a* prêt(e)
lo que *lo ké* ce qui
local *lo·kal* local
loco/a ⓜ/ⓕ *lo·ko/a* fou/folle
lodo ⓜ *lo·do* boue
lombrices ⓕ pl *lomm·bri·Sés* vers de terre
los dos *los dos* les deux
lubricante ⓜ *lou·bri·kann·té* lubrifiant
luces ⓕ pl *lou·Sés* lumières
luchar contra *lou·tchar konn·tra* lutter contre
lugar ⓜ *lou·gar* lieu
— de nacimiento *dé na·Si·myén·to* lieu de naissance
lujo ⓜ *lou·Rho* luxe
luna ⓕ *lou·na* lune
— llena *lyé·na* pleine lune
— de miel *dé myél* lune de miel
luz ⓕ *louS* lumière

LL

llamada ⓕ *lya·ma·da* appel
llamar por telefono *lya·mar por té·lé·fo·no* appeler au téléphone
llano/a ⓜ/ⓕ *lya·no/a* plat(e)
llave ⓕ *lya·bé* clé
llegadas ⓕ pl *lyé·ga·das* arrivées
llegar *lyé·gar* arriver
llenar *lyé·nar* remplir
lleno/a ⓜ/ⓕ *lyé·no/a* plein(e)
llevar *lyé·bar* porter
lluvia ⓕ *lyou·bya* pluie

M

machismo ⓜ *ma·tchis·mo* machisme
madera ⓕ *ma·dé·ra* bois
madre ⓕ *ma·dré* mère
madrugada ⓕ *ma·drou·ga·da* petit matin
mago/a ⓜ/ⓕ *ma·go/a* magicien(ne)
maíz ⓜ *ma·iS* maïs
maleta ⓕ *ma·lé·ta* valise
maletín ⓜ *ma·lé·tinn* mallette
— de primeros auxilios ⓜ *dé pri·mé·ros aou·ksi·lyos* trousse de premiers secours
malo/a ⓜ/ⓕ *ma·lo/a* méchant(e)
mamá ⓕ *ma·ma* maman
mamograma ⓜ *ma·mo·gra·ma* mammographie

mañana ⓕ ma·nya·na demain • matin (6h-13h)
— por la mañana por la ma·nya·na demain matin
— por la noche por la no·tché demain soir
— por la tarde por la tar·dé demain après-midi
mandarina ⓕ mann·da·ri·na mandarine
mandíbula ⓕ mann·di·bou·la mâchoire
mando ⓜ **a distancia** mann·do a dis·tann·Sya télécommande
mango ⓜ mann·go mangue
manifestación ⓕ ma·ni·fés·ta·Syonn manifestation
manillar ⓜ ma·ni·lyar guidon
mano ⓕ ma·no main
manta ⓕ mann·ta couverture
manteca ⓕ mann·té·ka graisse
mantel ⓜ mann·tél nappe
mantequilla ⓕ mann·té·ki·lya beurre
manzana ⓕ mann·Sa·na pomme
mapa ⓜ ma·pa carte (plan)
maquillaje ⓜ ma·ki·lya·Rhé maquillage
máquina ⓕ ma·ki·na machine
— de billetes dé bi·lyé·tés billetterie automatique
— de tabaco dé ta·ba·ko distributeur de cigarettes
mar ⓜ mar mer
marido ⓜ ma·ri·do mari
maravilloso/a ⓜ/ⓕ ma·ra·bi·lyo·so/a merveilleux/merveilleuse
marcador ⓜ mar·ka·dor tableau d'affichage (sport)
marcapasos ⓜ mar·ka·pa·sos pacemaker
marcar mar·kar marquer
marea ⓕ ma·ré·a marée
mareado/a ⓜ/ⓕ ma·ré·a·do/a qui se sent mal, qui a le mal de mer
mareo ⓜ ma·ré·o mal des transports
margarina ⓕ mar·ga·ri·na margarine
mariposa ⓕ ma·ri·po·sa papillon
marrón ma·ronn marron
martillo ⓜ mar·ti·lyo marteau
más cercano/a ⓜ/ⓕ mas Sér·ka·no/a plus près
masaje ⓜ ma·sa·Rhé massage
masajista ⓜ et ⓕ ma·sa·Rhis·ta masseur/masseuse
matar ma·tar tuer
matrícula ⓕ ma·tri·kou·la immatriculation
matrimonio ⓜ ma·tri·mo·nyo mariage
mayonesa ⓕ ma·yo·né·sa mayonnaise
mecánico ⓜ mé·ka·ni·ko mécanicien(ne)
mechero ⓜ mé·tché·ro briquet
medianoche ⓕ mé·dya·no·tché minuit
medias ⓕ pl mé·dyas bas • collants
medicina ⓕ mé·di·Si·na médecine
medico/a ⓜ/ⓕ mé·di·co/a médecin
medio ⓜ **ambiente** mé·dyo amm·byén·té environnement
medio/a ⓜ/ⓕ mé·dyo/a demi(e)
mediodía ⓜ mé·dyo·di·a midi
medios ⓜ pl **de comunicación** mé·dyos dé ko·mou·ni·ka·Syonn médias
medios ⓜ pl **de transporte** mé·dyos dé tranns·por·té moyens de transport
mejillones ⓜ pl mé·Rhi·lyo·nés moules
mejor mé·Rhor meilleur
melocotón ⓜ mé·lo·ko·tonn pêche (fruit)
melodía ⓕ mé·lo·di·a mélodie
melón ⓜ mé·lonn melon
memoria USB ⓕ mé·mo·ria ou·éssé·bé clé USB
mendigo/a ⓜ/ⓕ mén·di·go/a mendiant(e)
menos mé·nos moins
mensaje ⓜ mén·sa·Rhé message
menstruación ⓕ méns·trwa·Syonn menstruation
mentiroso/a ⓜ/ⓕ mén·ti·ro·so/a menteur/menteuse
menú ⓜ mé·nou menu

menudo/a ⓜ/ⓕ mé·*nou*·do/a menu(e)
a menudo a mé·*nou*·do souvent
mercado ⓜ mér·*ka*·do marché
mermelada ⓕ mér·mé·*la*·da confiture • marmelade
mes ⓜ més mois
mesa ⓕ *mé*·sa table
meseta ⓕ mé·*sé*·ta plateau
metal ⓜ mé·*tal* métal
meter (un gol) mé·*tér* (oun gol) marquer (un but)
metro ⓜ *mé*·tro mètre
mezclar méS·*klar* mélanger
mezquita ⓕ méS·*ki*·ta mosquée
mi mi mon/ma
microondas ⓜ mi·kro·*onn*·das micro-ondes
miel ⓕ myél miel
miembro ⓜ *myém*·bro membre
migraña ⓕ mi·*gra*·nya migraine
milímetro ⓜ mi·*li*·mé·tro millimètre
millón ⓜ mi·*lyonn* million
minusválido/a ⓜ/ⓕ mi·nous·*ba*·li·do/a handicapé(e)
minuto ⓜ mi·*nou*·to minute
mirador ⓜ mi·ra·*dor* belvédère
mirar mi·*rar* regarder
— los escaparates los és·ka·pa·*ra*·tés faire du lèche-vitrines
misa ⓕ *mi*·sa messe
mochila ⓕ mo·*tchi*·la sac à dos
(carne) molida (*kar*·né) mo·*li*·da (viande) hachée
mojado/a ⓜ/ⓕ mo·*Rha*·do/a mouillé(e)
monasterio ⓜ mo·nas·*té*·ryo monastère
monedas ⓕ pl mo·*né*·das pièces de monnaie
monja ⓕ *monn*·Rha nonne
monopatinaje ⓜ mo·no·pa·ti·*na*·Rhé skate-board
montaña ⓕ monn·*ta*·nya montagne
montar monn·*tar* monter
— en bicicleta én bi·Si·*klé*·ta faire du vélo
monumento ⓜ mo·nou·*mén*·to monument
mordedura ⓕ mor·dé·*dou*·ra morsure (chien)
morir mo·*rir* mourir
mosquitera ⓕ mos·ki·*té*·ra moustiquaire
mosquito ⓜ mos·*ki*·to moustique
mostaza ⓕ mos·*ta*·Sa moutarde
mostrador ⓜ mos·tra·*dor* comptoir
mostrar mos·*trar* montrer
motocicleta ⓕ mo·to·Si·*klé*·ta moto
motor ⓜ mo·*tor* moteur
motora ⓕ mo·*to*·ra bateau à moteur
muchos/as ⓜ/ⓕ pl *mou*·tchos/as nombreux/nombreuse
mudo/a ⓜ/ⓕ *mou*·do/a muet(te)
muebles ⓜ pl *mwé*·blés meubles
muela ⓕ *mwé*·la molaire
muelle ⓜ *mwé*·lyé ressort
muerto/a ⓜ/ⓕ *mwér*·to/a mort(e)
muesli ⓜ *mwés*·li muesli
mujer ⓕ mou·*Rhér* femme
multa ⓕ *moul*·ta amende
mundo ⓜ *moun*·do monde
muñeca ⓕ mou·*nyé*·ka poupée • poignet
murallas ⓕ pl mou·*ra*·lyas murailles
músculo ⓜ *mous*·kou·lo muscle
museo ⓜ mou·*sé*·o musée
música ⓕ *mou*·si·ka musique
músico/a ⓜ/ⓕ *mou*·si·ko/a musicien(ne)
— ambulante amm·bou·*lann*·té musicien des rues
muslo ⓜ *mous*·lo cuisse (poulet)
musulmán(a) ⓜ/ⓕ mou·soul·*mann*/mou·soul·*ma*·na musulman(e)
muy moui très

N

nacionalidad ⓕ na·Syo·na·li·*da* nationalité
nada *na*·da aucun • rien

nadar na·dar nager
naranja ⓕ na·rann·Rha orange
nariz ⓕ na·riS nez
nata ⓕ **agria** na·ta a·grya crème aigre
naturaleza ⓕ na·tou·ra·lé·Sa nature
naturopatía ⓕ na·tou·ro·pa·ti·a naturopathie
náusea ⓕ naou·sé·a nausée
náuseas ⓕ pl **del embarazo** naou·sé·as dél ém·ba·ra·So nausées de grossesse
navaja ⓕ na·ba·Rha canif
navegador ⓜ na·bé·ga·dor navigateur (Internet)
Navidad ⓕ na·bi·da Noël
necesario/a ⓜ/ⓕ né·Sé·sa·ryo/a nécessaire
necesitar né·Sé·si·tar avoir besoin
negar né·gar nier
negar né·gar refuser
negocio ⓜ né·go·Syo commerce
negro/a ⓜ/ⓕ né·gro/a noir(e)
neumático ⓜ né·ou·ma·ti·ko pneu
nevera ⓕ né·bé·ra réfrigérateur
nieto/a ⓜ/ⓕ nyé·to/a petit-fils/petite-fille
nieve ⓕ nyé·bé neige
niño/a ⓜ/ⓕ ni·nyo/a enfant
no no non
— fumadores fou·ma·do·rés non-fumeurs
— incluido inn·klou·i·do non inclus
noche ⓕ no·tché soir • nuit
Nochebuena ⓕ no·tché·bwé·na nuit de Noël
Nochevieja ⓕ no·tché·byé·Rha réveillon du Nouvel An
nombre ⓜ nomm·bré nom
— de pila dé pi·la nom de baptême
norte ⓜ nor·té nord
nosotros/as ⓜ/ⓕ pl no·so·tros/no·so·tras nous
noticias ⓕ pl no·ti·Syas nouvelles (informations)
novia ⓕ no·bya petite amie • fiancée
novio ⓜ no·byo petit ami • fiancé
nube ⓕ nou·bé nuage
nublado nou·bla·do nuageux
nueces nwé·Sés noix
nuestro/a ⓜ/ⓕ nwés·tro/a notre
nuevo/a ⓜ/ⓕ nwé·bo/a nouveau/nouvelle
número ⓜ nou·mé·ro numéro
— de la habitación dé la a·bi·ta·Syonn numéro de la chambre
— de pasaporte dé pa·sa·por·té numéro de passeport
nunca noun·ka jamais

O

o o ou
obra ⓕ o·bra œuvre • chantier
obrero/a ⓜ/ⓕ o·bré·ro/a ouvrier/ouvrière
océano ⓜ o·Sé·a·no océan
ocupado/a ⓜ/ⓕ o·kou·pa·do/a occupé(e)
ocupar o·kou·par occuper
oeste ⓜ o·és·té ouest
oficina ⓕ o·fi·Si·na bureau
— de objetos perdidos dé ob·Rhé·tos pér·di·dos bureau des objets trouvés
— de turismo dé tou·ris·mo office du tourisme
oír o·ir entendre
ojo ⓜ o·Rho voir
ola ⓕ o·la vague
olor ⓜ o·lor odeur
olvidar ol·bi·dar oublier
ópera ⓕ o·pé·ra opéra
operación ⓕ o·pé·ra·Syonn opération
opinión ⓕ o·pi·nyonn opinion
oporto ⓜ o·por·to porto
oportunidad ⓕ o·por·tou·ni·da chance
oración ⓕ o·ra·Syonn prier
orden ⓜ or·dén ordre
ordenador ⓜ or·dé·na·dor ordinateur
— portátil por·ta·til ordinateur portable
ordenar or·dé·nar ordonner

oreja ⓕ *o·ré·Rha* oreille
orgasmo ⓜ *or·gas·mo* orgasme
original *o·ri·Rhi·nal* original(e)
orquesta ⓕ *or·kés·ta* orchestre
oscuro/a ⓜ/ⓕ *os·kou·ro/a* sombre
ostra ⓕ *os·tra* huître
otoño ⓜ *o·to·nyo* automne
otra vez *o·tra béS* encore, une fois de plus
otro/a ⓜ/ⓕ *o·tro/a* autre
oveja ⓕ *o·bé·Rha* brebis
oxígeno ⓜ *o·ksi·Rhé·no* oxygène

P

padre ⓜ *pa·dré* père
padres ⓜ pl *pa·drés* parents
pagar *pa·gar* payer
página ⓕ *pa·Rhi·na* page
pago ⓜ *pa·go* paiement
país ⓜ *pa·is* pays
pájaro ⓜ *pa·Rha·ro* oiseau
palabra ⓕ *pa·la·bra* mot
palacio ⓜ *pa·la·Syo* palais
palillo ⓜ *pa·li·lyo* cure-dents
pan ⓜ *pann* pain
— integral *inn·té·gral* pain complet
— moreno *mo·ré·no* pain noir
panadería ⓕ *pa·na·dé·ri·a* boulangerie
pañal ⓜ *pa·nyal* couche (pour bébé)
pantalla ⓕ *pann·ta·lya* écran
pantalones ⓜ pl *pann·ta·lo·nés* pantalon
— cortos *kor·tos* shorts
pañuelos ⓜ pl **de papel** *pa·nywé·los dé pa·pél* mouchoirs en papier
papá ⓜ *pa·pa* papa
papel ⓜ *pa·pél* papier
— de fumar *dé fou·mar* papier à cigarettes
— higiénico *i·Rhyé·ni·ko* papier hygiénique
paquete ⓜ *pa·ké·té* paquet • colis
para llevar *pa·ra lyé·bar* à emporter
parabrisas ⓜ *pa·ra·bri·sas* pare-brise
paracaidismo ⓜ *pa·ra·kay·dis·mo* parachutisme
parada ⓕ *pa·ra·da* arrêt
— de autobús *dé aou·to·bous* arrêt de bus
— de taxis *dé ta·ksis* station de taxis
paraguas ⓜ *pa·ra·gwas* parapluie
parapléjico/a ⓜ/ⓕ *pa·ra·plé·Rhi·ko/a* paraplégique
parar *pa·rar* s'arrêter
pared ⓕ *pa·ré* mur
pareja ⓕ *pa·ré·Rha* couple
parlamento ⓜ *par·la·mén·to* parlement
paro ⓜ *pa·ro* chômage
parque ⓜ *par·ké* parc
— nacional *na·Syo·nal* parc national
parte ⓕ *par·té* part
partida ⓕ **de nacimiento** *par·ti·da dé na·Si·myén·to* certificat de naissance
partido ⓜ *par·ti·do* match (sport) • parti (politique)
pasado ⓜ *pa·sa·do* passé
pasado mañana *pa·sa·do ma·nya·na* après-demain
pasado/a ⓜ/ⓕ *pa·sa·do/a* périmé(e)
pasajero ⓜ *pa·sa·Rhé·ro* passager
pasaporte ⓜ *pa·sa·por·té* passeport
Pascua ⓕ *pas·kwa* Pâques
pase ⓜ *pa·sé* pass
paseo ⓜ *pa·sé·o* rue
paso ⓜ *pa·so* pas
— de cebra *dé Sé·bra* passage pour piétons
pasta ⓕ *pas·ta* pâte
— dentífrica *dén·ti·fri·ka* dentifrice
pastel ⓜ *pas·tél* gâteau
— de cumpleaños *dé koum·plé·a·nyos* gâteau d'anniversaire
pastelería ⓕ *pas·té·lé·ri·a* pâtisserie
pastilla ⓕ *pas·ti·lya* pilule
pastillas ⓕ pl **de menta** *pas·ti·lyas dé mén·ta* pastilles à la menthe
pastillas ⓕ pl **para dormir** *pas·ti·lyas pa·ra dor·mir* pilules pour dormir

patata ⓕ *pa·ta·ta* pomme de terre
paté ⓜ *pa·té* pâté
patinar *pa·ti·nar* faire du patin à roulettes
pato ⓜ *pa·to* canard
pavo ⓜ *pa·bo* dinde
paz ⓕ *paS* paix
peatón ⓜ et ⓕ *pé·a·tonn* piéton(ne)
pecho ⓜ *pé·tcho* poitrine
pechuga ⓕ *pé·tchou·ga* blanc (volaille)
pedal ⓜ *pé·dal* pédale
pedazo ⓜ *pé·da·So* morceau
pedir *pé·dir* demander
peine ⓜ *péy·né* peigne
pelea ⓕ *pé·lé·a* bagarre
película ⓕ *pé·li·kou·la* film • pellicule
peligroso/a ⓜ/ⓕ *pé·li·gro·so/a* dangereux/dangereuse
pelo ⓜ *pé·lo* cheveu • poil
pelota ⓕ *pé·lo·ta* balle
— de golf *dé golf* balle de golf
peluquero/a ⓜ/ⓕ *pé·lou·ké·ro/a* coiffeur/coiffeuse
pendientes ⓜ pl *pén·dyén·tés* boucles d'oreilles
pensar *pén·sar* penser
pensión ⓕ *pén·syonn* pension
pensionista ⓜ et ⓕ *pén·syo·nis·ta* retraité(e)
pepino ⓜ *pé·pi·no* concombre
pequeñito/a ⓜ/ⓕ *pé·ké·nyi·to/a* minuscule
pequeño/a ⓜ/ⓕ *pé·ké·nyo/a* petit(e)
pera ⓕ *pé·ra* poire
perder *pér·dér* perdre
perdido/a ⓜ/ⓕ *pér·di·do/a* perdu(e)
perdonar *pér·do·nar* pardonner
perejil ⓜ *pé·ré·Rhil* persil
perfume ⓜ *pér·fou·mé* parfum
periódico ⓜ *pé·ryo·di·ko* journal
periodista ⓜ et ⓕ *pé·ryo·dis·ta* journaliste
permiso ⓜ *pér·mi·so* permission • permis
— de trabajo ⓜ *dé tra·ba·Rho* permis de travail
permitir *pér·mi·tir* permettre
pero *pé·ro* mais
perro/a ⓜ/ⓕ *pé·ro/a* chien(ne)
perro ⓜ **lazarillo** *pé·ro la·Sa·ri·lyo* chien guide d'aveugle
persona ⓕ *pér·so·na* personne
pesado/a ⓜ/ⓕ *pé·sa·do/a* lourd(e)
pesar *pé·sar* peser
pesas ⓕ pl *pé·sas* poids
pesca ⓕ *pés·ka* pêche
pescadería ⓕ *pés·ka·dé·ri·a* poissonnerie
pescado ⓜ *pés·ka·do* poisson (à manger)
peso ⓜ *pé·so* poids
petición ⓕ *pé·ti·Syonn* pétition
pez ⓜ *péS* poisson (vivant)
picadura ⓕ *pi·ka·dou·ra* piqûre (insecte)
picazón ⓕ *pi·ka·Sonn* démangeaison
pie ⓜ *pi·é* pied
piedra ⓕ *pyé·dra* pierre
piel ⓕ *pyél* peau
pierna ⓕ *pyér·na* jambe
pila ⓕ *pi·la* pile
píldora ⓕ *pil·do·ra* pilule contraceptive
pimienta ⓕ *pi·myén·ta* poivre
pimiento ⓜ *pi·myén·to* poivron • piment
— rojo *ro·Rho* poivron rouge
— verde *bér·dé* poivron vert
piña ⓕ *pi·nya* pomme de pin
pinchar *pinn·tchar* crever (un pneu)
ping pong ⓜ *pinng ponng* ping-pong
pintar *pinn·tar* peindre
pintor(a) ⓜ/ⓕ *pinn·tor/pinn·to·ra* peintre
pintura ⓕ *pinn·tou·ra* peinture
pinzas ⓕ pl *pinn·Sas* pinces à linge
piojos ⓜ pl *pyo·Rhos* poux
piqueta ⓕ *pi·ké·ta* pic
piquetas ⓕ pl *pi·ké·tas* sardines (camping)

piscina ⓕ *pis·Si·na* piscine
pista ⓕ *pis·ta* court (tennis)
pistacho ⓜ *pis·ta·tcho* pistache
plancha ⓕ *plann·tcha* fer à repasser
planeta ⓜ *pla·né·ta* planète
planta ⓕ *plann·ta* plante
plástico ⓜ *plas·ti·ko* plastique
plata ⓕ *pla·ta* argent
plataforma ⓕ *pla·ta·for·ma* plate-forme
plátano ⓜ *pla·ta·no* banane
plateado/a ⓜ/ⓕ *pla·té·a·do/a* argenté(e)
plato ⓜ *pla·to* assiette
playa ⓕ *pla·ya* plage
plaza ⓕ *pla·Sa* place
— de toros *dé to·ros* arène
pobre *po·bré* pauvre
pobreza ⓕ *po·bré·Sa* pauvreté
pocos *po·kos* peu
poder *po·dér* pouvoir
poder ⓜ *po·dér* pouvoir
poesía ⓕ *po·é·si·a* poésie
polen ⓜ *po·lén* pollen
policía ⓕ *po·li·Si·a* police
política ⓕ *po·li·ti·ka* politique
político ⓜ et ⓕ *po·li·ti·ko* politicien(ne)
póliza ⓕ *po·li·Sa* police (d'assurance)
pollo ⓜ *po·lyo* poulet
pomelo ⓜ *po·mé·lo* pamplemousse
poner *po·nér* poser
popular *po·pou·lar* populaire
póquer ⓜ *po·kér* poker
por (dia) *por (di·a)* par (jour)
por ciento *por Syén·to* pour cent
por qué *por ké* pourquoi
por vía aérea *por bi·a a·é·ré·a* par voie aérienne
por vía terrestre *por bi·a té·rés·tré* par voie terrestre
porque *por·ké* parce que
portero/a ⓜ/ⓕ *por·té·ro/a* gardien de but
posible *po·si·blé* possible
postal ⓕ *pos·tal* carte postale
póster ⓜ *pos·tér* poster
potro ⓜ *po·tro* poulain
pozo ⓜ *po·So* puits
precio ⓜ *pré·Syo* prix
— de entrada *dé én·tra·da* prix d'entrée
— del cubierto *dél kou·byér·to* prix du couvert
preferir *pré·fé·rir* préférer
pregunta ⓕ *pré·goun·ta* question
preguntar *pré·goun·tar* demander
preocupado/a ⓜ/ⓕ *pré·o·kou·pa·do/a* préoccupé(e)
preocuparse por *pré·o·kou·par·sé por* s'inquiéter pour
preparar *pré·pa·rar* préparer
presidente/a ⓜ/ⓕ *pré·si·dén·té/a* président(e)
presión ⓕ *pré·syonn* pression
— arterial *ar·té·ryal* pression sanguine
prevenir *pré·bé·nir* prévenir
primavera ⓕ *pri·ma·bé·ra* printemps
primer ministro ⓜ *pri·mér mi·nis·tro* Premier ministre
primero/a ⓜ/ⓕ *pri·mé·ro/a* premier/première
principal *prinn·Si·pal* principal(e)
prisa ⓕ *pri·sa* hâte
prisionero/a ⓜ/ⓕ *pri·syonn·né·ro/a* prisonnier/prisonnière
privado/a ⓜ/ⓕ *pri·ba·do/a* privé(e)
probar *pro·bar* essayer
producir *pro·dou·Sir* produire
productos ⓜ pl **congelados** *pro·douk·tos konn·Rhé·la·dos* surgelés
profesor(a) ⓜ/ⓕ *pro·fé·sor/pro·fé·so·ra* professeur
profundo/a ⓜ/ⓕ *pro·foun·do/a* profond(e)
programa ⓜ *pro·gra·ma* programme
prolongación ⓕ *pro·lonn·ga·Syonn* prolongation (de visa)
promesa ⓕ *pro·mé·sa* promesse
prometida ⓕ *pro·mé·ti·da* fiancée
prometido ⓜ *pro·mé·ti·do* fiancé

pronto pronn·to bientôt
propietaria ⓕ pro·pyé·ta·rya propriétaire
propietario ⓜ pro·pyé·ta·ryo propriétaire
propina ⓕ pro·pi·na pourboire
proteger pro·té·Rhér protéger
protegido/a ⓜ/ⓕ pro·té·Rhi·do/a protégé(e)
protesta ⓕ pro·tés·ta protestation
provisiones ⓕ pl pro·bi·syo·nés provisions
proyector ⓜ pro·yék·tor projecteur
prudente prou·dén·té prudent(e)
prueba ⓕ prwé·ba essai
— del embarazo dél ém·ba·ra·So test de grossesse
pruebas ⓕ pl **nucleares** prwé·bas nou·klé·a·rés essais nucléaires
pub ⓜ poub pub
pueblo ⓜ pwé·blo village
puente ⓜ pwén·té pont
puerro ⓜ pwé·ro poireau
puerta ⓕ pwér·ta porte
puerto ⓜ pwér·to port
puesta ⓕ **del sol** pwés·ta dél sol coucher de soleil
pulga ⓕ poul·ga mouche
pulmones ⓜ pl poul·mo·nés poumons
punto ⓜ poun·to point
puro ⓜ pou·ro cigare
puro/a ⓜ/ⓕ pou·ro/a pur(e)

Q

(el mes) que viene (él més) ké byé·né (le mois) prochain
quedarse ké·dar·sé rester
quedarse sin ké·dar·sé sinn se trouver à court de
quejarse ké·Rhar·sé se plaindre
quemadura ⓕ ké·ma·dou·ra brûlure
— de sol dé sol coup de soleil
querer ké·rér aimer • vouloir
queso ⓜ ké·so fromage
— de cabra dé ka·bra fromage de chèvre
quien kyén qui
quincena ⓕ kinn·Sé·na quinzaine
quiosco ⓜ kyos·ko kiosque
quiste ⓜ **ovárico** kis·té o·ba·ri·ko kyste ovarien
quizás ki·Sas peut-être

R

rábano ⓜ ra·ba·no radis
— picante pi·kann·té raifort
rápido/a ⓜ/ⓕ ra·pi·do/a rapide
raqueta ⓕ ra·ké·ta raquette
raro/a ⓜ/ⓕ ra·ro/a rare
rastro ⓜ ras·tro trace
rata ⓕ ra·ta rat
ratón ⓜ ra·tonn souris
raza ⓕ ra·Sa race
razón ⓕ ra·Sonn raison
realista ré·a·lis·ta réaliste
recibir ré·Si·bir recevoir
recibo ⓜ ré·Si·bo reçu
reciclable ré·Si·kla·blé recyclable
reciclar ré·Si·klar recycler
recientemente ré·Syén·té·mén·té récemment
recogida ⓕ **de equipajes** ré·ko·Rhi·da dé é·ki·pa·Rhés récupération des bagages
recolección ⓕ **de fruta** ré·ko·lék·Syonn dé frou·ta collecte des fruits
recomendar ré·ko·mén·dar recommander
reconocer ré·ko·no·Sér reconnaître
recordar ré·kor·dar se rappeler
recorrido ⓜ **guiado** ré·ko·ri·do gui·a·do visite guidée
recto/a ⓜ/ⓕ rék·to/a droit(e)
recuerdo ⓜ ré·kwér·do souvenir
red ⓕ réd réseau
— red social ⓕ réd so·Syal social
— red telefónica ⓕ réd té·lé·fo·ni·ka téléphonique
redondo/a ⓜ/ⓕ ré·donn·do/a rond(e)

reembolsar ré·ém·bol·*sar* rembourser
reembolso ⓜ ré·ém·*bol*·so remboursement
referencias ⓕ pl ré·fé·*rénn*·Syas références
refresco ⓜ ré·*frés*·ko rafraîchissement
refugiado/a ⓜ/ⓕ ré·fou·*Rhya*·do/a réfugié(e)
regalar ré·ga·*lar* offrir (cadeau)
regalo ⓜ ré·*ga*·lo cadeau
— de bodas dé *bo*·das cadeau de mariage
régimen ⓜ *ré*·Rhi·mén régime
reglas ⓕ pl *ré*·glas règles
reina ⓕ *réy*·na reine
reírse ré·*ir*·sé rire
relación ⓕ ré·la·*Syonn* relation
relajarse ré·la·*Rhar*·sé se détendre
religión ⓕ ré·li·*Rhyonn* religion
religioso/a ⓜ/ⓕ ré·li·*Rhyo*·so/a religieux/religieuse
reliquia ⓕ ré·*li*·kya relique
reloj ⓜ ré·*loRh* horloge
— de pulsera dé poul·*sé*·ra montre
remo ⓜ *ré*·mo rame
remolacha ⓕ ré·mo·*la*·tcha betterave
remoto/a ⓜ/ⓕ ré·*mo*·to/a éloigné(e)
reparar ré·pa·*rar* réparer
repartir ré·par·*tir* répartir
repetir ré·pé·*tir* répéter
república ⓕ ré·*pou*·bli·ka république
requesón ⓜ ré·ké·*sonn* fromage frais
reserva ⓕ ré·*sér*·ba réservation
reservar ré·sér·*bar* réserver
resfriado ⓜ rés·fri·*a*·do refroidi
residuos ⓜ pl **tóxicos** ré·*si*·dwos *to*·ksi·kos déchets toxiques
respirar rés·pi·*rar* respirer
respuesta ⓕ rés·*pwés*·ta réponse
restaurante ⓜ rés·taou·*rann*·té restaurant
revisar ré·bi·*sar* réviser
revisor(a) ⓜ/ⓕ ré·bi·*sor*/ré·bi·*so*·ra contrôleur/contrôleuse
revista ⓕ ré·*bis*·ta revue
rey ⓜ *réy* roi
rico/a ⓜ/ⓕ *ri*·ko/a riche
riesgo ⓜ *ryés*·go risque
río ⓜ *ri*·o rivière • fleuve
ritmo ⓜ *rit*·mo rythme
robar ro·*bar* voler
roca ⓕ *ro*·ka pierre
rock ⓜ rok rock
rodilla ⓕ ro·*di*·lya genou
rojo/a ⓜ/ⓕ *ro*·Rho/a rouge
romántico/a ⓜ/ⓕ ro·*mann*·ti·ko/a romantique
romper romm·*pér* casser
ron ⓜ ronn rhum
ropa ⓕ *ro*·pa vêtements
— de cama dé *ka*·ma draps
— interior inn·té·*ryor* sous-vêtements
rosa *ro*·sa rose
roto/a ⓜ/ⓕ *ro*·to/a cassé(e)
rueda ⓕ *rwé*·da roue
rugby ⓜ *roug*·bi rugby
ruidoso/a ⓜ/ⓕ rwi·*do*·so/a bruyant(e)
ruinas ⓕ pl *rwi*·nas ruines
ruta ⓕ *rou*·ta route

S

sábado ⓜ *sa*·ba·do samedi
sábana ⓕ *sa*·ba·na drap
saber sa·*bér* savoir
sabroso/a ⓜ/ⓕ sa·*bro*·so/a savoureux/savoureuse
sacar sa·*kar* sortir • prendre (photo)
sacerdote ⓜ sa·Sér·*do*·té prêtre
saco ⓜ **de dormir** *sa*·ko dé dor·*mir* sac de couchage
sal ⓕ sal sel
sala ⓕ **de espera** *sa*·la dé és·*pé*·ra salle d'attente
sala ⓕ **de tránsito** *sa*·la dé *trann*·si·to salle de transit
salario ⓜ sa·*la*·ryo salaire
salchicha ⓕ sal·*tchi*·tcha saucisse
saldo ⓜ *sal*·do bilan (comptable)

salida ⓕ sa·li·da sortie • départ
salir con sa·lir konn sortir avec
salir de sa·lir dé partir de
salmón ⓜ sal·monn saumon
salón de belleza ⓜ sa·lonn dé bé·lyé·Sa salon de beauté
salsa ⓕ sal·sa sauce
— de guindilla dé ginn·di·lya sauce pimentée
— de soja dé so·Rha sauce soja
— de tomate dé to·ma·té sauce tomate
saltar sal·tar sauter
salud ⓕ sa·lou santé
salvaeslip ⓜ sal·ba·é·slip protège-slip
salvar sal·bar sauver
sandalias ⓕ pl sann·da·lyas sandales
sandía ⓕ sann·di·a pastèque
sangrar sann·grar saigner
sangre ⓕ sann·gré sang
santo/a ⓜ/ⓕ sann·to/a saint(e)
sarampión ⓜ sa·ramm·pyonn rougeole
sartén ⓕ sar·tén poêle (à frire)
sastre ⓜ sas·tré tailleur
sauna ⓕ saou·na sauna
secar sé·kar sécher
secretario/a ⓜ/ⓕ sé·kré·ta·ryo/a secrétaire
sed ⓕ sé soif
seda ⓕ sé·da soie
seguir sé·gir suivre
segundo/a ⓜ/ⓕ sé·goun·do/a second(e)
seguro ⓜ sé·gou·ro assurance
seguro/a ⓜ/ⓕ sé·gou·ro/a sûr(e)
sello ⓜ sé·lyo timbre
semáforos ⓜ pl sé·ma·fo·ros feux de signalisation
Semana ⓕ **Santa** sé·ma·na sann·ta Semaine sainte
sembrar sém·brar semer
semidirecto/a ⓜ/ⓕ sé·mi·di·rék·to/a semi-direct(e)
señal ⓕ sé·nyal signal
sencillo/a ⓜ/ⓕ sén·Si·lyo/a simple
(un billete) sencillo ⓜ (oun bi·lyé·té) sén·Si·lyo (aller) simple
sendero ⓜ sén·dé·ro sentier
senos ⓜ pl sé·nos seins
sensibilidad ⓕ sén·si·bi·li·da sensibilité
sensual sén·swal sensuel(le)
sentarse sén·tar·sé s'asseoir
sentimiento ⓜ sén·ti·myén·to sentiment
sentir sén·tir sentir
separado/a ⓜ/ⓕ sé·pa·ra·do/a séparé(e)
separar sé·pa·rar séparer
ser sér être
serie ⓕ sé·ryé série
serio/a ⓜ/ⓕ sé·ryo/a sérieux/sérieuse
seropositivo/a ⓜ/ⓕ sé·ro·po·si·ti·bo/a séropositif/séropositive
serpiente ⓕ sér·pyén·té serpent
servicio ⓜ sér·bi·Syo service
— militar mi·li·tar service militaire
servicio ⓜ pl sér·bi·Syo toilettes
servilleta ⓕ sér·bi·lyé·ta serviette
sexo ⓜ sé·kso sexe
sexy sé·ksi sexy
si si si • oui
sida ⓜ si·da sida
sidra ⓕ si·dra cidre
siempre syém·pré toujours
silla ⓕ si·lya chaise
— de ruedas dé rwé·das fauteuil roulant
sillín ⓜ si·lyinn selle
similar si·mi·lar similaire
simpático/a ⓜ/ⓕ simm·pa·ti·ko/a sympathique
sin sinn sans
— hogar o·gar sans abri
— plomo plo·mo sans plomb
sinagoga ⓕ si·na·go·ga synagogue
sintético/a ⓜ/ⓕ sinn·té·ti·ko/a synthétique
smartphone (teléfono inteligente) ⓜ smart·fonn (té·lé·fo·no inn·té·li·Rhén·té) Smartphone

soborno ⓜ so·bor·no pot-de-vin
sobre so·bré sur
sobre ⓜ so·bré enveloppe
sobrevivir so·bré·bi·bir survivre
socialista ⓜ et ⓕ so·Sya·lis·ta socialiste
sol ⓜ sol soleil
soldado ⓜ sol·da·do soldat
sólo so·lo seulement
solo/a ⓜ/ⓕ so·lo/a seul(e)
soltero/a ⓜ/ⓕ sol·té·ro/a célibataire
sombra ⓕ somm·bra ombre
sombrero ⓜ somm·bré·ro chapeau
soñar so·nyar rêver
sondeo ⓜ sonn·dé·o sondage
sonreír sonn·ré·ir sourire
sopa ⓕ so·pa soupe
sordo/a ⓜ/ⓕ sor·do/a sourd(e)
sorpresa ⓕ sor·pré·sa surprise
su sou son • sa • votre
subir sou·bir monter
submarinismo ⓜ soub·ma·ri·nis·mo plongée
subtítulos ⓜ pl soub·ti·tou·los sous-titres
sucio/a ⓜ/ⓕ sou·Syo/a sale
sucursal ⓕ sou·kour·sal succursale
sudar sou·dar suer
suegra ⓕ swé·gra belle-mère
suegro ⓜ swé·gro beau-père
sueldo ⓜ swél·do salaire
suelo ⓜ swé·lo sol
suerte ⓕ swér·té chance
suficiente sou·fi·Syén·té suffisant
sufrir sou·frir souffrir
Suiza ⓕ soui·Sa Suisse
sujetador ⓜ sou·Rhé·ta·dor soutien-gorge
supermercado ⓜ sou·pér·mér·ka·do supermarché
superstición ⓕ sou·pérs·ti·Syonn superstition
sur ⓜ sour sud
surf ⓜ **sobre la nieve** sourf so·bré la nyé·bé snow-board

T

tabaco ⓜ ta·ba·ko tabac
tabla ⓕ **de surf** ta·bla dé sourf planche de surf
tablero ⓜ **de ajedrez** ta·blé·ro dé a·Rhé·dréS échiquier
tablet ⓕ ta·blèt tablette
tacaño/a ⓜ/ⓕ ta·ka·nyo/a avare
talco ⓜ tal·ko talc
talla ⓕ ta·lya taille (vêtements)
taller ⓜ ta·lyér atelier
también tamm·byén aussi
tampoco tamm·po·ko non plus
tampones ⓜ pl tamm·po·nés tampons
tapones ⓜ pl **para los oídos** ta·po·nés pa·ra los o·i·dos bouchons d'oreilles
taquilla ⓕ ta·ki·lya guichet
tarde tar·dé tard
tarjeta tar·Rhé·ta carte
— de crédito dé kré·di·to carte de crédit
— de embarque dé ém·bar·ké carte d'embarquement
tarta ⓕ **nupcial** tar·ta noup·Syal gâteau de mariage
tasa ⓕ **del aeropuerto** ta·sa dél aé·ro·pwér·to taxe d'aéroport
taxi ⓜ ta·ksi taxi
taza ⓕ ta·Sa tasse
té ⓜ té thé
teatro ⓜ té·a·tro théâtre
teclado ⓜ té·kla·do clavier
técnica ⓕ ték·ni·ka technique
tela ⓕ té·la toile
tele ⓕ té·lé TV
teleférico ⓜ té·lé·fé·ri·ko téléphérique
teléfono ⓜ té·lé·fo·no téléphone
— móvil mo·bil téléphone portable
— público pou·bli·ko téléphone public
telenovela ⓕ té·lé·no·bé·la série télévisée
telescopio ⓜ té·lés·ko·pyo téléscope
televisión ⓕ té·lé·bi·syonn télévision

temperatura ⓕ tém·pé·ra·*tou*·ra température
templado/a ⓜ/ⓕ tém·*pla*·do/a tiède
templo ⓜ *tém*·plo temple
temporada ⓕ tém·po·*ra*·da saison (sport)
temprano tém·*pra*·no tôt
tenedor ⓜ té·né·*dor* fourchette
tener té·nér avoir
— hambre *amm*·bré avoir faim
— prisa *pri*·sa être pressé(e)
— sed séS avoir soif
— sueño *swé*·nyo avoir sommeil
tenis ⓜ *té*·nis tennis
tensión ⓕ **premenstrual** *ténn*·syonn pré·méns·*trwal* syndrome prémenstruelle
tentempié ⓜ *ténn*·tém·*pyé* encas
tercio ⓜ *tér*·Syo tiers
terminar tér·mi·*nar* terminer
ternera ⓕ tér·*né*·ra veau (viande)
ternero ⓜ tér·*né*·ro veau (animal)
terremoto ⓜ té·ré·*mo*·to tremblement de terre
testarudo/a ⓜ/ⓕ tés·ta·*rou*·do/a têtu(e)
tía ⓕ *ti*·a tante
tiempo ⓜ *tyém*·po temps
a — a *tyém*·po à temps
a — completo/parcial a *tyém*·po komm·*plé*·to/par·*Syal* à temps complet/partiel
tienda ⓕ **(de campaña)** *tyén*·da (dé kamm·*pa*·nya) tente
tienda ⓕ *tyén*·da magasin
— de comestibles dé ko·més·*ti*·blés épicerie
— de eléctrodomésticos dé é·*lék*·tro·do·*més*·ti·kos magasin d'appareil électroménagers
— de provisiones de cámping dé pro·bi·*syo*·nés dé *kamm*·pinn épicerie de camping
— de recuerdos dé ré·*kwér*·dos magasin de souvenirs
— de ropa dé *ro*·pa magasin de vêtements
— deportiva dé·por·*ti*·ba magasin de sport
Tierra ⓕ *tyé*·ra Terre
tierra ⓕ *tyé*·ra terre
tiesto ⓜ *tyés*·to pot (plante)
tijeras ⓕ pl ti·*Rhé*·ras ciseaux
tímido/a ⓜ/ⓕ *ti*·mi·do/a timide
típico/a ⓜ/ⓕ *ti*·pi·ko/a typique
tipo ⓜ *ti*·po type
— de cambio dé *kamm*·byo taux de change
tirar ti·*rar* tirer
tiritas ⓕ pl ti·*ri*·tas pansements
título ⓜ *ti*·tou·lo titre
toalla ⓕ to·*a*·lya serviette
tobillo ⓜ to·*bi*·lyo cheville
tocar to·*kar* toucher
— la guitarra la gi·*ta*·ra jouer (de la guitare)
tocino ⓜ to·*Si*·no lard
todavía (no) to·da·*bi*·a (no) (pas) encore
todo *to*·do tout
tofú ⓜ to·*fou* tofu
tomar to·*mar* prendre
tomate ⓜ to·*ma*·té tomate
— secado al sol sé·*ka*·do al sol tomate séchée au soleil
tono ⓜ *to*·no ton
torcedura ⓕ tor·Sé·*dou*·ra entorse
tormenta ⓕ tor·*mén*·ta orage
toro ⓜ *to*·ro taureau
torre ⓕ *to*·ré tour
tos ⓕ tos toux
tostada ⓕ tos·*ta*·da toast
tostadora ⓕ tos·ta·*do*·ra grille-pain
trabajar tra·ba·*Rhar* travailler
trabajo ⓜ tra·*ba*·Rho travail
— administrativo ad·mi·nis·tra·*ti*·bo paperasserie
— de camarero/a ⓜ/ⓕ dé ka·ma·*ré*·ro/a travail de serveur/serveuse
— de casa dé *ka*·sa devoirs

— **de limpieza** dé limm·pyé·Sa ménage
traducir tra·dou·Sir traduire
traer tra·ér apporter
tráfico Ⓜ tra·fi·ko trafic
tramposo/a Ⓜ/Ⓕ tramm·po·so/a tricheur/tricheuse
tranquilo/a Ⓜ/Ⓕ trann·ki·lo/a tranquille
tranvía Ⓜ trann·bi·a tramway
a través a tra·bés à travers
tren Ⓜ trén train
— **de cercanías** dé Sér·ka·ni·as train local
trepar tré·par grimper
tres en raya trés én ra·ya marelle
triste tris·té triste
tú tou toi
tu tou ton/ta
tubo Ⓜ **de escape** tou·bo dé és·ka·pé échappement
tumba Ⓕ toum·ba tombe
tumbarse toum·bar·sé s'allonger
turista Ⓜ et Ⓕ tou·ris·ta touriste
— **operador(a)** Ⓜ/Ⓕ o·pé·ra·dor/o·pé·ra·do·ra opérateur/opératrice

U

uniforme Ⓜ ou·ni·for·mé uniforme
universidad Ⓕ ou·ni·bér·si·da université
universo Ⓜ ou·ni·bér·so univers
urgente our·Rhén·té urgent
Usted ous·té vous (sg)
útil ou·til utile
uva Ⓕ ou·ba raisin
uvas Ⓕ pl **pasas** pa·sas raisins secs

V

vaca Ⓕ ba·ka vache
vacaciones Ⓕ pl ba·ka·Syo·nés vacances
vacante ba·kann·té vacant(e)
vacío/a Ⓜ/Ⓕ ba·Si·o/a vide
vacuna Ⓕ ba·kou·na vaccination
vagina Ⓕ ba·Rhi·na vagin
vagón Ⓜ **restaurante** ba·gonn rés·taou·rann·té wagon-restaurant
validar ba·li·dar valider
valiente ba·lyén·té vaillant(e)
valioso/a Ⓜ/Ⓕ ba·lyo·so/a précieux/précieuse
valle Ⓜ ba·lyé vallée
valor Ⓜ ba·lor valeur
vaqueros Ⓜ pl ba·ké·ros jeans
varios/as Ⓜ/Ⓕ pl ba·ryos/as plusieurs
vaso Ⓜ ba·so verre (pour boire)
vegetariano/a Ⓜ/Ⓕ bé·Rhé·ta·rya·no/a végétarien
vela Ⓕ bé·la bougie
velocidad Ⓕ bé·lo·Si·da vitesse
velocímetro Ⓜ bé·lo·Si·mé·tro compteur de vitesse
velódromo Ⓜ bé·lo·dro·mo vélodrome
vena Ⓕ bé·na veine
vendaje Ⓜ bén·da·Rhé bandage
vendedor(a) Ⓜ/Ⓕ **de flores** bén·dé·dor/bén·dé·do·ra dé flo·rés fleuriste
vender bén·dér vendre
venenoso/a Ⓜ/Ⓕ bé·né·no·so/a vénéneux/vénéneuse
venir bé·nir venir
ventana Ⓕ bén·ta·na fenêtre
ventilador Ⓜ bén·ti·la·dor ventilateur
ver bér voir
verano Ⓜ bé·ra·no été
verde bér·dé vert
verdulería Ⓕ bér·dou·lé·ri·a boutique de fruits et légumes
verdulero/a Ⓜ/Ⓕ bér·dou·lé·ro/a marchand(e) de fruits et légumes
verduras Ⓕ pl bér·dou·ras légumes
vestíbulo Ⓜ bés·ti·bou·lo vestibule
vestido Ⓜ bés·ti·do robe
vestuario Ⓜ bés·twa·ryo garde-robe
vestuarios Ⓜ pl bés·twa·ryos vestiaires
vez Ⓕ béS fois

viajar bya·*Rhar* voyager
viaje ⓜ *bya*·Rhé voyage
vid ⓕ bid vigne
vida ⓕ *bi*·da vie
vidrio ⓜ *bi*·dryo verre (matière)
viejo/a ⓜ/ⓕ *byé*·Rho/a vieux/vieille
viento ⓜ *byén*·to vent
vinagre ⓜ bi·*na*·gré vinaigre
viñedo ⓜ bi·*nyé*·do vignoble
vino ⓜ *bi*·no vin
violar byo·*lar* violer
virus ⓜ *bi*·rous virus
visado ⓜ bi·*sa*·do visa
visitar bi·si·*tar* visiter
vista ⓕ *bis*·ta vue
vitaminas ⓕ pl bi·ta·*mi*·nas vitamines
víveres ⓜ pl *bi*·bé·rés vivres
vivir bi·*bir* vivre
vodka ⓕ *bod*·ka vodka
volar bo·*lar* voler
volumen ⓜ bo·*lou*·mén volume
volver bol·*bér* revenir
votar bo·*tar* voter
voz ⓕ boS voix
vuelo ⓜ **doméstico** *bwé*·lo do·*més*·ti·ko vol intérieur

Y

y i et
ya ya déjà
yip ⓜ yip Jeep
yo yo moi
yoga ⓜ *yo*·ga yoga
yogur ⓜ yo·*gour* yaourt

Z

zanahoria ⓕ Sa·na·o·rya carotte
zapatería ⓕ Sa·pa·té·*ri*·a magasin de chaussures
zapatos ⓜ pl Sa·*pa*·tos chaussures
zodíaco ⓜ So·*di*·a·ko zodiaque
zoológico ⓜ zo·o·*lo*·Rhi·ko zoo
zumo ⓜ *Sou*·mo jus
— de naranja dé na·*rann*·Rha jus d'orange

Index

Pour les sujets abordés dans plusieurs sections du livre, nous avons indiqué le numéro de page principale en **caractères gras.**

A

accent (grammaire)........ 12
accident........ 52, **152**
achats (général)........ 72
activités........ 145
addition........ 89
addition (restaurant)........ 174
adieux........ 111
adjectifs (grammaire)........ 14
adresse........ 49, **56**, 60, 112
adverbes (grammaire)........ 14
affaires, voyage d'........ **54**, 92
âge........ 108
allaitement........ 102
allergies........ 161
allergies (nourriture)........ 185
alphabet........ 13
ambassade........ 155
ambulance........ 153
amour........ 137
anniversaire........ 111
annuler (un billet)........ 46
appareil photo........ 77, **79**, 80
appartement........ 70
approches (séduction)........ 135
argent........ 89
argent (change)........ 64, **90**
arrêt (de bus)........ 47
art........ 96
articles (grammaire)........ 15
ascenseur........ 64
assurance (voiture)........ 50
auberge de jeunesse........ 59
audioguide........ 94
avenue........ 58
avion........ 42
avoir (grammaire)........ 16

B

bagages........ **46**, 67
ballet........ 129
banque........ 90
bars........ 129, 133, **176**
basket-ball........ 140
basque (langue)........ 113
bateau........ 42, 43, **48**
batterie........ 80
bébé........ 101
bed and breakfast........ 59
bénévolat........ 122
bicyclette........ 53
bières........ 81, 173, **175**, 179
billets........ 44
boire........ 178
boissons (alcoolisées)........ 175
boissons (non alcoolisées)........ 174
boîtes de nuit........ 129
bon à savoir (encadrés)........ 13, 93, 107, 112, 136, 137
bungalow........ 70
bureau (de change)........ 90
bus........ 42, 43, **47**, 57

C

café (lieu)........ 129, **167**
calendrier........ 37

camping 59, **68**, 147
caravane 69
carte (de la ville) 56, **94**, 146
carte de visite 93
carte mémoire 80
carte postale 82
carte prépayée 86
cartes bancaires 73, **89**
carte SIM 86
carte téléphonique 84
catalan (langue) 115
caution 67
CD 79
centres d'intérêt 118
chambre **60**, 65, 67, 70
chambre double 62
chambre (schéma) 66
chambre simple 62
chauffage 65
chaussures 77
chèque de voyage **89**, 90
chrétien 138
cinéma **120**, 129
circuits (organisés) 64, **97**
circuler 42
clés 65
climatisation 65
clubs 129
code bancaire 91
code postal 83
coffre-fort 64
commander (restaurant) 186
commissariat 154
communications 82
complément, du nom (grammaire) 17
compliments (restaurant) 173
compteur (taxi) 49
concerts **119**, 130
condition physique 158
congrès (affaires) 92
connexion Wi-Fi 61, **86**
consigne (à bagages) 47
consonnes (grammaire) 11
consulat 155
consulter 156
contraception 160
conversation 106
corps, parties du 163
corps (schéma) 162
correspondance (transports) 48
cours (de cuisine/langue) 97
courses, faire les 180
coutume 139
crème solaire 149
croyances 139
croyant 138
cuisiner 118, **180**
cuissons, modes de 172
culture locale (encadrés) 29, 78, 81, 114, 131, 142, 157, 177, 179
cybercafé 86

D

danser 130
déclarer (douane) 55
demandes (restaurant) 172
démonstratifs (grammaire) 18
dentiste 164
différences culturelles 139
discothèques 133
distributeur automatique de billets 90
docteur 153, **157**
douane 55
drogues 133
DVD **78**, 79

E

eau (chaude) 66
eau minérale 175
eau potable **69**, 146
écrire (grammaire) 12
e-mail 112
e-mails 88
enfants 96, **101**, 111
environnement 126
essence 51
être (grammaire) 19
études 109
excursion 97
excursions 145

INDEX

expressions orales (encadrés)............33, 47, 55, 61, 74, 76, 83, 85, 91, 109, 113, 116, 126, 132, 144, 153, 159, 161, 163, 164, 168, 170, 178, 181, 183, 187

F

Facebook 111
famille (membres) 110
familles 96
faune 150
fauteuils roulants 99
femmes (santé)..................................160
fête 129, **130**
fièvre 160
film 79, **121**
flore 150
football.....................................140, **144**
frontières 54
futur (grammaire)...............................29
futur (temps).......................................39

G

galeries 96
galicien (langue)................................116
garantie.. 74
gare 48
gays..129
genre (grammaire) 21
grammaire...14
grossesse..160
groupe (circuits) 98
guide (circuits)................................. 145
guide (des sorties)...........................129
guide (sites touristiques)....................94
gymnase 142

H

halal...186
handicapés..99
hébergement.......................................59
heure...36
hôpital..156
horaires (sites touristiques)................95
hôtel 59
hôtel, arrivée à l' 60
hôtel, quitter un.................................. 67

I

indications écrites (encadrés) 51, 70, 87, 97, 100, 147, 148, 173
infection...159
Internet...64, **86**
invitations..130

J

journée...40
jours (de la semaine) 37
juif 138

K

kasher 186

L

lexique culinaire 188
librairie.. 77
lire (grammaire)................................. 12
livres..122
livres (achats) 77
location (activités sportives) 143
location (hébergements) 70
location (transports) **50**, 53
loger (chez l'habitant) 71
lunettes.. 77
lunettes de soleil 77

M

machine à laver 64
maison 70
marchander...76
marché...72
match, assister à un 141
mécanicien..52
médecin... 157
médicaments **157**, 162
menu.. 170
menu enfants 102, **170**
message 65
météo... 149

mois ... 37
monnaie ... 74, **89**
moto ... 50
musées ... 96
musique ... 119
musique (achats) ... 78
musulman ... 138

N

nager ... 148
nationalité ... 108
négation (grammaire) ... 21
nombres (cardinaux) ... 34
nombres (ordinaux) ... 35
non-fumeurs ... 168
note (hébergement) ... 67
nourriture ... 146

O

objets (de valeur) ... 68
opinions ... 124
ordinateur ... 80
ordonnance ... 155, **163**
ordre des mots (grammaire) ... 22
orientation ... 56

P

panne (voiture) ... 52
parapluie ... 149
parasol ... 148
parking ... 51, **61**, 99
passé (grammaire) ... 28
passeport ... **54**, 55, 61, 68
passé (temps) ... 38
PCV, appel en ... 84
pellicule ... 80
pelote basque ... 142
pension ... 59
petit-déjeuner ... 61, 64, **166**
pharmacie ... 156
photographie ... 79
photos (d'identité) ... 81
pilule ... 160
piscine ... 64, **143**
plage ... 148
pluriel (grammaire) ... 22
police ... 153, **154**
politique ... 125
possessifs (grammaire) ... 22
poste ... 82
prépositions (grammaire) ... 24
présent (grammaire) ... 28
présent (temps) ... 38
produits locaux ... 181
promotions ... 76
pronoms personnels (grammaire) ... 25
prononciation ... 10

Q

4x4 ... 50
quantités ... **35**, 182
questions (grammaire) ... 26

R

randonnées ... 118, 145
réclamations ... 65
réclamations (restaurant) ... 173
reçu (achats) ... 73
récupérer (un billet) ... 46
réductions ... 102
réductions (hébergement) ... 61
réductions (sites touristiques) ... 96
refus (séduction) ... 135
régimes spéciaux ... 162, **185**
religion ... 138
rencontres ... 104
rendez-vous (affaires) ... 93
rendez-vous (amical/séduction) ... 131
rendez-vous (séduction) ... 134
renseignements (achats) ... 72
renseignements (hébergement) ... 64
renseignements (sites touristiques) ... 94
réparations ... 77
répondre (à une invitation) ... 131
réservation (hébergement) ... 60
restaurant ... 129, 130, 167, **168**
retard (transports) ... 43
retraité ... 109
réunion (affaires) ... 92

INDEX

rue 58
rue (schéma) 58

S

sac (achats) 73
sac de couchage 71
s'adresser (à quelqu'un) 106
saison 38
salle de bains 65
salutations 105
santé 156
sécurité 152
séduction 134
se loger 59
seniors 99
sentiments 123
se restaurer 167
services (hébergement) 64
serviette 172
sexe 136
sites touristiques 94
sites touristiques, accéder aux 95
société 125
soins 153
soldes 76
sortir 128
sous-titres (cinéma) 120
spécialités (cuisine) 181
sport, pratiquer un 142
sports 111, **140**
station-service 50
supermarché 72
symptômes 158

T

table (schéma) 171
taille (vêtements) 77
tapas 177
tarifs (achats) **73**, 74
tarifs (activités sportives) 143
tarifs (boissons) 177
tarifs (hébergement) 61
tarifs (nourriture) 181
tarifs (sites touristiques) 95
tarifs (téléphone) 86
tarifs (transports) **44**, 49
taux (change) 91
taxi **48**, 49, 57, 67, 100, 179
téléphone 64, 71, **83**
téléphone portable 86
tennis 140, 143
tente 68
théâtre 120, 129
timbres 82
toilettes 65, 69, 100, 147, **153**
train 43, **48**, 58
traitement 157, **158**
transports 42
travail 109
tutoiement 30

U

urgences 152
ustensiles (cuisine) 184

V

vaccinations 158
végétaliens 186
végétariens 185
vélo 53
ventilateur 65
verbes (grammaire) 27
verre 172
verre à vin 172
vestiaires 143
vêtements 76
vie amoureuse 134
villa 70
visa 55
vitesse, limite de 51
voiture 50
voiture (schéma) 52
vol 154
vol (objets) 155
vouvoiement (grammaire) 30
voyelles (grammaire) 10

10 manières de commencer une phrase

Quand part (le prochain avion) ?	¿Cuándo sale (el próximo vuelo)?	*kwann*·do *sa*·lé (él *prok*·si·mo *bwé*·lo)
Où est (la station) ?	¿Dónde está (la estación)?	*donn*·dé és·*ta* (la és·ta·*Syonn*)
Où puis-je (acheter un billet) ?	¿Dónde puedo (comprar un billete)?	*donn*·dé *pwé*·do (kom·*prar* oun bi·*lyé*·té)
Combien coûte (une chambre) ?	¿Cuánto cuesta (una habitación)?	*kwann*·to *kwés*·ta (*ou*·na a·bi·ta·*Syonn*)
Est-ce que vous avez (une carte) ?	¿Tiene (un mapa)?	*tyé*·né (oun *ma*·pa)
Y a-t-il (des toilettes) ?	¿Hay (servicios)?	ay (sér·*bi*·Syos)
Je voudrais (un café).	Quisiera (un café).	ki·*syé*·ra (oun ka·*fé*)
Puis-je (entrer) ?	¿Se puede (entrar)?	sé *pwé*·dé (én·*trar*)
Pouvez-vous (m'aider), s'il vous plaît ?	¿Puede (ayudarme), por favor?	*pwé*·dé (a·*you*·dar·mé) por fa·*bor*
Dois-je (obtenir un visa) ?	¿Necesito (obtener un visado)?	né·Sé·*si*·to (ob·té·*nér* oun bi·*sa*·do)